ŒUVRES COMPLÈTES
DE
AUGUSTIN THIERRY

IX.

Vu les traités internationaux relatifs à la propriété littéraire, on ne peut ni reproduire ni traduire l'*Essai sur l'Histoire de la formation et des progrès du Tiers État*, etc., à l'étranger sans l'autorisation de l'auteur et de l'éditeur.

IMPRIMÉ PAR J. CLAYE ET Cᵉ, RUE SAINT-BENOIT, Nᵒ 7.

ESSAI SUR L'HISTOIRE

DE

LA FORMATION ET DES PROGRÈS

DU TIERS ÉTAT

SUIVI DE DEUX FRAGMENTS

DU RECUEIL DES MONUMENTS INÉDITS

DE CETTE HISTOIRE

PAR

AUGUSTIN THIERRY

MEMBRE DE L'INSTITUT

Seconde édition

PARIS

FURNE ET C°, LIBRAIRES-ÉDITEURS

1853

PRÉFACE

L'ouvrage qui forme la partie principale de ce volume est le résumé de tous mes travaux relatifs à la France. Il a été composé pour servir d'introduction au Recueil des monuments inédits de l'histoire du Tiers État, l'une des publications de documents historiques ordonnées sous le dernier règne. C'est une vue de notre histoire nationale prise dans ces années où l'historien, portant son regard en arrière à la distance de sept siècles et le ramenant autour de lui, apercevait une suite régulière de progrès civils et politiques, et, aux deux bouts de la route parcourue, une même nation et une même monarchie, liées l'une à l'autre, modifiées ensemble, et dont le dernier changement paraissait consacré par un nouveau pacte d'union. Considérée de ce point, l'histoire de France était belle d'unité et de simplicité; j'ai vivement senti la grandeur d'un pareil spectacle, et c'est sous son impression que j'ai conçu le projet de réunir en un corps de récit les faits qui marquent, à travers les siècles, le développement graduel du Tiers État, ses origines obscures, et son rôle d'action lente, mais toujours progressive sur la vie sociale du pays.

Pour que la nature de ce travail soit parfaitement comprise, j'ai besoin de fixer dans l'esprit du lecteur le vrai sens des mots Tiers État. La distance qui sépare le temps présent de l'ancien régime, et les préjugés répandus par des systèmes qui tendent à diviser en classes mutuellement hostiles la masse nationale aujourd'hui une et homogène, ont obscurci, pour beaucoup de personnes, la notion historique de ce qui, autrefois, constituait le troisième ordre aux États généraux du royaume. On incline à penser que ce troisième ordre répondait alors à ce qu'on appelle maintenant la *bourgeoisie*, que c'était une classe supérieure parmi celles qui se trouvaient en dehors et, à différents degrés, au-dessous de la noblesse et du clergé. Cette opinion, qui, outre sa fausseté, a cela de mauvais qu'elle donne des racines dans l'histoire à un antagonisme né d'hier et destructif de toute sécurité publique, est en contradiction avec les témoignages anciens, les actes authentiques de la monarchie et l'esprit du grand mouvement de réforme de 1789. Au XVIe siècle, des ambassadeurs étrangers, décrivant la constitution politique de la France, disaient : « Ce qu'on nomme les « États du royaume consiste en trois ordres de « personnes qui sont, le clergé d'abord, puis la « noblesse, puis tout le reste de la population. « Le tiers état, qui n'a pas de nom particulier, « peut être appelé d'un nom général, l'état du « peuple [1]. » Le règlement du roi Louis XVI pour la convocation des derniers États généraux désignait, comme ayant droit d'assister aux assemblées électorales du Tiers État, « tous les ha-

---

1. Questi che si chiamano li stati del regno sono di tre ordini di persone, cioè del clero, della nobiltà, e del restante di quelle persone che, per voce commune, si può chiamare popolo. (Relations des ambassadeurs vénitiens sur les affaires de France, publiées par M. Tommaseo, t. II, p. 496.) — Le condizioni e qualità delle persone sono tre, d'onde ha origine il numero delli tre stati del regno. L'uno è quello del clero, e l'altro dei nobili; il terzo non ha nome particolare, ma, perche è composto di diverse qualità e professioni di persone, si può chiamare, con un nome generale, lo stato del populo. (Ibid., t. I. p. 482.)

« bitants des villes, bourgs et campagnes, nés
« Français ou naturalisés, âgés de vingt-cinq
« ans, domiciliés et compris au rôle des imposi-
« tions [1]. » Enfin, à la même époque, l'auteur d'un
pamphlet célèbre, comptant le nombre et soutenant l'unité de l'ordre plébéien, jetait, comme
un cri de l'opinion presque universelle, ces trois
questions et ces trois réponses : « Qu'est-ce que
« le Tiers État? — Tout. Qu'a-t-il été jusqu'à
« présent dans l'ordre politique? — Rien. Que
« demande-t-il? — A être quelque chose [2]. »

Ainsi l'ordre de personnes qui fut l'instrument
de la révolution de 1789, et dont j'essaie de tracer l'histoire en remontant jusqu'à ses origines,
n'est autre que la nation entière moins la noblesse et le clergé. Cette définition marque à la

---

[1]. Règlement du roi pour la convocation des États généraux en date du 24 janvier 1789, *Histoire parlementaire de la révolution française*, par M. Buchez, t. I, p. 210.

[2]. En tout, il n'y a pas deux cent mille privilégiés des deux premiers ordres; comparez ce nombre à celui de vingt-cinq à vingt-six millions d'âmes, et jugez la question. (Sieyès, *Qu'est-ce que le Tiers État?* p. 104.) — Quand on veut semer la division, on a soin de distinguer le Tiers en différentes classes, afin d'exciter et de soulever les unes contre les autres. On anime les habitants des villes contre ceux des campagnes; on cherche à opposer les pauvres aux riches. (Ibid., p. 96, note.)

fois l'étendue et les strictes limites de mon sujet, elle indique ce que je devais toucher et ce que je devais omettre. L'histoire du Tiers État commence, par ses préliminaires indispensables, bien avant l'époque où le nom de Tiers État apparaît dans l'histoire du pays; son point de départ est le bouleversement produit en Gaule par la chute du régime romain et la conquête germanique. C'est là que d'abord elle va chercher les ancêtres ou les représentants de cette masse d'hommes de conditions et de professions diverses que la langue sociale des temps féodaux baptisa d'un nom commun, *la roture*. Du vi^e siècle au xiie, elle suit la destinée de ces hommes, en déclin d'une part et en progrès de l'autre, sous les transformations générales de la société; puis, elle rencontre un champ plus large, une place qui lui est propre, dans la grande période de la renaissance des municipalités libres et de la reconstitution du pouvoir royal. De là, elle continue sa marche, devenue simple et régulière, à travers la période de la monarchie des États et celle de la monarchie pure, jusqu'aux États généraux de 1789. Elle finit à la réunion des trois ordres en

a*

une seule et même assemblée, quand cesse le schisme qui séparait du Tiers État la majorité de la noblesse et la minorité du clergé, quand l'illustre et malheureux Bailly, présidant ce premier congrès de la souveraineté nationale, put dire : « La famille est complète, » mot touchant qui semblait de bon augure pour nos nouvelles destinées, mais qui fut trop tôt démenti [1].

Tel est le cadre que je me suis proposé de remplir dans la composition de cet ouvrage. Une chose m'a frappé tout d'abord, c'est que, durant l'espace de six siècles, du XIIe au XVIIIe, l'histoire du Tiers État et celle de la royauté sont indissolublement liées ensemble, de sorte qu'aux yeux de celui qui les comprend bien, l'une est pour ainsi dire le revers de l'autre. De l'avénement de Louis le Gros à la mort de Louis XIV, chaque époque décisive dans le pro-

---

1. 27 juin 1789. Bailly avait dit à la séance du 25 juin : « Nous disions, en recevant messieurs du clergé, qu'il nous restait des vœux à former, qu'il manquait des frères à cette auguste famille; oui, Messieurs, ce qui nous manque nous sera rendu, tous nos frères viendront ici. » A celle du 27, il dit : « Nous possédions « l'ordre du clergé, nous possédons aujourd'hui l'ordre entier de « la noblesse; ce jour sera célébré dans nos fastes, il rend la « famille complète. » (*Moniteur universel*.)

grès des différentes classes de la roture en liberté, en bien-être, en lumières, en importance sociale, correspond, dans la série des règnes, au nom d'un grand roi ou d'un grand ministre. Le xviiie siècle seul fait exception à cette loi de notre développement national; il a mis la défiance et préparé un divorce funeste entre le Tiers État et la royauté. Au point où un dernier progrès, garantie et couronnement de tous les autres, devait, par l'établissement d'une constitution nouvelle, compléter la liberté civile et fonder la liberté politique, l'accord nécessaire manqua sur les conditions d'un régime à la fois libre et monarchique. L'œuvre mal assise des constituants de 1791 croula presque aussitôt, et la monarchie fut détruite.

Vingt-deux ans se passèrent durant lesquels, à d'immenses misères, succéda une admirable réparation, et l'on put croire alors tout lien brisé entre la France nouvelle et la royauté de l'ancienne France. Mais le régime constitutionnel de 1814 et celui de 1830 sont venus renouer la chaîne des temps et des idées, reprendre sous de nouvelles formes la tentative de 1789, l'alliance de la tradition nationale et des principes de liberté. C'est à ce point de vue qui m'était donné par le cours même des choses que je me plaçai dans mon ouvrage, m'attachant à ce qui semblait être la voie tracée vers l'avenir, et croyant avoir sous mes yeux la fin providentielle du travail des siècles écoulés depuis le XIIe.

Tout entier à ma tâche lentement poursuivie selon la mesure de mes forces, j'abordais avec calme l'époque si controversée du XVIIIe siècle, quand vint éclater sur nous la catastrophe de février 1848. J'en ai ressenti le contre-coup de deux manières, comme citoyen d'abord, et aussi comme historien. Par cette nouvelle révolution, pleine du même esprit et des mêmes menaces que les plus mauvais temps de la première, l'histoire de France paraissait bouleversée autant que l'était la France elle-même. J'ai suspendu mon travail dans un découragement facile à comprendre, et l'histoire que j'avais conduite jusqu'à la fin du règne de Louis XIV est restée à ce point. J'avais devant moi l'alternative d'attendre, pour une publication, que mon ouvrage fût arrivé à son terme, ou d'en publier présentement cette portion, de beaucoup la plus grande, à laquelle j'ai donné cinq ans de travail[1]; la brièveté de la vie, ses chances plus incertaines pour moi que pour tout autre, et d'honorables invitations m'ont fait prendre ce dernier parti.

Au reste, ce temps d'arrêt trouve ailleurs son excuse; il répond à un point de partage bien marqué dans notre histoire sociale. C'est là que se termine la grande période historique durant laquelle on voit marcher d'accord, se développer ensemble et se fortifier mutuellement le Tiers État et la royauté. Une seconde période va s'ouvrir où cet accord de six cents ans disparaît, où le Tiers État et la royauté se divisent, entrent en défiance l'un de l'autre et marchent dans des voies opposées, la royauté couvrant de son appui ce qui reste des priviléges nobiliaires, la bourgeoisie devenant, contre ses traditions, hostile au pouvoir royal. De ces deux séries de faits, si inégales quant à la durée et d'un caractère si

---

1. Une première édition destinée à un public restreint a paru en 1850 jointe au premier volume du *Recueil des monuments inédits de l'histoire du Tiers État* ; l'édition présente diffère de celle-là par des corrections et additions.

différent, je donne ici la première, celle qui se prolonge à travers les siècles comme un sillon creusé par l'instinct et les mœurs de la France.

Pour prévenir des objections qui pourraient m'être faites, j'avertis le lecteur que je n'ai point voulu tracer l'esquisse d'une histoire générale de la société française, mais proprement, mais exclusivement celle d'une histoire spéciale du Tiers État. La noblesse et le clergé pouvant être et même ayant déjà été l'objet de travaux analogues, je fais à peine mention du rôle social qu'ont joué ces deux premiers ordres, je n'en parle que quand leur action se trouve mêlée à celle du troisième, soit en le combattant, soit en coopérant avec lui. L'influence des institutions ecclésiastiques sur les progrès de la société civile, antérieurement à l'époque de la royauté agissante et à celle des États généraux, est un grand fait que j'aurais pu exposer avec étendue; je me suis tenu à cet égard dans les plus étroites limites, afin de ne pas m'engager pour les époques ultérieures, et de maintenir intact le caractère de cet ouvrage, qui est l'histoire d'un ordre de personnes purement laïques.

Quant à la noblesse, je n'ignore pas davantage qu'elle eut sa part d'action morale sur la société française. La chevalerie lui appartient avec tout ce qu'il y a de vertu militaire, de gloire et d'honneur autour de ce nom ; elle savait mourir, elle s'en vantait, et c'était là son orgueil légitime. De plus, il y avait en elle un sentiment d'affection pour le royaume de France, pour la terre natale dans toute son étendue, à des époques où le patriotisme de la bourgeoisie ne s'était pas encore élevé au-dessus de l'esprit municipal. *Douce France* est une expression favorite de la poésie chevaleresque du XIIe et du XIIIe siècle [1], et ce ne fut guère qu'aux deux

---

1. De plusurs choses à remembrer li prist.....
    De dulce France, des humes de sun lign.
    > (*La chanson de Roland* [édit. de M. Génin]
    > chant III, vers 941.)

    — Oi n'en perdrat France dulce sun los.
    > (*Ibid.*, chant II, vers 550.) — Voy. aussi
    > chant III, vers 548, chant IV, vers 265 et 278.

    — Il est en douce France un boin roi Loeys.
    > (*Aiol et Mirabel,* [Ms. de la Biblioth. impér.,
    > fonds Lavallière, no 80], fo 96, vers 17.)

    — Et puis en douce France à Karlemaine iras.
    > (*Garin de Monglane,* [*Ibid.,* no 78] fo 1, vo, vers 24.)

siècles suivants, durant la grande lutte contre les Anglais, qu'apparurent les signes d'un amour du pays commun à toutes les classes de la nation. Si je n'ai point mentionné ce fait ni d'autres du même genre, ce n'est pas que je les méconnaisse, c'est parce qu'ils étaient hors de mon sujet ; je demande qu'on ne taxe pas de réticence malveillante ce qui n'a été, de ma part, qu'omission par rigueur de méthode.

Cette rigueur, utile dans toute composition littéraire, m'était commandée ici d'une façon plus impérieuse par la nature même et la nouveauté du sujet. Les faits que j'avais à recueillir et à mettre en lumière n'appartiennent point à la partie saillante de l'histoire de France, mais plutôt à ses parties les plus cachées et, qu'on me passe l'expression, les plus intimes. J'entreprenais d'écrire une histoire qui, à proprement parler, manquait de corps; il s'agissait de lui en former un, en la dégageant par abstraction de tout ce qui n'était pas elle, et il fallait donner à une succession d'aperçus et de faits généraux le mouvement et l'intérêt d'un récit. Voilà quel but je me suis proposé d'atteindre ; y ai-je réussi ?

Je l'ai tenté du moins, j'espère qu'on me saura gré de mes efforts.

Le premier des deux fragments qui accompagnent l'Essai sur l'histoire du Tiers État, touche à l'un des points les plus importants de cette histoire ; c'est un tableau de l'origine et des vicissitudes des anciennes constitutions municipales des villes de France, tracé par régions et par provinces. Ce tableau, non-seulement a son utilité pour l'histoire du droit et de l'administration au moyen âge, il offre encore un intérêt plus général. C'est en quelque sorte l'inventaire de nos vieilles expériences en fait de liberté politique, expériences partielles, il est vrai, mais renouvelées sans cesse, durant plusieurs siècles, sur toutes les parties du territoire.

Le second fragment est une étude sur l'établissement de la constitution communale d'Amiens, où les textes originaux sont examinés et commentés dans le plus grand détail. Cette monographie n'est destinée qu'aux personnes qui se plaisent à ce qu'il y a de plus particulier dans l'érudition historique. Si l'on me demandait quel genre d'intérêt elle peut avoir pour d'autres lecteurs, je dirais qu'on y voit l'histoire minutieusement traitée d'une charte constitutionnelle du XIIe siècle, d'une *constitution écrite* à la manière des nôtres, qui n'a pas eu, comme celles-ci, la prétention d'être une œuvre de haute logique, mais qui a duré cinq cents ans. De pareils faits, quelque petite qu'en ait été la scène, sont, pour les hommes de notre temps, dignes d'attention et de réflexion. Nos ancêtres du moyen âge avaient, il faut le reconnaître, quelque chose qui nous manque aujourd'hui, cette faculté de l'homme politique et du citoyen qui consiste à savoir nettement ce qu'on veut, et à nourrir en soi des volontés longues et persévérantes.

Paris, le 15 Février 1853.

ESSAI
SUR L'HISTOIRE

DE LA FORMATION ET DES PROGRÈS

DU TIERS ÉTAT

CHAPITRE PREMIER

EXTINCTION DE L'ESCLAVAGE ANTIQUE. — FUSION DES RACES. — NAISSANCE DE LA BOURGEOISIE DU MOYEN AGE.

SOMMAIRE : Rôle historique du tiers état. — Origine de notre civilisation moderne. — La société gallo-romaine et la société barbare. — Les villes et les campagnes ; déclin des unes, progrès dans les autres. — Réduction de l'esclavage antique au servage de la glèbe. — Fin de la distinction des races. — Réaction des classes urbaines contre le régime seigneurial. — Formes de municipalité libre. — Naissance de la bourgeoisie. — Influence des villes sur les campagnes.

Il n'y a plus de tiers état en France, le nom et la chose ont disparu dans le renouvellement social de 1789 ; mais ce troisième des anciens ordres de la nation, le dernier en date et le moindre en puissance, a joué un rôle dont la grandeur, longtemps cachée aux regards les plus pénétrants, apparaît pleinement aujourd'hui. Son histoire, qui désormais peut et doit être faite, n'est au fond que l'histoire même du développement et des progrès de notre société civile, depuis le chaos de mœurs, de lois et de conditions qui suivit la chute de l'empire romain, jusqu'au régime d'ordre, d'unité et de liberté de nos jours[1]. Entre ces deux points extrêmes, on voit se poursuivre à travers les siècles la longue et laborieuse carrière par laquelle les classes inférieures et opprimées de la société gallo-romaine, de la société gallo-franke et de la société française du moyen âge, se sont élevées de degré en degré jusqu'à la plénitude des droits civils et politiques, immense évolution qui a fait disparaître successivement du sol où nous vivons toutes les inégalités violentes ou illégitimes, le maître et l'esclave, le vainqueur et le vaincu, le seigneur et le serf, pour montrer enfin à leur place un même peuple, une loi égale pour tous, une nation libre et souveraine.

Tel est le grand spectacle que présente notre histoire au point où la Providence l'a conduite, et là se trouvent pour nous, hommes du XIXe siècle, de nobles sujets

---

[1]. Je ne veux pas dire que la société civile en France n'ait reçu des deux autres ordres aucun élément de progrès, je veux dire seulement que la série de ses progrès se marque, avant tout, par les changements successifs arrivés dans la condition des différentes classes d'hommes qui, du XIVe siècle à 1789, ont porté ensemble le nom collectif de tiers état.

de réflexion et d'étude. Les causes et les phases diverses de ce merveilleux changement sont de tous les problèmes historiques celui qui nous touche le plus ; il a été depuis vingt-cinq ans l'objet de recherches considérables ; et c'est à en préparer la solution qu'est destiné un recueil que je commence[1], mais dont l'étendue exige une suite d'efforts trop longue pour la vie d'un seul homme. Venu le premier de ceux qui mettront la main à cette œuvre, je n'ai vu qu'une partie des innombrables documents que j'ai pour tâche de rassembler ; il serait téméraire à moi de vouloir deviner quelle signification doit avoir leur ensemble aux yeux de la science à venir, et je ne l'essaierai pas. Je me bornerai à présenter quelques aperçus provisoires, à marquer, selon mes propres études et l'état de la science contemporaine, les époques les plus distinctes et les points de vue les plus saillants de ce qui sera un jour l'histoire complète de la formation, des progrès et du rôle social du tiers état.

C'est de la dernière forme donnée aux institutions civiles et politiques de l'Empire, de celle qui eut Constantin pour auteur, que procède ce qu'il y a de romain dans nos idées, nos mœurs et nos pratiques légales ;

---

[1]. Le *Recueil des monuments inédits de l'histoire du tiers état*, faisant partie de la *Collection de documents inédits sur l'Histoire de France*, publiée par les soins du Ministre de l'instruction publique. Voyez ci-après Appendice Ier.

là sont les origines premières de notre civilisation moderne. Cette ère de décadence et de ruine pour la société antique fut le berceau de la plupart des principes ou des éléments sociaux, qui, subsistant sous la domination des conquérants germains, et se combinant avec leurs traditions et leurs coutumes nationales, créèrent la société du moyen âge, et, de là, se transmirent jusqu'à nous. On y voit la sanction chrétienne s'ajoutant à la sanction légale pour donner une nouvelle force à l'idée du pouvoir impérial, type de la royauté des temps postérieurs [1]; l'esclavage attaqué dans son principe, et miné sourdement ou transformé par le christianisme; enfin le régime municipal, tout oppressif qu'il était devenu, s'imprégnant d'une sorte de démocratie par l'élection populaire du Défenseur et de l'évêque. Quand vint sur la Gaule le règne des Barbares, quand l'ordre politique de l'empire d'Occident s'écroula, trois choses restèrent debout, les institutions chrétiennes, le droit romain à l'état d'usage, et l'administration urbaine. Le christianisme s'imposa aux nouveaux dominateurs, le droit usuel maintint

---

[1]. Selon le droit romain, la souveraineté des empereurs dérivait du peuple par délégation perpétuelle; selon le christianisme, elle venait de Dieu. C'est ce dernier principe qui, depuis le règne de Constantin, fit prévaloir l'hérédité dans les successions impériales. Voyez le Mémoire de mon frère Amédée Thierry sur l'*Administration centrale dans l'empire romain*. Revue de législation et de jurisprudence; septembre 1843.

parmi les indigènes les mœurs et les pratiques de la vie civile, et la municipalité, gardienne de ces pratiques, les entoura en leur prêtant, comme une garantie de durée, la force de son organisation.

Après la fin des grandes luttes du ive et du ve siècle, soit entre les conquérants germains et les dernières forces de l'empire, soit entre les peuples qui avaient occupé différentes portions de la Gaule, lorsque les Franks sont restés seuls maîtres de ce pays, deux races d'hommes, deux sociétés qui n'ont rien de commun que la religion, s'y montrent violemment réunies, et comme en présence, dans une même agrégation politique. La société gallo-romaine présente, sous la même loi, des conditions très-diverses et très-inégales; la société barbare comprend, avec les classifications de rangs et d'états qui lui sont propres, des lois et des nationalités distinctes. On trouve dans la première des citoyens pleinement libres, des colons, ou cultivateurs attachés aux domaines d'autrui, et des esclaves domestiques privés de tous les droits civils; dans la seconde, le peuple des Franks est partagé en deux tribus ayant chacune sa loi particulière [1]; d'autres lois, entièrement différentes, régissent les Burgondes, les Goths et les autres populations teutoniques soumises de gré ou de force à l'empire frank, et, chez

---

[1]. La loi des Franks saliens ou loi salique, et la loi des Franks ripuaires, ou loi des Ripuaires.

toutes aussi bien que chez les Franks, il y a au moins trois conditions sociales : deux degrés de liberté et la servitude. Entre ces existences disparates, la loi criminelle du peuple dominant établissait, par le tarif des amendes pour crime ou délit contre les personnes, une sorte de hiérarchie, point de départ du mouvement d'assimilation et de transformation graduelle qui, après quatre siècles écoulés du ve au xe, fit naître la société des temps féodaux. Le premier rang dans l'ordre civil appartenait à l'homme d'origine franke et au *Barbare* vivant sous la loi des Franks; au second rang était le Barbare vivant sous sa loi originelle; puis venait l'indigène libre et propriétaire, le *Romain possesseur*, et, au même degré, le *Lite* ou colon germanique; puis le *Romain tributaire*, c'est-à-dire le colon indigène; puis enfin l'esclave sans distinction d'origine [1].

---

[1]. Si quis ingenuus hominem Francum aut Barbarum occiderit, qui lege salica vivit, vIII M. den., qui faciunt sol. cc, culpabilis judicetur. (Leg. salic., tit. XLIII, § I, apud Script. rer. gallic. et francic., t. IV, p. 220.) — Si quis ingenuus hominem ingenuum Ripuarium interfecerit, cc. sol. culp. jud. (Leg. Ripuar., tit. VII, ibid., p. 237.) — Si quis Ripuarius advenam Francum interfecerit, cc. sol. culp. jud. — Si quis Ripuarius advenam Alamannum seu Fresionem vel Bajuvarium aut Saxonem interfecerit, cLX sol. culp. jud. (Ibid., tit. XXXVI, § I, II et IV, p. 241.) — Si Romanus homo possessor, id est qui res in pago ubi commanet proprias possidet, occisus fuerit, is qui eum occidisse convincitur IV M. den., qui faciunt sol. c., culp. jud. (Leg. salic., t. XLIII, § VII, ibid., p. 220.) — Si quis Ripuarius advenam

Ces classes diverses que séparaient, d'un côté, la distance des rangs, de l'autre, la différence des lois, des mœurs et des langues, étaient loin de se trouver également réparties entre les villes et les campagnes. Tout ce qu'il y avait d'élevé, à quelque titre que ce fût, dans la population gallo-romaine, ses familles nobles, riches, industrieuses, habitaient les villes, entourées d'esclaves domestiques; et, parmi les hommes de cette race, le séjour habituel des champs n'était que pour les colons demi-serfs et pour les esclaves agricoles. Au contraire, la classe supérieure des hommes de race germanique était fixée à la campagne, où chaque famille libre et propriétaire vivait sur son domaine du travail des lites qu'elle y avait amenés, ou des anciens colons qui en dépendaient. Il n'y avait de Germains dans les villes qu'un petit nombre d'officiers royaux et des gens sans famille et sans patrimoine, qui, en dépit de leurs habitudes originelles, cherchaient à vivre en exerçant quelque métier.

Romanum interfecerit, c. sol. multetur. (Leg. Ripuar., tit. xxxvi, § iii, ibid., p. 241.) — Si vero Romanus vel Lidus... occisus fuerit... (Leg. salic., tit. xliii, § iv, ibid., p. 220.) — Qui Lidum occiderit c. sol. componat... (Caroli Magni capitul., anni dcccxiii, ibid., t. V, p. 38.) — Si quis Romanum tributarium occiderit, m dccc den., qui faciunt sol. xlv, culp. jud. (Leg. salic., tit. xliii, § viii, ibid., t. IV, p. 220.) — Si quis servum alienum occiderit, aut vendiderit vel ingenuum dimiserit, m cccc den., qui faciunt sol. xxxv, culp. jud. (Ibid., tit. xi, § iii, p. 209.)

La prééminence sociale de la race conquérante s'attacha aux lieux qu'elle habitait, et, comme on l'a déjà remarqué, passa des villes aux campagnes[1]. Il arriva même que, par degrés, celles-ci enlevèrent aux autres la tête de leur population, qui, pour s'élever plus haut et se mêler aux conquérants, imita autant qu'elle put leur manière de vivre. Cette haute classe indigène, à l'exception de ceux qui parmi elle exerçaient les fonctions ecclésiastiques, fut en quelque sorte perdue pour la civilisation; elle inclina de plus en plus vers les mœurs de la barbarie, l'oisiveté, la turbulence, l'abus de la force, l'aversion de toute règle et de tout frein. Il n'y eut plus de progrès possible dans les cités de la Gaule pour les arts et la richesse; il n'y resta que des débris à recueillir et à conserver. Le travail de cette conservation, gage d'une civilisation à venir, fut, de ce moment, la tâche commune du clergé et des classes moyenne et inférieure de la population urbaine.

Pendant que la barbarie occupait ou envahissait toutes les sommités de l'ordre social, et que, dans les rangs intermédiaires, la vie civile s'arrêtait ou déclinait graduellement, au degré le plus bas, à celui de la servitude personnelle, un mouvement d'amélioration, déjà commencé avant la chute de l'empire,

---

[1]. *Histoire de la civilisation en France*, par M. Guizot, 3ᵉ édit., t. IV, p. 224.

continua et se prononça de plus en plus. Le dogme de la fraternité devant Dieu et d'une même rédemption pour tous les hommes, prêché par l'Église aux fidèles de toute race, émut les cœurs et frappa les esprits en faveur de l'esclave, et de là vinrent soit des affranchissements plus nombreux, soit une conduite plus humaine de la part des maîtres, Gaulois ou Germains d'origine. En outre, ces derniers avaient apporté de leur pays, où la vie était rude et sans luxe, des habitudes favorables à un esclavage tempéré. Le riche barbare était servi par des personnes libres, par les fils de ses proches, de ses clients et de ses amis; le penchant de ses mœurs nationales, contraire à celui des mœurs romaines, le portait à reléguer l'esclave hors de sa maison, et à l'établir, comme laboureur ou comme artisan, sur une portion de terre à laquelle il se trouvait fixé, et dont il suivait le sort dans l'héritage et dans la vente [1]. L'imitation des mœurs germaines par les nobles gallo-romains fit passer beaucoup d'esclaves domestiques de la ville à la campagne, et du service de la maison au travail des champs. Ainsi *casés*, comme s'expriment les actes

---

1. Voyez le Rapport de M. Michelet sur le concours du prix d'histoire ayant pour sujet cette question : *Causes qui ont amené l'abolition de l'esclavage* (Mémoires de l'Académie des sciences morales et politiques, t. III, p. 655). — Voyez aussi les Dissertations jointes par M. Pardessus à son *Recueil des textes de la loi salique*, dissertations IVe et VIIe.

des VIIIe et IXe siècles [1], leur condition devint analogue, bien que toujours inférieure, d'un côté à celle du lite germanique, de l'autre à celle du colon romain.

L'esclavage domestique faisait de la personne une chose, et une chose mobilière; l'esclave attaché à une portion de terre entrait dès lors dans la catégorie des immeubles; en même temps que cette dernière classe, celle des serfs proprement dits s'accroissait aux dépens de la première, la classe des colons et celle des lites durent s'augmenter simultanément, par toutes les chances de ruine et de mauvaise fortune qui, à une époque de troubles continuels, affectaient la condition des hommes libres. De plus, ces deux ordres de personnes, que distinguaient non-seulement des différences légales, mais encore la diversité d'origine, tendirent à se rapprocher l'un de l'autre, et à confondre par degrés leurs caractères essentiels. Ce fut, avec le rapprochement opéré dans les hautes régions sociales entre les Gaulois et les Germains, le premier pas vers la fusion des races, qui devait, après cinq siècles, produire une nation nouvelle.

Au cœur même de la société barbare, ce qui avait primitivement fait sa puissance et sa dignité, la classe des petits propriétaires, diminua et finit par s'éteindre en tombant sous le vasselage ou dans une dépendance

---

1. Voyez la nouvelle édition du Glossaire de Du Cange, par M. Henschel, t. II, p. 214, au mot *Casati*.

moins noble qui tenait plus ou moins de la servitude réelle. Par un mouvement contraire, les esclaves domiciliés sur quelque portion de domaine et incorporés à l'immeuble, s'élevèrent, à la faveur de cette fixité de position et d'une tolérance dont le temps fit un droit pour eux, jusqu'à une condition très-voisine de l'état de lite et de l'état de colon devenus eux-mêmes, sous des noms divers, à peu près identiques. Là se fit la rencontre des hommes libres déchus vers la servitude, et des esclaves parvenus à une sorte de demi-liberté. Il se forma ainsi, dans toute l'étendue de la Gaule, une masse d'agriculteurs et d'artisans ruraux, dont la destinée fut de plus en plus égale, sans être jamais uniforme, et un nouveau travail de création sociale se fit dans les campagnes pendant que les villes étaient stationnaires ou déclinaient de plus en plus. Cette révolution lente et insensible se lia, dans sa marche graduelle, à de grands défrichements du sol exécutés sur l'immense étendue de forêts et de terrains vagues qui, du fisc impérial, avaient passé dans le domaine des rois franks, et dont une large part fut donnée par ces rois en propriété à l'Église et en bénéfice à leurs fidèles.

L'Église eut l'initiative dans cette reprise du mouvement de vie et de progrès; dépositaire des plus nobles débris de l'ancienne civilisation, elle ne dédaigna point de recueillir, avec la science et les arts de l'esprit, la tradition des procédés mécaniques et agricoles. Une abbaye n'était pas seulement un lieu de prière et de méditation, c'était encore un asile ouvert contre l'envahissement de la barbarie sous toutes ses formes. Ce refuge des livres et du savoir abritait des ateliers de tout genre, et ses dépendances formaient ce qu'aujourd'hui nous appelons une ferme modèle [1] ; il y avait là des exemples d'industrie et d'activité pour le laboureur, l'ouvrier, le propriétaire. Ce fut, selon toute apparence, l'école où s'instruisirent ceux des conquérants à qui l'intérêt bien entendu fit faire sur leurs domaines de grandes entreprises de culture ou de colonisation, deux choses dont la première impliquait alors la seconde.

Sur chaque grande terre dont l'exploitation prospérait, les cabanes des hommes de travail, lites, colons ou esclaves, groupées selon le besoin ou la convenance, croissaient en nombre, se peuplaient davantage, arrivaient à former un hameau. Quand ces hameaux se trouvèrent situés dans une position favorable, près d'un cours d'eau, à quelque embranchement de routes, ils continuèrent de grandir, et devinrent des villages où tous les métiers nécessaires à la vie commune s'exerçaient sous la même dépendance. Bientôt, la construction d'une église érigeait le village en

---

[1]. Voyez le Mémoire de M. Mignet sur cette question : *Comment l'ancienne Germanie est entrée dans la société civilisée de l'Europe occidentale.* Mémoires de l'Académie des sciences morales et politiques, t. III, p. 673.

paroisse, et par suite la nouvelle paroisse prenait rang parmi les circonscriptions rurales [1]. Ceux qui l'habitaient, serfs ou demi-serfs attachés au même domaine, se voyaient liés l'un à l'autre par le voisinage et la communauté d'intérêts; de là naquirent, sous l'autorité de l'intendant unie à celle du prêtre, des ébauches toutes spontanées d'organisation municipale, où l'Église reçut le dépôt des actes qui, selon le droit romain, s'inscrivaient sur les registres de la cité. C'est ainsi qu'en dehors des municipes, des villes et des bourgs, où subsistaient, de plus en plus dégradés, les restes de l'ancien état social, des éléments de rénovation se formaient pour l'avenir, par la mise en valeur de grands espaces de terre inculte, par la multiplication des colonies de laboureurs et d'artisans, et par la réduction progressive de l'esclavage antique au servage de la glèbe.

Cette réduction, déjà très-avancée au ixe siècle, s'acheva dans le cours du xe. Alors disparut la dernière classe de la société gallo-franke, celle des hommes possédés à titre de meubles, vendus, échangés, transportés d'un lieu à l'autre comme toutes les choses mobilières. L'esclave appartint à la terre plutôt qu'à l'homme; son service arbitraire se changea en rede-

---

[1]. Voyez trois dissertations de M. le comte Beugnot sur les *Municipalités rurales en France*. Revue française, août, septembre et octobre 1838.

vances et en travaux réglés; il eut une demeure fixe, et, par suite, un droit de jouissance sur le sol dont il dépendait[1]. Ce fut le premier trait par où se marqua dans l'ordre civil l'empreinte originale du monde moderne; le mot *serf* prit de là son acception définitive; il devint le nom générique d'une condition mêlée de servitude et de liberté, dans laquelle se confondirent l'état de colon et l'état de lite, deux noms qui, au xe siècle, se montrent de plus en plus rares et disparaissent totalement. Ce siècle où vint aboutir tout le travail social des quatre siècles écoulés depuis la conquête franke, vit se terminer par une grande révolution la lutte intestine des mœurs romaines et des mœurs germaniques. Celles-ci l'emportèrent définitivement, et de leur victoire sortit le régime féodal, c'est-à-dire une nouvelle forme de l'État, une nouvelle constitution de la propriété et de la famille, le morcellement de la souveraineté et de la juridiction, tous les pouvoirs publics transformés en priviléges domaniaux, l'idée de noblesse attachée à l'exercice des armes, et celle d'ignobilité à l'industrie et au travail.

Par une singulière coïncidence, l'établissement complet de ce régime est l'époque où finit dans la Gaule franke la distinction des races, où disparais-

---

1. Voyez le Mémoire de MM. Wallon et Yanoski *sur les causes qui ont amené l'abolition de l'esclavage*, travail couronné en 183 par l'Académie des sciences morales et politiques.

sent, entre Barbares et Romains, entre dominateurs et sujets, toutes les conséquences légales de la diversité d'origine. Le droit cesse d'être personnel et devient local; les codes germaniques et le code romain lui-même, sont remplacés par des coutumes; c'est le territoire, non la descendance, qui distingue les habitants du sol gaulois; enfin, au lieu de nationalités diverses, on ne trouve plus qu'une population mixte à laquelle l'historien peut donner dès lors le nom de *Française*. Cette nouvelle société, fille de la précédente, s'en détacha fortement par sa physionomie et ses instincts; son caractère fut de tendre au fractionnement indéfini sous le rapport politique, et à la simplification sous le rapport social. D'un côté, les seigneuries, États formés au sein de l'État, se multiplièrent; de l'autre il y eut effort continu et en quelque sorte systématique pour réduire toutes les conditions à deux classes de personnes : la première, libre, oisive, toute militaire, ayant, sur ses fiefs grands ou petits, le droit de commandement, d'administration et de justice; la seconde, vouée à l'obéissance et au travail, soumise plus ou moins étroitement, sauf l'esclavage, à des liens de sujétion privée [1]. Si les choses humaines arrivaient

---

[1].   Lex humana duas indicit conditiones :
    Nobilis et servus simili non lege tenentur.
. . . .
    Ili bellatores, tutores ecclesiarum,

toujours au but que marque leur tendance logique, tout reste de vie civile se serait éteint par l'invasion d'un régime qui avait pour type la servitude domaniale. Mais ce régime, né dans les campagnes sous l'influence des mœurs germaniques, rencontra dans les villes, où se continuait obscurément la tradition des mœurs romaines, une répugnance invincible et une force qui plus tard, réagissant elle-même, éclata en révolutions.

La longue crise sociale qui eut pour dernier terme l'avénement de la féodalité, changea, dans toutes les choses de l'ordre civil et politique, la jouissance précaire en usage permanent, l'usufruit en propriété, le pouvoir délégué en privilége personnel, le droit viager en droit héréditaire. Il en fut des honneurs et des offices comme des possessions de tout genre; et ce qui eut lieu pour la tenure noble se fit en même temps pour la tenure servile. Selon la remarque neuve et très-judicieuse d'un habile critique des anciens documents de notre histoire, « le serf soutint contre son maître « la lutte soutenue par le vassal contre son seigneur, « et par les seigneurs contre le roi[1]. » Quelque grande

> Defendunt vulgi majores atque minores,
> Cunctos et sese parili sic more tuentur.
> Altera servorum divisio conditionum,
> Hoc genus afflictum nil possidet absque labore...
> (*Adalberonis carmen ad Robertum regem*, apud Script. rer. gall. et francic., t. **X**, p. 69.)

[1] M. Guérard, Prolégomènes du cartulaire de l'abbaye de Saint-

que fût la différence des situations et des forces, il y eut, de ces divers côtés, une même tentative, suivie de succès analogues.

Au viii° siècle, les serfs de la glèbe pouvaient être distribués arbitrairement sur le domaine, transférés d'une portion de terre à l'autre, réunis dans la même case ou séparés l'un de l'autre, selon les convenances du maître, sans égard aux liens de parenté, s'il en existait entre eux; deux siècles plus tard, on les voit tous casés par familles; leur cabane et le terrain qui l'avoisine sont devenus pour eux un héritage. Cet héritage, grevé de cens et de services, ne peut être ni légué ni vendu, et la famille serve a pour loi de ne s'allier par des mariages qu'aux familles de même condition attachées au même domaine. Les droits de *mainmorte* et de *formariage* restèrent au seigneur comme sa garantie contre le droit de propriété laissé au serf. Tout odieux qu'ils nous paraissent, ils eurent, non-seulement leur raison légale, mais encore leur utilité pour le progrès à venir. C'est sous leur empire que l'isolement de la servitude cessa dans les campagnes, remplacé par l'esprit de famille et d'association, et qu'à

Père de Chartres. *Collection des cartulaires de France*, t. I, p. xl. — Voyez le grand travail du même auteur sur *la condition des personnes et des terres, depuis les invasions des Barbares jusqu'à l'institution des communes*, ouvrage placé en tête de l'édition du Polyptique d'Irminon, abbé de Saint-Germain-des-Prés.

l'ombre du manoir seigneurial, se formèrent des tribus agricoles, destinées à devenir la base de grandes communautés civiles.

En lisant avec attention les chartes et les autres documents historiques, on peut suivre, du commencement du ixe siècle à la fin du xe, les résultats successifs de la prescription du sol entre les mains de ceux qui le cultivaient; on voit le droit du serf sur sa portion de terre naître, puis s'étendre et devenir plus fixe à chaque nouvelle génération. A ce changement qui améliore par degrés l'état des laboureurs et des artisans ruraux, se joint dans la même période l'accélération du mouvement qui, depuis trois siècles, changeait la face des campagnes, par la formation de villages nouveaux, l'agrandissement des anciens et l'érection d'églises paroissiales, centres de nouvelles circonscriptions à la fois religieuses et politiques. Des causes extérieures et purement fortuites contribuèrent à ce progrès; les dévastations des Normands et la crainte qu'elles inspiraient firent ceindre de murailles et de défenses les parties habitées des grands domaines; d'un côté, elles multiplièrent les châteaux, de l'autre, elles accrurent beaucoup le nombre des bourgs fortifiés.

La population laborieuse et dépendante s'agglomera dans ces lieux de refuge, dont les habitants passèrent alors de la vie rurale proprement dite à des commencements plus ou moins grossiers de vie urbaine. Le régime purement domanial s'altéra par le mélange de certaines choses ayant le caractère d'institutions publiques; pour le soin de la police et le jugement des délits de peu d'importance, les villageois servirent d'aides et d'assesseurs à l'intendant, et cet officier, pris parmi eux et de même condition qu'eux, devint une sorte de magistrat municipal. Ainsi, du droit de propriété joint à l'esprit d'association, sortirent pour ces petites sociétés naissantes les premiers éléments de l'existence civile; l'instinct du bien-être qui ne se repose jamais les conduisit bientôt plus avant. Dès le commencement du xi° siècle, les habitants des bourgs et des bourgades, les *villains*, comme on disait alors, ne se contentaient plus de l'état de propriétaires non libres, ils aspiraient à autre chose; un besoin nouveau, celui de se décharger d'obligations onéreuses, d'affranchir la terre, et avec celle-ci les personnes, ouvrit devant eux une nouvelle carrière de travaux et de combats.

Parmi les notions qui à cette époque formaient ce qu'on peut nommer le fonds des idées sociales, il y avait, en regard de la liberté noble, toute de privilége, dérivée de la conquête et des mœurs germaniques, l'idée d'une autre liberté, conforme au droit naturel, accessible à tous, égale pour tous, à laquelle on aurait pu donner, d'après son origine, le nom de liberté romaine. Si ce nom était hors d'usage [1], la chose elle-même, c'est-à-dire l'état civil des personnes habitant les anciennes villes municipales, n'avait point encore péri. Tout menacé qu'il était par la pression toujours croissante des institutions féodales, on le retrouvait dans ces villes, plus ou moins intact, et, avec lui, comme signe de sa persistance, le vieux titre de citoyen. C'est de là que venait, pour les villes de fondation récente, l'exemple de la communauté urbaine, de ses règles et de ses pratiques, et c'est là que s'adressait, pour trouver des encouragements et une espérance, l'ambition des hommes qui, sortis de la servitude, se voyaient parvenus à mi-chemin vers la liberté.

Quels étaient, au x⁰ siècle, dans les cités gallo-frankes, la puissance et le caractère du régime municipal? La solution de ce problème est l'un des fondements de notre histoire; mais l'on ne peut encore la donner précise et complète. Un point se trouve mis hors de doute, c'est qu'alors la population urbaine joignait à sa liberté civile immémoriale, une administration intérieure, qui, depuis les temps romains et par différentes causes, avait subi de grands change-

---

[1]. On ne l'employait, au x⁰ siècle, que dans la langue du droit ecclésiastique, où les mots *Libertas romana* signifiaient l'immunité au moyen de laquelle une abbaye, avec ses domaines, était soustraite à la juridiction ordinaire, et relevait seulement de l'église de Rome.

ments. Ces modifications très-diverses et, pour ainsi dire, capricieuses quant à la forme, avaient, pour le fond, produit partout des résultats analogues. Le régime héréditaire et aristocratique de la curie s'était, par une suite d'altérations progressives, transformé en gouvernement électif, et, à différents degrés, populaire. La juridiction des officiers municipaux outrepassait de beaucoup ses anciennes limites; elle avait pris des accroissements considérables en matière civile et criminelle. Entre le collége des magistrats et le corps entier des citoyens, on ne voyait plus, existant de droit, une corporation intermédiaire; tous les pouvoirs administratifs procédaient uniquement de la délégation publique, et leur durée se trouvait, en général, réduite au terme d'un an. Enfin, par suite de la haute influence que dès l'époque romaine les dignitaires de l'Église possédaient sur les affaires intérieures des villes, le Défenseur, magistrat suprême, était tombé sous la dépendance de l'évêque; il était devenu à son égard un subalterne, ou avait disparu devant lui; révolution opérée sans aucun trouble, par la seule popularité de l'épiscopat, et dont la pente naturelle tendait à constituer, au détriment de la liberté civile et politique, une sorte d'autocratie municipale[1].

---

[1]. La qualification de seigneur, *Dominus, Domnus*, fut donnée aux évêques dans leurs villes bien avant les temps féodaux. Un acte passé en 804 devant la curie d'Angers, présente comme synonymes les titres

Une certaine confusion s'introduisant peu à peu dans les idées sur la source de l'autorité et de la juridiction urbaines, on cessa de voir nettement de qui elles émanaient, si c'était du peuple ou de l'évêque. Une lutte sourde commença dès lors entre les deux principes de la municipalité libre et de la prépondérance épiscopale; puis la féodalité vint, et agit de toute sa force au profit de ce dernier principe. Elle donna une nouvelle forme au pouvoir temporel des évêques; elle appliqua au patronage civique, dégénéré en quasi-souveraineté, les institutions et tous les priviléges de la seigneurie domaniale. Le gouvernement des municipes, en dépit de son origine, se modela graduellement sur le régime des cours et des châteaux. Les citoyens notables devenaient vassaux héréditaires de l'église cathédrale, et, à ce titre, ils opprimaient la municipalité ou en absorbaient tous les pouvoirs. Les corporations d'arts et métiers, chargées par abus de prestations et de corvées, tombaient dans une dépendance presque servile. Ainsi, la condition faite aux hommes de travail sur les domaines des riches et dans les nouveaux bourgs qu'une concession expresse n'avait pas affranchis, tendait, par le cours même des choses, à devenir universelle, à s'imposer aux habitants,

---

de *Defensor* et de *Vice-domus*; on lit d'abord : *Adstante vir laudabile Wifredo defensore, vel cuncta curia..... et à la fin Signum Wifredo vice-domo.* Voyez Marlène, *Amplissima collectio*, p. 58 et 59.

libres jusque-là, des anciennes villes municipales.

Il y eut des cités où la seigneurie de l'évêque s'établit sans partage et resta dominante; il y en eut où le pouvoir féodal fut double, et se divisa entre la puissance ecclésiastique et celle de l'officier royal, comte ou vicomte. Dans les villes qui furent le théâtre plus ou moins orageux de cette rivalité, l'évêque, sentant le besoin d'une alliance politique, se détacha moins de la municipalité libre ou se replia sur elle. Il lui prêta son appui contre les envahissements du pouvoir laïque; il se fit conservateur du principe électif, et ce concours, s'il n'arrêta pas la décadence municipale, devint plus tard un moyen de réaction civile et de rénovation constitutionnelle. Le xe siècle et le siècle suivant marquent, pour la population urbaine, le dernier terme d'abaissement et d'oppression; elle était, sinon la classe la plus malheureuse, du moins celle qui devait souffrir le plus impatiemment le nouvel état social, car elle n'avait jamais été ni esclave ni serve, elle avait des libertés héréditaires et l'orgueil que donnent les souvenirs. La ruine de ces institutions, qui nulle part ne fut complète, n'eut point lieu sans résistance; et quand on remue à fond les documents de notre histoire, on y rencontre, antérieurement au xiie siècle, la trace d'une lutte bourgeoise contre les pouvoirs féodaux. C'est durant cette ère de troubles et de retour à une sorte de barbarie, que s'opéra la fusion, dans un même ordre et dans un même esprit, de la portion indigène et de la portion germanique des habitants des villes gauloises, et que se forma entre eux un droit commun, des coutumes municipales, composées à différents degrés, suivant les zones du territoire, d'éléments de tradition romaine et de débris des anciens codes barbares.

Cette crise dans l'état de la société urbaine, reste vivant du monde romain n'était pas bornée à la Gaule; elle avait lieu en Italie avec des chances bien meilleures pour les villes de ce pays, plus grandes, plus riches, plus rapprochées l'une de l'autre. C'est là que dans la dernière moitié du xie siècle, à la faveur des troubles causés par la querelle du sacerdoce et de l'empire, éclata le mouvement révolutionnaire qui, de proche en proche ou par contre-coup, fit renaître, sous de nouvelles formes et avec un nouveau degré d'énergie, l'esprit d'indépendance municipale. Sur le fonds plus ou moins altéré de leurs vieilles institutions romaines, les cités de la Toscane et de la Lombardie construisirent un modèle d'organisation politique, où le plus grand développement possible de la liberté civile se trouva joint au droit absolu de juridiction, à la puissance militaire, à toutes les prérogatives des seigneuries féodales. Elles créèrent des magistrats à la fois juges, administrateurs et généraux; elles eurent des assemblées souveraines où se décrétaient la guerre et la paix ; leurs chefs électifs prirent le nom de Consuls [1].

Le mouvement qui faisait éclore et qui propageait ces constitutions républicaines, ne tarda pas à pénétrer en Gaule par les Alpes et par la voie de mer. Dès le commencement du XIIe siècle, on voit la nouvelle forme de gouvernement municipal, le consulat, apparaître successivement dans les villes qui avaient le plus de relations commerciales avec les villes d'Italie, ou le plus d'affinité avec elles par les mœurs, l'état matériel, toutes les conditions de la vie civile et politique. Des villes principales où elle fut établie, soit de vive force, soit de bon accord entre les citoyens et le seigneur, la constitution consulaire s'étendit par degrés aux villes de moindre importance. Cette espèce de propagande embrassa le tiers méridional de la France actuelle, pendant que, sous une zone différente, au nord et au centre du pays, la même impulsion des esprits, les mêmes causes sociales, produisaient de tout autres effets.

A l'extrémité du territoire, sur des points que ne pouvait atteindre l'influence italienne, un second type de constitution, aussi neuf, aussi énergique, mais moins parfait que l'autre, la commune jurée, naquit spontanément par l'application faite au régime muni-

---

[1]. Voyez les *Considérations sur l'Histoire de France,* en tête des *Récits des temps mérovingiens,* chap. VI.

cipal d'un genre d'association dont la pratique dérivait des mœurs germaines [1]. Appropriée à l'état social, au degré de civilisation et aux traditions mixtes des villes de la Gaule septentrionale, cette forme de municipalité libre se propagea du nord au sud, en même temps que l'organisation consulaire se propageait du sud au nord. Des deux côtés, malgré la différence des procédés et des résultats, l'esprit fut le même, esprit d'action, de dévouement civique et d'inspiration créatrice. Les deux grandes formes de constitution municipale, la commune proprement dite [2] et la cité régie par des consuls, eurent également pour principe l'insurrection plus ou moins violente, plus ou moins contenue, et pour but l'égalité des droits et la réhabilitation du travail. Par l'une et par l'autre, l'existence urbaine fut non-seulement restaurée, mais renouvelée; les villes acquirent la garantie d'un double état de liberté; elles devinrent personnes juridiques selon l'ancien droit civil, et personnes juridiques selon le droit féodal; c'est-à-dire qu'elles n'eurent pas simplement la faculté de gérer les intérêts de voisinage, celle de

---

1. Voyez les *Considérations sur l'Histoire de France*, chap. VI, p. 164 et suiv., in-8º, 1852.

2. Ce mot n'avait point dans le moyen âge la généralité de sens que nous lui prêtons aujourd'hui; il désignait d'une manière spéciale, la municipalité constituée par association et par assurance mutuelle sous la foi du serment. Voyez les *Considérations sur l'Histoire de France*, chap. VI, p. 174 et suiv.

posséder et d'aliéner, mais qu'elles obtinrent de droit, dans l'enceinte de leurs murailles, la souveraineté que les seigneurs exerçaient sur leurs domaines.

Les deux courants de la révolution municipale, qui marchaient l'un vers l'autre, ne se rencontrèrent pas d'abord; il y eut entre eux une zone intermédiaire, où l'ébranlement se fit sentir sans aller jusqu'à la réforme complète, au renouvellement constitutionnel. Dans la partie centrale de la Gaule, d'anciens municipes, des villes considérables, s'affranchirent du joug seigneurial par des efforts successifs, qui leur donnèrent une administration plus ou moins libre, plus ou moins démocratique, mais ne tenant rien ni de la commune jurée des villes du Nord, ni du consulat des villes du Midi. Quelques-unes reproduisirent dans le nombre de leurs magistrats électifs des combinaisons analogues à celles qu'avait présentées le régime des curies gallo-romaines; d'autres affectèrent dans leur constitution un mode uniforme, le gouvernement de quatre personnes choisies chaque année par la généralité des citoyens, et exerçant le pouvoir administratif et judiciaire seules ou avec l'assistance d'un certain nombre de notables[1]. Il y avait là des garan-

---

[1]. Les dix prud'hommes d'Orléans et de Chartres semblent une réminiscence du rôle que jouaient les dix premiers sénateurs, *Decemprimi*, *Decaproti*, dans la municipalité romaine. Le gouvernement de quatre prud'hommes, qui fut celui de Bourges et de Tours, jouit

ties de liberté civile et de liberté politique ; mais quoique ces villes, moins audacieuses en fait d'innovation, eussent réussi à dégager de ses entraves le principe de l'élection populaire, l'indépendance municipale y demeura sous beaucoup de rapports faible et indécise ; la vigueur et l'éclat furent pour les constitutions nouvelles, pour le régime consulaire et la commune jurée, suprême expression des instincts libéraux de l'époque.

Cette révolution complète, à laquelle échappèrent de vieilles cités municipales, pénétra sous l'une ou l'autre de ses deux formes dans beaucoup de villes de fondation postérieure aux temps romains. Quelquefois même, quand la cité se trouvait côte à côte avec un grand bourg né sous ses murs, il arriva que ce fut dans le bourg, et pour lui seul, que s'établit soit le consulat, soit le régime de l'association jurée [1]. Alors, comme toujours, l'esprit de rénovation souffla où il voulut, sa marche sembla réglée sur certains points, et sur d'autres capricieuse ; ici il rencontra des facilités inespérées, là des obstacles inattendus l'arrêtèrent. Les chances furent diverses et le succès inégal dans la grande lutte des bourgeois contre les seigneurs ; et non-seulement la somme des garanties

---

d'une grande faveur sur une bande de territoire prolongée de l'est à l'ouest dans la Touraine, le Berry, le Nivernais, la Bourgogne et la Franche-Comté.

1. On peut citer, pour le premier cas, Périgueux et le Puy-Saint-Front ; pour le second, Tours et Châteauneuf.

arrachées de force ou obtenues de bon accord ne fut point la même partout, mais, jusque sous les mêmes formes politiques, il y eut pour les villes différents degrés de liberté et d'indépendance. On peut dire que la série des révolutions municipales du xiie siècle offre quelque chose d'analogue au mouvement qui, de nos jours, a propagé en tant de pays le régime constitutionnel[1]. L'imitation y joua un rôle considérable; la guerre et la paix, les menaces et les transactions, l'intérêt et la générosité eurent leur part dans l'événement définitif. Les uns, du premier élan, arrivèrent au but, d'autres, tout près de l'atteindre, se virent ramenés en arrière; il y eut de grandes victoires et de grands mécomptes, et souvent les plus nobles efforts, une volonté ardente et dévouée, se déployèrent sans aucun fruit ou n'aboutirent qu'à peu de chose[2].

Au-dessus de la diversité presque infinie des changements qui s'accomplissent au xiie siècle dans l'état des villes grandes ou petites, anciennes ou récentes, une même pensée plane, pour ainsi dire, celle de ramener au régime public de la cité tout ce qui était tombé par abus ou vivait par coutume sous le régime privé du domaine. Cette pensée féconde ne devait pas s'arrêter aux bornes d'une révolution municipale; en

---

1. Voy. les *Lettres sur l'Histoire de France*, lettre xiv.
2. Voyez l'Histoire de la commune de Vézelay, *Lettres sur l'Histoire de France*, lettres xxii, xxiii et xxiv.

elle était le germe d'une série de révolutions destinées à renverser de fond en comble la société féodale, et à faire disparaître jusqu'à ses moindres vestiges. Nous sommes ici à l'origine du monde social des temps modernes ; c'est dans les villes affranchies, ou plutôt régénérées, qu'apparaissent, sous une grande variété de formes, plus ou moins libres, plus ou moins parfaites, les premières manifestations de son caractère. Là se développent et se conservent isolément des institutions qui doivent un jour cesser d'être locales, et entrer dans le droit politique ou le droit civil du pays. Par les chartes de communes, les chartes de coutumes et les statuts municipaux, la loi écrite reprend son empire ; l'administration, dont la pratique s'était perdue, renaît dans les villes, et ses expériences de tous genres, qui se répètent chaque jour dans une foule de lieux différents, servent d'exemple et de leçon à l'État. La bourgeoisie, nation nouvelle dont les mœurs sont l'égalité civile et l'indépendance dans le travail, s'élève entre la noblesse et le servage, et détruit pour jamais la dualité sociale des premiers temps féodaux. Ses instincts novateurs, son activité, les capitaux qu'elle accumule, sont une force qui réagit de mille manières contre la puissance des possesseurs du sol, et, comme aux origines de toute civilisation, le mouvement recommence par la vie urbaine.

L'action des villes sur les campagnes est l'un des grands faits sociaux du xiiᵉ et du xiiiᵉ siècle; la liberté municipale, à tous ses degrés, découla des unes sur les autres, soit par l'influence de l'exemple et la contagion des idées, soit par l'effet d'un patronage politique ou d'une agrégation territoriale. Non-seulement les bourgs populeux aspirèrent aux franchises et aux priviléges des villes fermées, mais, dans quelques lieux du nord, on vit la nouvelle constitution urbaine, la commune jurée, s'appliquer, tant bien que mal, à de simples villages ou à des associations d'habitants de plusieurs villages [1]. Les principes de droit naturel qui, joints aux souvenirs de l'ancienne liberté civile, avaient inspiré aux classes bourgeoises leur grande révolution, descendirent dans les classes agricoles, et y redoublèrent, par le tourment d'esprit, les gênes du servage et l'aversion de la dépendance domaniale. N'ayant guère eu jusque-là d'autre perspective que celle d'être déchargés des services les plus onéreux, homme par homme, famille par famille, les paysans s'élevèrent à des idées et à des volontés d'un autre ordre; ils en vinrent à demander leur affranchissement par seigneuries et par territoires, et à se liguer pour l'obtenir. Ce cri d'appel au senti-

---

[1]. Voyez les Lettres de Philippe-Auguste, données sous les dates de 1184, 1185, 1186, 1196, 1205, 1216 et 1221. (Recueil des Ordonn. des rois de France, t. XI, p. 234, 237, 245, 277, 291, 308 et 315.)

ment de l'égalité originelle : *Nous sommes hommes comme eux*[1], se fit entendre dans les hameaux et retentit à l'oreille des seigneurs, qu'il éclairait en les menaçant. Des traits de fureur aveugle et de touchante modération signalèrent cette nouvelle crise dans l'état du peuple des campagnes; une foule de serfs, désertant leurs tenures, se livraient par bandes à la vie errante et au pillage; d'autres, calmes et résolus, négociaient leur liberté, offrant de donner pour elle, disent les chartes, le prix qu'on voudrait y mettre[2]. La crainte de résistances périlleuses, l'esprit de

---

1.   Nus sumes homes cum il sunt,
     Tex membres avum cum il unt,
     Et altresi granz cors avum,
     Et altretant sofrir poûm;
     Ne nus faut fors cuer sulement.
               (WACE , *Roman de Rou*, t. I, p. 306.)

2. Eodem anno [1183], in provincia Bituricensi, interfecta sunt septem millia Cotarellorum..... et eo amplius, ab incolis illius terræ in unum contra Dei inimicos confœderatis. Isti terram regis vastando prædas ducebant..... (RIGORDUS, *De Gestis Philippi Augusti*, apud Script. rer. gallic. et francic., t. XVII, p. 11.) — Omnes homines nostri de corpore, tam masculi quam femine, qui habitant in terra nostra de Stempensi, et illi etiam qui de ea tenent et possident, ubicumque commorantes, astrinxerunt se nobis, per sacramentum a singulis sigillatim corporaliter prestitum et receptum, quod si servitutis opprobrium ab eis tolleremus, libertatis beneficium eis et filiis suis tam natis quam nascituris impendentes, quascumque redhibitiones, et sibi et hæredibus ipsorum et terræ nostræ vellemus imponere, ipsi gratanter reciperent firmiter observarent, et in nullo penitus contrairent. (*Charte du chapitre de Sainte-Croix d'Orléans*, confirmée par lettres de Louis VIII [1224]; Recueil des Ordonn. des rois de France, t. XI, p. 322.)

justice et l'intérêt, amenèrent les maîtres du sol à transiger, par des traités d'argent, sur leurs droits de tout genre et leur pouvoir immémorial. Mais ces concessions, quelque larges qu'elles fussent, ne pouvaient produire un changement complet ni général; les obstacles étaient immenses, c'était tout le régime de la propriété foncière à détruire et à remplacer; il n'y eut point à cet égard de révolution rapide et sympathique comme pour la renaissance des villes municipales; l'œuvre fut longue, il ne fallut pas moins de six siècles pour l'accomplir.

CHAPITRE II.

LE PARLEMENT AU XIIIe SIÈCLE; LES ÉTATS GÉNÉRAUX DE 1302, 1355 ET 1356.

Sommaire : Rénovation de l'autorité royale. — Nouvelles institutions judiciaires. — Droit civil de la bourgeoisie. — Renaissance du droit romain. — La cour du roi ou le parlement. — Doctrines politiques des légistes. — Leur action révolutionnaire. — États généraux du royaume. — Avénement du tiers état. — Ses principes, son ambition. — États généraux de 1355 et 1356. — Étienne Marcel, prévôt des marchands de Paris. — Son caractère, ses projets. — La Jacquerie. — Chute et mort d'Étienne Marcel. — La royauté sous Charles V. — Point où notre histoire sociale prend un cours régulier.

Municipes restaurés, villes de consulat, villes de communes, villes de simple bourgeoisie, bourgs et villages affranchis, une foule de petits États plus ou moins complets, d'asiles ouverts à la vie de travail sous la liberté politique ou la seule liberté civile, tels furent les fondements que posa le XIIe siècle pour un ordre de choses qui, se développant jusqu'à nous, est devenu la société moderne. Ces éléments de rénovation sociale n'avaient pas en eux-mêmes le moyen de se lier entre eux, ni de soumettre autour d'eux ce qui leur était contraire; la force qui les avait créés n'était capable que de les maintenir plus ou moins intacts dans leur isolement primitif; il fallait qu'une force extérieure et supérieure à la fois vînt à son aide, en attaquant de front cette aristocratie territoriale, à qui la conquête et les mœurs germaniques avaient donné sa dernière forme.

Depuis le démembrement féodal, la royauté se cherchait elle-même, et ne se retrouvait pas; Germaine d'origine, mais formée en Gaule et imbue des traditions impériales, jamais elle n'avait oublié son principe romain, l'égalité devant elle et devant la loi. Ce principe, vainement soutenu par les Mérovingiens contre l'indomptable orgueil des Franks de la conquête, reçut son démenti final au déclin de la seconde race. Alors disparurent deux idées qui sont comme les pôles de toute vraie société civile, l'idée du prince et celle du peuple, et, sous le nom d'État, l'on ne vit plus qu'une hiérarchie de souverains locaux, maîtres chacun d'une part ou d'une parcelle du territoire national. La renaissance d'une société urbaine rouvrit les voies traditionnelles de la civilisation, et prépara toutes choses pour le renouvellement de la société politique. Le roi de France trouva dans les villes reconstituées municipalement ce que le citoyen donne à l'État, ce que le baronnage ne voulait ou ne pouvait pas donner, la sujétion effective, des subsides réguliers, des milices capables de discipline[1]. C'est par ce secours, qu'avant la fin du xiie siècle, la royauté, sortant des limites où le système féodal la cantonnait, fit de sa suprême seigneurie, puissance à peu près inerte, un pouvoir actif et militant pour la défense des faibles et le maintien de la paix publique[2].

Je ne dis point que le renouvellement de l'autorité royale eut pour cause unique et directe la révolution d'où sortirent les communes. Ces deux grands événements procédèrent, chacun à part, de la tradition rendue féconde par des circonstances propices; ils se rencontrèrent et agirent simultanément l'un sur l'autre. Leur coïncidence fut signalée par une sorte d'élan vers tout ce qui constitue la prospérité publique; à l'avénement d'une nouvelle classe d'hommes libres se joignit aussitôt la reprise du progrès dans l'ordre des choses matérielles. Le xiie siècle vit s'opérer un défrichement, inouï jusque-là, de forêts et de terres incultes, les anciennes villes s'agrandir, des villes nouvelles s'élever et se peupler de familles échappées au servage[3]; il vit enfin commencer le

---

1. Partout les bourgeois étaient organisés en compagnies, armés régulièrement et exercés au tir de l'arc et de l'arbalète.

2. Voyez l'*Histoire de la civilisation en France*, par M. Guizot, 3e édition, t. IV, p. 107 et suiv.

3. Hinc est quod sub ipso [Ludovico VII], pace vigente, tot novæ villæ conditæ sunt et veteres amplificatæ, tot excisa nemora et

mouvement de recomposition territoriale qui devait ramener le royaume à la puissance, et le conduire un jour à l'unité.

Au siècle suivant apparaissent les réformes judiciaires et législatives; elles entament le droit féodal, et inaugurent un nouveau droit civil qui, de la sphère des municipalités, passe dans la haute sphère de l'État. Né dans les chartes de communes et dans les coutumes rédigées pour des villes ou des bourgades, ce droit de la bourgeoisie, hostile à celui des classes nobiliaires, s'en distingua par son essence même; il eut pour base l'équité naturelle, et régla, d'après ses principes, l'état des personnes, la constitution de la famille et la transmission des héritages. Il établit le partage des biens paternels ou maternels, meubles ou immeubles, entre tous les enfants, l'égalité des frères et des sœurs, et la communauté, entre époux, des choses acquises durant le mariage [1]. C'était, sous une forme grossière, et, d'un côté avec l'empreinte d'ha-

---

exculta, ordinesque diversi diversis in locis multipliciter propagati... (*Chronologia Roberti, monachi altissiodorensis*, apud Script. rer. gallic. et francic., t. XII, p. 299.) — Quasdam villas novas ædificavit per quas plures ecclesias et milites de propriis suis hominibus, ad eas confugientibus exheredasse non est dubium... (*Fragmentum historicum de vita Ludovici VII*, ibid., p. 286.)

1. Voyez les deux ouvrages de M. Édouard Laboulaye : *Histoire de la propriété au moyen âge*, Conclusion, et *Recherches sur la condition civile et politique des femmes, depuis les Romains jusqu'à nous* liv. IV, sect. II et III.

bitudes semi-barbares, de l'autre avec une teinte plus marquée d'inspirations chrétiennes, le même esprit de justice et de raison qui avait tracé jadis les grandes lignes du droit romain.

Aussi la révolution sociale fut-elle accompagnée et soutenue dans son développement par une révolution scientifique, par la renaissance de l'étude des lois romaines et des autres monuments de cette vieille et admirable jurisprudence. L'impulsion fut encore ici donnée par l'Italie, où l'enseignement public du droit ne cessa point durant tout le moyen âge, et subsista obscurément à Ravenne avant de refleurir à Bologne. Dès le XIIe siècle, de nombreux étudiants, qui, dans leurs migrations, passaient les Alpes, rapportèrent en France la nouvelle doctrine des glossateurs du droit civil; et bientôt ce droit fut professé concurremment avec le droit canonique dans plusieurs villes du Midi, et dans celles d'Angers et d'Orléans[1]. Il devint *raison écrite* pour la portion du territoire dont les coutumes n'avaient conservé que peu de chose du droit romain; il devint *droit écrit* pour celles où la loi romaine, mélangée et non déracinée par le contact des lois barbares, avait passé dans les mœurs et subsistait encore à l'état de droit coutumier. Les maximes et les règles puisées dans les codes impériaux par des esprits

---

1. Voyez l'*Histoire du droit romain au moyen âge*, par Savigny, t. I, et l'*Histoire littéraire de la France*, t. XVI, p. 85.

ardents et soucieux du vrai et du juste, descendirent des écoles dans la pratique, et, sous leur influence, toute une classe de jurisconsultes et d'hommes politiques, la tête et l'âme de la bourgeoisie, s'éleva, et commença dans les hautes juridictions la lutte du droit commun et de la raison contre la coutume, l'exception, le fait inique ou irrationnel.

La cour du roi ou le Parlement, tribunal suprême et conseil d'État, devint, par l'admission de ces hommes nouveaux, le foyer le plus actif de l'esprit de renouvellement. C'est là que reparut, proclamée et appliquée chaque jour, la théorie du pouvoir impérial, de l'autorité publique, une et absolue, égale envers tous, source unique de la justice et de la loi. Remontant, par les textes sinon par la tradition, jusqu'aux temps romains, les légistes s'y établirent en idée, et, de cette hauteur, ils considérèrent dans le présent l'ordre politique et civil. A voir l'action qu'ils exercèrent au XIIIe siècle et au siècle suivant, on dirait qu'ils eussent rapporté de leurs études juridiques cette conviction, que, dans la société d'alors, rien n'était légitime hors deux choses, la royauté et l'état de bourgeoisie. On dirait même qu'ils pressentaient la destinée historique de ces deux institutions, et, qu'en y mettant le sceau du droit, ils marquèrent d'avance les deux termes auxquels tout devait être ramené. Toujours est-il de fait que les légistes du moyen âge, juges, conseillers, officiers royaux, ont frayé, il y a six cents ans, la route des révolutions à venir. Poussés par l'instinct de leur profession, par cet esprit de logique intrépide qui poursuit de conséquence en conséquence l'application d'un principe, ils commencèrent, sans la mesurer, l'immense tâche où, après eux, s'appliqua le travail des siècles : réunir dans une seule main la souveraineté morcelée, abaisser vers les classes bourgeoises ce qui était au-dessus d'elles, et élever jusqu'à elles ce qui était au-dessous.

Cette guerre du droit rationnel contre le droit existant, des idées contre les faits, qui éclate par intervalles dans les sociétés humaines, a toujours deux époques d'un caractère bien différent : la première, où l'esprit novateur se prescrit des bornes et se tempère lui-même par le sentiment de l'équité ; la seconde, où il s'emporte et brise sans ménagement tout ce qui lui faisait obstacle. Deux règnes fameux, qui, en se touchant presque, forment l'un des plus étranges contrastes que l'histoire puisse présenter, le règne de Louis IX et celui de Philippe le Bel, répondent à ces deux temps successifs dans la réforme politico-judiciaire par laquelle s'ouvrit l'ère administrative de la monarchie française.

Commencée avec tant de douceur et de réserve par le roi qui fut un saint et un grand homme, cette révolution parut, sous la main de son petit-fils, âpre, violente, arbitraire, inique même, dans la poursuite de mesures dont le but final était un ordre meilleur et plus juste pour tous. Malgré son esprit et sa tendance, elle n'eut pas le pouvoir d'exciter l'affection du peuple; aucun élan d'espoir et de joie ne l'accompagna dans ses progrès; rien de bruyant, point de scènes populaires, tout s'élaborait à froid dans une officine secrète; c'était le travail du mineur qui poursuit son œuvre en silence jusqu'à l'heure où viendra l'assaut. Jamais, peut-être, il n'y eut de crise sociale d'un aspect plus sombre que celle-ci : pour les classes privilégiées, des spoliations et des supplices; pour la masse roturière, tout le poids d'une administration ébauchée, ayant plus d'astuce que de force, vivant d'expédients et d'extorsions, coûtant beaucoup et ne rendant rien. Seulement, au-dessus de ce désordre, plein de ruines et de souffrances, mais berceau de l'ordre à venir, une voix s'élevait de temps en temps, celle du roi absolu, qui, au nom de la loi naturelle, proclamait le droit de liberté pour tous, et, au nom de la loi divine, réprouvait l'institution du servage[1].

[1]. Attendu que toute créature humaine, qui est formée à l'image de Notre-Seigneur, doit généralement être franche par droit naturel, et, en aucuns pays, de cette naturelle liberté et franchise par le joug de la servitude qui tant est haineuse soit effacée et obscurcie; que les hommes et les femmes qui habitent ès lieux et pays dessusdits, en leur vivant soient réputés ainsi comme morts... (*Ordonnance de Philippe le Bel* [1311]; Rec. des Ordonn. des rois de France, t. XII, p. 387.) — Comme selon le droit de nature chacun doit naistre franc, et par aucuns usages et coutumes, qui de grant ancienneté ont esté

Ces légistes du XIVe siècle, fondateurs et ministres de l'autocratie royale, furent soumis à la destinée commune des grands révolutionnaires : les plus audacieux périrent sous la réaction des intérêts qu'ils avaient blessés et des mœurs qu'ils avaient refoulées[1]. Plus d'une foi la royauté fléchit dans sa nouvelle voie, et se laissa ramener en arrière par la résistance des pouvoirs et des priviléges féodaux. Mais, en dépit de ces retours inévitables, et malgré les concessions faites sous des règnes faibles, deux choses allèrent croissant toujours, le nombre des hommes libres à titre de bourgeoisie, et le mouvement qui portait cette classe d'hommes à se ranger d'une manière immédiate sous la garde et la justice du roi. Une révolution moins éclatante et moins spontanée que la révolution communale vint reprendre en sous-

entroduites et gardées jusques-cy en nostre royaume, et par avanture pour le meffet de leurs prédécesseurs, moult de personnes de nostre commun pueple soient encheues en lien de servitudes et de diverses conditions, qui moult nous desplait : nous, considérants que nostre royaume est dit et nommé le royaume des Francs, et voullants que la chose en vérité soit accordant au nom... (*Ordonnance de Louis le Hutin* [1315, 3 juillet], ibid., t. I, p. 583.) — *Ordonnance de Philippe le Long* [1318, 23 janvier], ibid., p. 653.

1. Enguerrand de Marigny, pendu à Montfaucon, sous le règne de Louis X; Pierre de Latilly, chancelier de France, et Raoul de Presle, avocat du roi au parlement, tous deux mis à la torture sous le même règne; Gérard de la Guette, ministre de Philippe le Long, mort à la question en 1322; Pierre Frémy, ministre de Charles le Bel, pendu en 1328.

œuvre les résultats de celle-ci, et, par un travail lent mais continu, faire, de mille petits États distincts, une même société rattachée à un centre unique de juridiction et de pouvoir.

D'abord, il fut posé en principe que nulle commune ne pouvait s'établir sans le consentement du roi; puis, que le roi seul pouvait créer des communes; puis, que toutes les villes de commune ou de consulat, étaient par le fait même, sous sa seigneurie immédiate [1]. Quand ce dernier point parut gagné, la royauté fit un pas de plus; elle s'attribua le droit de faire des bourgeois par tout le royaume, sur le domaine d'autrui comme sur le sien. Par une fiction étrange, la bourgeoisie, droit essentiellement réel, attaché au domicile et que l'habitation conférait, devint quelque chose de personnel. On put changer de juridiction sans changer de résidence, se déclarer homme libre et citoyen sans quitter la glèbe seigneuriale, et, comme s'expriment les anciens actes, *désavouer son seigneur et s'avouer bourgeois du roi* [2].

---

[1]. Hinc est quod, cum ad dominum nostrum et nos in solidum pertineat creare et constituere consulatus et communitates..... (Ordonnance de Charles, régent du royaume pendant la captivité du roi Jean [1358, novembre], Rec. des ordonn. des rois de France, t. III, p. 305.)

[2]. Voy. le *Glossaire du Droit français*, par Laurière, et la Dissertation de Bréquigny sur les bourgeoisies, en tête du tome XII du Recueil des Ordonnances des rois de France.

Ainsi, l'association au corps des habitants d'une ville privilégiée cessa d'être l'unique moyen d'obtenir la plénitude des droits civils; le privilége se sépara des lieux pour aller chercher les personnes, et, à côté de la bourgeoisie des cités et des communes, il créa sourdement une nouvelle classe de roturiers libres, auxquels on aurait pu donner, par exception, le titre de citoyens du royaume[1].

Toutes ces choses procédaient d'un nouveau prin-

---

[1]. Cum in comitatu Brene, feodis, retrofeodis et gardiis ipsius comitatus et aliis terris quas dilectus et fidelis consanguineus noster, Galtherus, dux Athenarum et comes dicti comitatus, habet in comitatu Campanie, sint plures homines et femine, burgenses nostri albani superventi aliunde et alii qui se advoaverunt et advoant nostros homines et feminas de jurata, ac etiam plures homines et femine dicti consanguinei, suorum feodorum, retrofeodorum et gardiarum, qui eos deadvoaverunt et se advoaverunt et advoant homines et feminas nostros de dicta jurata; nitendo se eximere a servitute qua sunt ipsi consanguineo nostro et suis feodatis, retrofeodatis et gardiis, ut dicunt, astricti..... (Ordonnance du roi Jean [1355, novembre], Rec. des Ordonn. des rois de France, t. IV, p. 724.)—.... Cum a predecessoribus nostris Francie regibus, vassallorum et dominorum aliorum utilium seu immediatorum subditis in senescaliis Tholose, Carcassonne et Bellicadri, per dictos suos dominos, suos justiciarios seu officiarios oppressis subvenire volentibus et ipsos a gravaminibus relevare, ductis et excitatis ad hoc ex frequenti querela subditorum ipsorum, fuerit ab antiquo, previa Consilii deliberatione matura, laudabiliter ordinatum, ut quicumque taliter oppressi cujuscunque status et conditionis existerint, dimissa dicti sui immediati dominii subjectione, subjectionem nostram ingredi et nostri burgenses effici possent, et ad hoc admitterentur libere, cessante contradictione quacumque..... (Ordonnance de Charles V [1373, juillet 29], ibid., t. V, p. 627.)

cipe social, d'un droit subversif des droits existants, et aucune ne s'établissait sans protestation et sans lutte. Il n'en fut pas de même de l'institution fameuse qui fit de la bourgeoisie un ordre politique représenté par ses mandataires dans les grandes assemblées du royaume. Ces assemblées, dont la tradition avait passé des coutumes germaines dans le régime de la monarchie féodale, se composaient de députés élus respectivement par la noblesse et le clergé, et formant soit une seule réunion, soit deux chambres distinctes[1]. Dès qu'il y eut, par la renaissance des municipes et l'affranchissement des bourgs, une troisième classe d'hommes pleinement libres et propriétaires, cette classe, bien qu'inférieure aux deux autres, participa, dans sa sphère, aux droits politiques des anciens ordres; elle fut appelée à donner conseil dans les affaires importantes, et à délibérer sur les nouvelles taxes.

Par leurs priviléges conquis à force ouverte ou octroyés de bon accord, les villes étaient devenues, comme les châteaux, partie intégrante de la hiérarchie féodale, et la féodalité reconnaissait à tous ses membres le droit de consentir librement les impôts et les subsides; c'était l'un des vieux usages et le meilleur

---

[1]. Voy. le procès-verbal de l'élection de Charles de Valois, comme roi d'Aragon et comte de Barcelone. Rymer, *Fœdera, conventiones, litterœ*, etc., t. I, p. 639.

principe de ce régime; la population urbaine en eut le bénéfice, sans le revendiquer, et sans que personne le lui contestât. D'abord peu fréquente et bornée à des cas spéciaux, la convocation par le roi de représentants des bonnes villes eut lieu d'une façon isolée, sans que le fait, quelque nouveau qu'il fût, parût aux contemporains digne d'intérêt. Les formules de quelques chartes royales sont le seul témoignage qui nous en reste avant le règne de Philippe le Bel [1], et il faut descendre jusqu'à ce règne pour le voir se produire d'une façon éclatante, et marquer sa place parmi les grands faits de notre histoire nationale.

Le surcroît de dépenses et de besoins pour la royauté que firent naître les créations administratives au milieu desquelles s'ouvrit le XIVe siècle devait naturellement amener des appels plus nombreux et plus réguliers de bourgeois mandataires des cités et des communes. De graves événements survenus dans la première année du siècle donnèrent une solennité inaccoutumée et le caractère de représentation nationale à des convocations jusque-là partielles, et qui passaient l'une après l'autre sans se faire beaucoup remarquer. La cour de Rome, violant les règles et les

---

1. Voy. l'Ordonnance de saint Louis de 1262, contre-signée par trois bourgeois de Paris, trois de Provins, deux d'Orléans, deux de Sens et deux de Laon. Rec. des Ordonn. des rois de France, t. I, p. 93. — L'origine des États particuliers des provinces est la même que celle des États généraux du royaume.

traités qui limitaient son pouvoir en France, prétendit à un droit de suprématie temporelle sur les affaires du royaume. A ce sujet, le pape Boniface VIII et le roi Philippe le Bel entrèrent en lutte ouverte ; le pape convoqua un concile général, et le roi une assemblée générale de députés des trois états, clergé, noblesse et bourgeoisie des villes [1]. Celles du Nord envoyèrent leurs échevins, celles du Midi leurs consuls, et la voix du *commun peuple* fut recueillie dans ce grand débat au même titre que celle des barons et des dignitaires de l'Église [2]. « A vous, » disaient dans leur requête au roi les représentants de la bourgeoisie, « à vous, très-noble prince, nostre sire Phi-
« lippe, par la grâce de Dieu roy de France, supplie
« et requiert le peuple de vostre royaume, pour ce
« qui l'y appartient, que ce soit fait que vous gardiez
« la souveraine franchise de vostre royaume, qui est
« telle que vous ne recognoissiez, de vostre temporel,
« souverain en terre, fors que Dieu [3]... » Ce vœu d'in-

---

1. Les trois états de France furent convoqués à Notre-Dame de Paris le 10 avril 1302.

2. Rex autem....., Parisius convocans ad concilium universos regni Franciæ barones, prælatos, duces et comites, abbates et procuratores capitulorum suorum, decanos et custodes ecclesiarum collegiatarum, vicedominos, castellanos, majores et scabinos communiarum..... (Chronique de Guillaume de Nangis, t. I, édition de Géraud, p. 314).

3. Chronologie des Estats généraux, par J. Savaron (Caen, 1788), p. 94. — Voy. le Rapport de mon frère Amédée Thierry, sur le *Con-*

dépendance pour la couronne et le pays marque noblement dans notre histoire la première apparition d'une pensée politique des classes roturières hors du cercle de leurs intérêts et de leurs droits municipaux ; il fut, depuis, l'une des maximes fondamentales qui, nées de l'instinct populaire et transmises de siècle en siècle, formèrent ce qu'on peut nommer la tradition du tiers état.

Ce nom de tiers état, lorsqu'il devient une expression usuelle, ne comprend de fait que la population des villes privilégiées, mais, en puissance, il s'étend bien au delà : il couvre non-seulement les cités, mais les villages et les hameaux ; non-seulement la roture libre, mais tous ceux pour qui la liberté civile est encore un bien à venir[1]. Aussi, quelque restreinte que fût par sa nature toute municipale la représentation du troisième ordre, elle eut constamment le mérite de se croire chargée de plaider, non la cause de telle ou telle fraction, de telle ou telle classe du peuple, mais celle de la masse des non nobles, mais le peuple sans distinction de francs ou de serfs, de bourgeois ou de paysans[2].

---

cours du prix d'histoire, décerné en 1844 par l'Académie des sciences morales et politiques.

1. Les mots *gens de tiers et commun état* se trouvent dans plusieurs actes du xve siècle. On disait indifféremment le *tiers état,* le *commun état,* et le *commun.*

2. Les élections des députés du tiers état, bornées durant le xive siècle et une grande partie du xve, à ce qu'on nommait les *bonnes*

Toutefois l'on ne voit pas que la bourgeoisie elle-même ait d'abord attaché beaucoup de prix au droit d'être consultée comme les deux premiers ordres sur les affaires générales du royaume. Ce droit, qu'elle n'exerçait guère sans une sorte de gêne, lui était suspect, parce que toute convocation des états aboutissait naturellement à de nouvelles demandes du fisc. Son rôle fut subalterne et peu marqué dans les états généraux qui vinrent après ceux de 1302, sous Philippe le Bel et ses successeurs, jusqu'au milieu du XIVe siècle, et qui eurent en général pour occasion des guerres ou des changements de règne. Mais, sous le roi Jean, la détresse publique et l'excès des malheurs nationaux donnèrent aux communes de France un élan de passion et d'ambition qui leur fit tenter des choses inouïes jusque-là, et saisir tout d'un coup et pour un moment cette prépondérance du tiers état qui ne put être fondée sans retour qu'après cinq siècles d'efforts et de progrès.

Deux siècles écoulés depuis la renaissance des libertés municipales avaient donné aux riches bourgeois des villes l'expérience de la vie politique, et leur avaient appris à connaître et à vouloir tout ce qui, soit dans l'enceinte des mêmes murs, soit sur un plus vaste espace, constitue les sociétés bien ordonnées. Pour les

villes, furent, vers la fin du XVe siècle, étendues aux villes non murées et aux simples villages. Voy. ci-après les états généraux de 1484.

cités et les communes, quelle que fût la forme de leur gouvernement, l'ordre, la régularité, l'économie, le soin du bien-être de tous, n'étaient pas seulement un principe, une maxime, une tendance, c'était un fait de tous les jours, garanti par des institutions de tout genre, d'après lesquelles chaque fonctionnaire ou comptable était surveillé sans cesse et contrôlé dans sa gestion. Sans nul doute, les mandataires de la bourgeoisie aux premiers états généraux, appelés à voter des subsides et à voir comment on les dépensait, furent vivement frappés du contraste qu'offrait l'administration royale avec ses tentatives hasardées, ses ressources frauduleuses, ses abus anciens ou nouveaux, et l'administration urbaine, suivant des règles immémoriales, scrupuleuse, intègre, équitable, soit de son propre mouvement, soit malgré elle. Parmi ces hommes d'intelligence nette et active, les plus éclairés durent concevoir la pensée d'introduire au centre de l'État ce qu'ils avaient vu pratiquer sous leurs yeux, ce qu'ils avaient pratiqué eux-mêmes d'après la tradition locale et l'exemple de leurs devanciers. Cette pensée, d'abord timide en présence de la royauté qui ne la sollicitait pas, et des corps privilégiés qui ne prenaient conseil que d'eux-mêmes, se fit jour quand des nécessités extraordinaires, amenées par la guerre au dehors et les dilapidations au dedans, forcèrent le roi et ses ministres à chercher du secours à tout prix, et mirent à nu leur impuissance à remédier aux malheurs publics.

C'est de là que vint l'esprit d'innovation qui éclata si subitement et avec tant d'énergie dans les états généraux de 1355. Les résolutions de cette assemblée, auxquelles une ordonnance royale donna sur-le-champ force de loi, contiennent, et dépassent même sur quelques points, les garanties modernes dont se compose le régime de la monarchie constitutionnelle. On y trouve l'autorité partagée entre le roi et les trois états représentant la nation et représentés par une commission de neuf membres; l'assemblée des états s'ajournant d'elle-même à terme fixe; l'impôt réparti sur toutes les classes de personnes et atteignant jusqu'au roi; le droit de percevoir les taxes et le contrôle de l'administration financière donnés aux états agissant par leurs délégués à Paris et dans les provinces [1]; l'établissement d'une milice nationale par l'injonction faite

---

[1]. Est ordonné que des trois estaz dessus diz seront ordennez et depputez certaines personnes bonnes et honnestes, solables et loyauls et sans aucun souspeçon, qui par les pays ordenneront les choses dessus dittes, qui auront receveurs et ministres, selon l'ordenance et instruction qui sera faite sur ce; et oultre les commissaires ou depputez particuliers des pays et des contrées, seront ordennez et establiz par les trois estats dessus dits neuf personnes bonnes et honnestes : c'est assavoir de chascun estat trois qui seront généraulx et superintendenz sur tous les autres, et qui auront deux receveurs généraux prud'hommes et bien solables, pour ce que lesdiz superintendens ne seront chargiez d'aucune recepte, ne de faire compte aucun. (Ordonn. du 28 décembre 1355, art. 2, Rec. des Ordonn. des rois de France, t. III, p. 22.)

à chacun de s'équiper d'armes selon son état; enfin, la défense de traduire qui que ce soit devant une autre juridiction que la justice ordinaire, l'abolition du droit de prise ou de réquisition forcée pour le service royal, et la suppression des monopoles exercés sous le nom de tierces personnes par les officiers royaux ou seigneuriaux [1]. Il y a là comme un souffle de démocratie municipale, quelque chose de plus méthodique et de plus large en fait de liberté que la résistance aristocratique de la noblesse et du clergé. L'initiative du tiers état dominait, par l'empire du bon sens et de l'expérience administrative, dans ces délibérations qui, à ce qu'il paraît, furent communes entre les trois ordres [2]. La même chose eut lieu, avec des conséquences bien plus graves, aux états généraux de 1356, année fatale

1. Et ne seront lesdites aydes et ce qui en ystra levées ne distribuées par nos genz, par noz trésoriers, ne par noz officiers, mais par autres bonnes genz, saiges, loyauls et solables, ordennez, commis et depputez par les trois estaz dessusdiz, tant aux frontières comme ailliers où il les conviendra distribuer. (Ibid., art. 5.) — Ibid., art. 6, 7, 8, 9, 11, 12, 13, 18, 19 et 52.

2. Furent assemblés à Paris, par le mandement du roy, les prélats, les chapitres, les barons et les villes du royaume de France, et leur fist le roy exposer en sa présence l'estat des guerres... Lesquels respondirent, c'est assavoir : le clergié, par la bouche de maistre Jehan de Craon, lors arcevesque de Rains, les nobles, par la bouche du duc d'Athènes, et les bonnes villes, par Estienne Marcel, lors prévost des marchans à Paris, que il estoient tous prests de vivre et de mourir avec le roy, et de mettre corps et avoir en son service, et délibéracion requistrent de parler ensemble, laquelle leur fu ottroiée. (Chroniques de Saint-Denis, édit. de M. Paulin Paris, t. VI, p. 19.)

où, par suite d'une bataille imprudemment livrée, on vit le roi prisonnier, la plupart des nobles tués ou pris dans la déroute, les forces du royaume anéanties et le gouvernement dissous au milieu de la guerre étrangère, des discordes intestines et de l'irritation des esprits.

Le désastre de Poitiers excita dans les classes roturières un sentiment de douleur nationale, mêlé d'indignation et de mépris pour la noblesse qui avait lâché pied devant une armée très-inférieure en nombre. Ceux des gentilshommes qui, revenant de la bataille, passaient par les villes et les bourgs, étaient poursuivis de malédictions et d'injures[1]. La bourgeoisie parisienne, animée de passion et de courage, prit sur elle, à tout événement, le soin de sa propre défense, tandis que le fils aîné du roi, jeune homme de dix-neuf ans, qui avait fui l'un des premiers, venait gouverner comme lieutenant de son père. C'est sur la convocation de ce prince que les états s'assemblèrent de nouveau à Paris avant le terme qu'ils avaient fixé. Les mêmes députés revinrent au nombre de plus de huit cents, dont quatre cents étaient de la bourgeoisie, et le travail de réforme ébauché dans la précédente session fut repris, sous la

1. Avec tout ce, les chevaliers et les écuyers qui retournés étoient de la bataille, en étoient tant haïs et si blâmés des communes que envis ils s'embatoient ès bonnes villes. Si parlementoient et murmuroient ainsi les uns sur les autres. (Chron. de Froissart, t. Ier, 2e partie, ch. 52.)

même influence, avec une ardeur qui tenait de l'entraînement révolutionnaire. L'assemblée commença par concentrer son action dans un comité de quatre-vingts membres, délibérant, à ce qu'il semble, sans distinction d'ordres; puis elle signifia, sous forme de requêtes, ses résolutions, qui furent : l'autorité des états déclarée souveraine en toute matière d'administration et de finance, la mise en accusation de tous les conseillers du roi, la destitution en masse des officiers de justice, et la création d'un conseil de réformateurs pris dans les trois ordres; enfin, la défense de conclure aucune trêve sans l'assentiment des trois états, et le droit pour ceux-ci de se réunir par leur seule volonté, sans convocation royale [1].

---

[1]. Ordonn. du 3 mars 1357 (1356, vieux style), art. 1, 2, 5, 11, 39, 42 et 43; Rec. des Ordonn. des rois de France, t. III, p. 128... — Il esmut, enduit et enorta les députez dessusdiz à ce qu'il esleussent xxviii personnes des trois estas, c'est assavoir : iv prélas, xii chevaliers et xii bourgois, qui averoient tout le gouvernement du royaume, qui ordeneroient la chambre de parlement, des comptes et de touz autres offices, et y metteroient telles personnes comme bon leur sembleroit. Et par ce appert clérement que le gouvernement, l'auctorité et la puissance de gouverner le royaume il vouloit oster au roy et à monseigneur le duc, ou au moins leur en vouloit si petit laisser comme niant, car, toute l'auctorité de fait feust aus xxviii esleuz, et n'en eust le roy ne le duc fors nom tant seulement. (Articles contre Robert le Coq, évêque de Laon : manuscrit publié par M. Douet d'Arcq, dans la Bibliothèque de l'École des chartes, t. II, p. 365, art. 52.) — Froissart dit que le conseil des états devait être composé de trente-six personnes; mais une liste qu'on peut croire authentique donne à ce conseil trente-quatre membres, savoir : six nobles, onze

Le lieutenant du roi, Charles duc de Normandie, essaya en vain les ressources d'une habileté précoce pour échapper à ces demandes impérieuses : il fut contraint de tout céder. Les états gouvernèrent sous son nom ; mais le désaccord, né de la jalousie mutuelle des ordres, se mit bientôt dans leur sein. La prépondérance des bourgeois parut insupportable aux gentilshommes, qui, désertant l'assemblée, retournèrent chez eux. Les députés du clergé tinrent mieux à leur poste, mais finirent par s'éloigner aussi, et, sous le nom d'états généraux, il n'y eut plus que les mandataires des villes, chargés seuls de tout le poids de la réforme et des affaires du royaume[1]. Obéissant à un besoin d'action centrale, ils se subordonnèrent spontanément à la députation de Paris, et bientôt, par la

ecclésiastiques et dix-sept bourgeois. Ainsi la représentation des communes s'y trouvait égale en nombre à celles de la noblesse et du clergé réunies. Voy., dans le tome II de la Bibliothèque de l'École des chartes, le document cité plus haut.

1. Or vous dis que les nobles du royaume de France et les prélats de sainte église se commencèrent à tanner de l'emprise et ordonnance des trois états. (Chroniq. de Froissart, liv. 1er, 2e partie, ch. 62.) — Le huitiesme jour d'après Noël l'an dessusdit, fu l'assemblée à Paris des bonnes villes, mais il n'y ot aucuns nobles et pou y ot de gens d'église. Et tous les jours assembloient et si ne povoient estre à accort. Et toutes voies ils demourèrent à Paris jusques au vingt-quatriesme ou vingt-cinquiesme jour de janvier. (Chron. de Saint-Denis, t. VI, p. 80.) — Le dimenche devant karesme prenant, onziesme jour de février, se rassemblèrent à Paris pluseurs des bonnes villes et du clergié, mais il n'y vint nul noble. Et par pluseurs journées se assemblèrent, si comme il avoient accoustumé. (Ibid., p. 86.)

pente des choses et par suite de l'attitude hostile du régent, la question de suprématie pour les états devint une question parisienne, soumise aux chances de l'émeute populaire et à la tutelle du pouvoir municipal[1].

Ici apparaît un homme dont la figure a, de nos jours, singulièrement grandi pour l'histoire mieux informée, Étienne Marcel, prévôt des marchands, c'est-à-dire chef de la municipalité de Paris. Cet échevin du XIVe siècle a, par une anticipation étrange, voulu et tenté des choses qui semblent n'appartenir qu'aux révolutions les plus modernes. L'unité sociale et l'uniformité administrative; les droits politiques étendus à l'égal des droits civils; le principe de l'autorité publique transférée de la couronne à la nation; les états généraux changés, sous l'influence du troisième ordre, en représentation nationale; la volonté du peuple attestée comme souveraine devant le dépositaire du pou-

---

1. Le samedi ensuivant, vingt-quatriesme jour dudit moys, fu monseigneur le duc en la chambre de parlement, et avec lui aucuns de son conseil qui lui estoient demourés. Et là allèrent à luy ledit prévost et pluseurs autres avec luy, tant armés comme non armés, et requistrent à monseigneur le duc que il feist tenir et garder, sans enfraindre, toutes les ordenances lesquelles avoient esté faites par les trois estas, l'an précédent, et que il les laissast gouverner, si comme autrefois avoit esté fait..... et pour ce que le peuple se tenoit trop mal content de moult de choses qui estoient faites au conseil de monseigneur le duc contre ledit peuple, il voulsit mettre en son grand conseil trois ou quatre bourgeois que l'en lui nommeroit, toutes lesquelles choses monseigneur le duc leur octroya. (Ibid., p. 92.)

voir royal[1] ; l'action de Paris sur les provinces comme tête de l'opinion et centre du mouvement général ; la dictature démocratique, et la terreur exercée au nom du bien commun ; de nouvelles couleurs prises et portées comme signe d'alliance patriotique et symbole de rénovation[2] ; le transport de la royauté d'une branche à l'autre, en vue de la cause des réformes et pour l'intérêt plébéien[3], voilà les événements et les scènes

---

1. Et quand ledit prévost fu en ladite chambre, et pluseurs armés de sa compaignie avec luy, il dit audit monseigneur le duc que il ne se meist point à mésaise de ce qui estoit advenu, car il avoit esté fait de la volenté du peuple, et pour eschiévier greigneurs périls..... Et requist ledit prévost à monseigneur le duc que il voulsist ratifier ledit fait et estre tout un avec eux. (Chron. de Saint-Denis, t. VI, p. 88 et 89.)

2. La première semaine de janvier ensuivant, ceux de Paris ordenèrent qu'il auroient tous chapperons partis de rouge et de pers; et fu commandé par les ostels, de par le prévost des marchans, que on preist tels chapperons. (Ibid., p. 73.) — Le prévost des marchans et les eschevins envoièrent lettres closes par les bonnes villes du royaume, par lesquelles il leur faisoit savoir le fait qu'il avoient fait, et leur requéroient que il se voulsissent tenir en vraie union avec eux, et que il voulsissent prendre de leurs chapperons partis de pers et de rouge, si comme avoient le duc de Normendie et pluseurs autres du sanc de France, si comme èsdites lettres estoit contenu. Et en vérité, ledit monseigneur le duc, le roy de Navarre, le duc d'Orléans, frère dudit roy de France, et le comte d'Estampes, qui tous estoient des fleurs de lis, portoient lesdits chapperons. (Ibid., p. 94.)

3. Ledit roi de Navarre vint en la maison de la ville et prescha, et entre les autres choses dist que il aimoit moult le royaume de France et il y estoit moult bien tenu, si comme il disoit. Car il estoit des fleurs de lis de tous costés, et eust esté sa mère roy de France se elle eust esté homme; car elle avoit esté seule fille du roy de France. Et si lui avoient les bonnes villes du royaume, par espécial celle de Paris,

qui ont donné à notre siècle et au précédent leur caractère politique. Eh bien! il y a de tout cela dans les trois années sur lesquelles domine le nom du prévôt Marcel[1]. Sa courte et orageuse carrière fut comme un essai prématuré des grands desseins de la Providence, et comme le miroir des sanglantes péripéties à travers lesquelles, sous l'entraînement des passions humaines, ces desseins devaient marcher à leur accomplissement. Marcel vécut et mourut pour une idée, celle de précipiter, par la force des masses roturières, l'œuvre de nivellement graduel commencé par les rois; mais ce fut son malheur et son crime d'avoir des convictions impitoyables. A une fougue de tribun qui ne

fait très grans biens et haus honneurs, lesquels il taisoit, et pour ce estoit-il prest de vivre et de mourir avecques eux..... Si fu alors esleu ledit roy en capitain de la ville de Paris; et lui fu dit, de par le prévost des marchands de Paris, que ceux de Paris escriproient à toutes les bonnes villes du royaume, afin que chascun se consentist à faire ledit roy capitain universel par tout le royaume de France. (Ibid., p. 146.) — Præpositus mercatorum, cum multis de majoribus civibus per quos tota civitas regi videbatur,..... iverunt ad regem Navarræ dominum Carolum de Ebroicis, qui antea per eos tamquam capitaneus vocatus fuerat,..... ordinaverunt secrete ut iterum per ipsos vocaretur,..... et tandem, cum ipse rex Navarræ esset de linea et prosapia regia, ad sceptrum regale et regnum Franciæ ascenderet et regnaret. Nam dictus rex Navarræ ad hoc totis viribus anhelabat..... (Chron. de Guillaume de Nangis, 2e continuat., t. II, p. 268 et 269.)

1. 1356, 57 et 58. — Étienne Marcel eut pour associé dans sa lutte contre le pouvoir, et dans ses projets de réformation, un membre du clergé, qui, par son origine et ses études, appartenait à la bourgeoisie, Robert le Coq, évêque de Laon, juriste habile, d'abord avocat, puis maître des requêtes, et enfin président clerc au parlement.

recula pas devant le meurtre, il joignait l'instinct organisateur ; il laissa, dans la grande cité qu'il avait gouvernée d'une façon rudement absolue, des institutions fortes, de grands ouvrages et un nom que, deux siècles après lui, ses descendants portaient avec orgueil comme un titre de noblesse[1].

Pendant que la bourgeoisie formée à la liberté municipale s'élevait, d'un élan soudain mais passager, à l'esprit de liberté nationale, et anticipait en quelque sorte les temps à venir, un spectacle bizarre et terrible fut donné par la population demi-serve des villages et des hameaux. On connaît la Jacquerie, ses effroyables excès et sa répression non moins effroyable. Dans ces jours de crise et d'agitation, le frémissement universel se fit sentir aux paysans et rencontra en eux des

---

[1]. Voy. l'Histoire de l'Hôtel de Ville de Paris, par M. Leroux de Lincy, liv. III, ch. 1er, p. 58 à 60. — Si mit ouvriers en œuvre quant qu'il en put avoir et recouvrer de toutes parts, et fit faire grands fossés autour de Paris, et puis chaingles, murs et portes, et y ouvroit-on nuit et jour, et y eut le terme d'un an tous les jours trois mille ouvriers. Dont ce fut un grand fait que de fermer sur une année et d'enclorre et avironner de toute défense une telle cité comme Paris est et de tel circuit. Et vous dis que ce fut le plus grand bien que oncques le prévôt des marchands fit en toute sa vie ; car autrement elle eût été depuis courue, gâtée et robée par trop de fois. (Chron. de Froissart, liv. 1er, 2e partie, chap. 66.) — Dictes-nous que pas un des *Clercs*, de *Marle*, *Marcel* ne des *Bourciers*..... souffre que le fils d'un Italien, d'un Anglois, d'un Lorrain ou Escouçois se die aussi bon François que luy. (*Du grand et loyal devoir, fidélité et obéissance de messieurs de Paris envers le roy et couronne de France*, pamphlet contre le cardinal de Guise, petit in-8º, 1565, p. VII.)

passions de haine et de vengeance amassées et refoulées durant des siècles d'oppression et de misères. Le cri de la France plébéienne, « Les nobles déshonorent et trahissent le royaume, » devint, sous les chaumières du Beauvoisis, un signal d'émeute pour l'extermination des gentilshommes. Des gens armés de bâtons et de couteaux se levaient et marchaient en bandes grossies de proche en proche, attaquant les châteaux par le fer et le feu, y tuant tout, hommes, femmes et enfants, et, comme les barbares de la grande invasion, ne pouvant dire où ils allaient ni ce qui les poussait[1]. Maîtresse de tout le pays plat entre l'Oise et la Seine, cette force brutale s'organisa sous un chef qui offrit son alliance aux villes que l'esprit de réforme agitait. Beauvais, Senlis, Amiens, Paris et Meaux l'acceptèrent, soit comme secours, soit comme diversion. Mal-

1. ..... Aucunes gens des villes champêtres, sans chef, s'assemblèrent en Beauvoisin, et ne furent mie cent hommes les premiers, et dirent que tous les nobles du royaume de France, chevaliers et écuyers, honnissoient et trahissoient le royaume, et que ce seroit grand bien qui tous les détruiroit. Et chacun d'eux dit : « Il dit voir ! il dit voir ! honni soit celui par qui il demeurera que tous les gentilshommes ne soient détruits ! » Lors se assemblèrent et s'en allèrent sans autre conseil et sans nulles armures, fors que de bâtons ferrés et de couteaux... Et multiplièrent tant que ils furent bien six mille; et partout là où ils venoient, leur nombre croissoit; car chacun de leur semblance les suivoit. (Chron. de Froissart, liv. 1er, 2e partie, ch. 65.) — Mais ils étoient jà tant multipliés que, si il fussent tous ensemble, ils eussent bien été cent mille hommes. Et quand on leur demandoit pourquoi ils faisoient ce, ils répondoient qu'ils ne savoient, mais ils le veoient aux autres faire, si le faisoient aussi. (Ibid., ch. 66.)

gré les actes de barbarie des paysans révoltés, presque partout la population urbaine, et principalement la classe pauvre, sympathisait avec eux[1]. On vit de riches bourgeois, des hommes politiques se mêler à eux, les dirigeant, et modérant leur soif de massacres, jusqu'au jour où ils disparurent tués par milliers dans leurs rencontres avec la noblesse en armes, décimés par les supplices ou dispersés par la terreur[2].

1. Et firent un capitaine que on appeloit Guillaume Cale, et alèrent à Compiègne ; mais ceux de la ville ne les y laissièrent entrer. Et depuis ils alèrent à Senlis, et firent tant que ceux de ladite ville alèrent en leur compaignie. Et abattirent toutes les forteresces du pays, Armenonville, Tiers, et une partie du chastel de Beaumont-sur-Oyse. (Chron. de Saint-Denis, t. VI, p. 110.) — Puis s'assemblèrent autres païsans en plusieurs lieux en Beauvaisis, et ailleurs en France; et mesmes ceux de Beauvais estoient contre les nobles hommes : et en mena-on plusieurs à Beauvais, qui y furent occis par le consentement du commun de la ville, et aussi le maire d'Amiens envoya cent hommes du commun à l'aide des vilains. (La Chron. de Flandres, publ. par D. Sauvage [Lyon, 1562], ch. 94, p. 196.) — Plusieurs qui estoient partis de la ville de Paris, jusques au nombre de trois cens ou environ, desquels gens estoit capitain un appelé Pierre Gille, espicier de Paris, et environ cinq cens qui s'estoient assemblés à Cilly en Mucien, desquels estoit capitain un appelé Jehan Vaillant, prévost des monnoies du roy, alèrent à Meaux... Et toutes voies, avoit lors pou de villes, cités ou autres en la langue d'Oyl qui ne fussent meues contre les gentilshommes, tant en faveur de ceux de Paris qui trop les haoient, comme pour le mouvement du peuple. (Chron. de Saint-Denis, t. VI, p. 113.)

2. Et en ces assemblées avoit gens de labour le plus, et si y avoit de riches hommes, bourgois et autres. (Ibid., p. 112.) — En ce temps alèrent ceux de Paris à Ermenonville et assaillirent le chastel et le prirent par force. Là estoit Robert de Loreis, qui, pour peur de la mort renia gentillesse, et dit qu'il aimoit mieux la bourgeoisie de

La destruction des *Jacques*[1] fut suivie presque aussitôt de la chute, dans Paris même, de la révolution bourgeoise. Ces deux mouvements si divers des deux grandes classes de la roture finirent ensemble, l'un pour renaître et entraîner tout quand le temps serait venu, l'autre, pour ne laisser qu'un nom odieux et de tristes souvenirs. L'essai de monarchie démocratique, fondé par Étienne Marcel et ses amis sur la confédération des villes du nord et du centre de la France, échoua, parce que Paris, mal secondé, resta seul pour soutenir une double lutte contre toutes les forces de

Paris (dont il estoit né) que chevalerie, et par ce fut il sauvé et sa femme et ses enfans. (La Chron. de Flandres, ch. 94, p. 197). — Et aussi tuoient les gentilshommes tous ceux que il povoient trouver qui avoient esté de la compagnie des Jacques, c'est-à-dire, des communes qui avoient tué les gentilshommes, leur femmes et leur enfans et abattues maisons; et tant que on tenoit certainement que l'en en avoit bien tué dedans le jour de la S.-Jean Baptiste vint mil et plus. (Chron. de S.-Denis, t. VI, p. 117.) — Depuis cette déconfiture qui fut faite à Meaux, ne se rassemblèrent ils nulle part; car le jeune sire de Coucy, qui s'appeloit messire Enguerrand, avoit grand foison de gentilshommes avec lui, qui les mettoient à fin partout où ils les trouvoient, sans pitié et sans merci. (Chron. de Froissart, liv. 1er, 2e partie, ch. 68.)

1. Les villageois soulevés s'appliquaient à eux-mêmes les sobriquets de mépris que la noblesse donnait au peuple : « Tunc temporis nobiles, « derisiònes de rusticis et simplicibus facientes, vocabant eos *Jacque Bonhome*. » (Chron. de Guillaume de Nangis, 2e continuat., t. II, p. 238.) — Le duc de Normandie... s'en alla à Provins et... d'illec vers Chasteautierry et vers Gandelus, où l'en disoit qu'il y avoit grande assemblée de ces communes que l'en appeloit Jacques Bonhommes. (Chron. de S.-Denis, t. VI, p. 117.)

la royauté jointes à celles de la noblesse et contre le découragement populaire[1]. Le chef de cette audacieuse entreprise fut tué au moment de la pousser à l'extrême et d'élever un roi de la bourgeoisie en face du roi légitime. Avec lui périrent ceux qui avaient représenté la ville dans le conseil des états, et ceux qui l'avaient gouvernée comme chefs ou meneurs du conseil municipal[2]. Descendu de la position dominante qu'il avait conquise prématurément, le tiers état

1. La convocation des états généraux à Paris pour le 7 novembre 1357 fut faite conjointement par le duc de Normandie, qui expédia ses lettres sous le sceau de la régence, et par le prévôt des marchands, qui expédia les siennes sous le sceau de la ville : « Et envoia ces lettres aux gens d'églyse, aux nobles et aux bonnes villes, et les manda. Et aussi envoia ledit prévost des marchans ses lettres aux dessusdis, avec les lettres dudit monseigneur le duc. » (Chron. de Saint-Denis, t. VI, p. 62.)

2. Le meurtre d'Étienne Marcel, par Jean Maillart, eut lieu le 31 juillet 1358 ; son frère Gilles Marcel, greffier de l'hôtel de ville, et Charles Toussac échevin, comme lui, député de Paris et membre du conseil des états, furent, l'un assassiné le 31 juillet, et l'autre décapité le 2 août. Simon le Paonnier, Philippe Giffart et Jean de l'Isle, membres du conseil municipal, furent tués, les deux premiers avec le prévôt, et le troisième avec son frère. Cinq autres bourgeois, conseillers ou officiers de la ville, furent condamnés à mort et exécutés la semaine suivante. Nicolas le Chauceteur et Colart de Courliègis, députés d'Abbeville et de Laon aux états généraux et membres du conseil des états, eurent le même sort. — Plures capti sunt et quæstionibus appositi, et infra certum diem ad forum tracti fuerunt et judicialiter decollati. Et isti fuerunt illi qui cum prædicto præposito villam antea gubernabant et de quorum consilio in omnibus agebatur ; inter quos fuerunt aliqui burgenses multum solemnes et eloquentes quamplurimum et edocti. (Chron. de Guill. de Nangis, 2ᵉ continuat., t. II, p. 273.)

reprit son rôle séculaire de labeur patient, d'ambition modeste et de progrès lents mais continus.

Tout ne fut pas perdu pourtant dans cette première et malheureuse épreuve. Le prince qui lutta deux ans contre la bourgeoisie parisienne prit quelque chose de ses tendances politiques, et s'instruisit à l'école de ceux qu'il avait vaincus. Il mit à néant ce que les états généraux avaient arrêté et l'avaient contraint de faire pour la réforme des abus, mais cette réaction n'eut que peu de jours de violence, et Charles V, devenu roi, s'imposa de lui-même une partie de la tâche que, régent du royaume, il avait exécutée malgré lui. Son gouvernement fut arbitraire mais régulier, économe, imbu de l'esprit d'ordre et surtout de l'esprit national. Formé jeune à la patience et à la ruse dans une situation difficile et périlleuse, il n'eut rien de la fougue violente ou chevaleresque de ses devanciers, mais un sens froid et pratique. Avec lui la royauté présente un caractère nouveau qui la sépare du moyen âge et la rattache aux temps modernes. Il fut le premier de ces rois venus comme réparateurs après une époque de crise, appliqués aux affaires, mettant la pensée avant l'action, habiles et persévérants, princes éminemment politiques, dont le type reparut plus frappant sous des aspects divers, dans Louis XI et Henri IV[1].

---

[1]. Voy. ci-après chapitres III et VI.

Nous sommes parvenus au point où notre histoire sociale, dégagée de ses origines et complète dans ses éléments, se déroule simple et régulière comme un fleuve qui, né de plusieurs sources, forme en avançant une seule masse d'eau contenue entre les mêmes rives. A ce point, les forces dont l'action, simultanée ou divergente, a constitué jusqu'à nos jours le drame des changements politiques, se montrent avec leur caractère définitif. On y trouve la royauté engagée sans retour dans la voie des traditions de Rome impériale, secondant l'esprit de civilisation et contraire à l'esprit de liberté, novatrice avec lenteur et avec la jalousie de pourvoir à tout par elle-même ; la noblesse gardant et cultivant l'héritage des mœurs germaines adoucies par le christianisme, opposant au dogme de la monarchie absolue celui de la souveraineté seigneuriale, nourrie d'orgueil et d'honneur, s'imposant le devoir du courage et croyant qu'à elle seule appartiennent les droits politiques, égoïste dans son indépendance et hautaine dans ses dévouements ; à la fois turbulente et inoccupée, méprisant le travail, peu curieuse de la science, mais contribuant au progrès commun par son goût de plus en plus vif pour les recherches du luxe, l'élégance et les plaisirs des arts[1] ; enfin, la bour-

---

1. Les principes du droit germanique en matière civile persistèrent longtemps avec les mœurs germaniques dans les familles nobles ; le baronnage était imbu des traditions de la conquête. Voy. les *Recher-*

geoisie, classe moyenne de la nation, haute classe du tiers état, sans cesse augmentée par l'accession des classes inférieures et sans cesse rapprochée de la noblesse par l'exercice des fonctions publiques et la richesse immobilière, attachée à la royauté comme à la source des réformes et des mutations sociales, prompte à saisir tous les moyens de s'élever, toutes les positions, les avantages de toute sorte collectifs ou individuels, appliquée à la culture de l'intelligence dans les directions fortes et sérieuses, habituellement résignée à une longue attente du mieux, mais capable par intervalles, d'un désir d'action immédiate et d'un élan révolutionnaire.

Voilà pour la société; quant aux institutions, la royauté, dans sa prérogative sans limites, les recouvre et les embrasse toutes, hors une seule, les états généraux, dont le pouvoir mal défini, ombre de la

---

ches de M. Édouard Laboulaye sur la condition civile et politique des femmes depuis les Romains jusqu'à nous.—Anno igitur M CCC LVI fastus et dissolutio in multis personis nobilibus et militaribus quamplurimum inolevit. Nam cum habitus antea decurtatos, ut supra dixi, et breves nimis accepissent, hoc anno tamen adhuc magis se incœperunt sumptuose deformare, perlas et margaritas in capuciis et zonis deauratis et argenteis deportare, gemmis diversis et lapidibus preciosis se per totum curiosius adornare; et in tantum se curiose omnes, a magno usque ad parvum, de talibus lasciviis cooperiebant, quod perlæ et lapides magno pretio vendebantur et vix Parisius poterant reperiri..... Incœperunt etiam tunc gestare plumas avium in pileis adaptatas. (Chron. de Guill. de Nangis, 2e continuat., t. II, p. 237.)

souveraineté nationale, apparaît dans les temps de crise pour condamner le mal présent et frayer la route du bien à venir. De 1355 à 1789, les états, quoique rarement assemblés, quoique sans action régulière sur le gouvernement, ont joué un rôle considérable comme organe de l'opinion publique. Les cahiers des trois ordres furent la source d'où, à différentes reprises, découlèrent les grandes ordonnances et les grandes mesures d'administration, et, dans ce rôle général des états, il y eut une part spéciale pour le troisième. La roture eut ses principes qu'elle ne cessa de proclamer avec une constance infatigable, principes nés du bon sens populaire, conformes à l'esprit de l'Évangile et à l'esprit du droit romain. Le renouvellement des lois et des mœurs par l'infusion de la liberté et de l'égalité civiles, l'abaissement de toutes les barrières élevées par le privilége, l'extension du droit commun à toutes les classes de personnes, tel fut le plaidoyer perpétuel et, pour ainsi dire, la voix du tiers état. On peut suivre cette voix grandissant d'âge en âge à mesure que le temps marche et que le progrès s'accomplit. C'est elle qui, durant cinq siècles, a remué les grands courants de l'opinion. L'initiative du tiers état en idées et en projets de réforme est le fait le plus intime du mouvement social dont nous avons vu, sinon le dernier terme, du moins une phase glorieuse et décisive, mouvement continu sous d'apparentes vicissitudes, et dont la marche ressemble à celle de la marée montante que l'œil voit avancer et reculer sans cesse, mais qui gagne et s'élève toujours.

CHAPITRE III.

LE TIERS ÉTAT SOUS CHARLES V, CHARLES VI, CHARLES VII, ET LOUIS XI.

SOMMAIRE : La France du nord et la France méridionale. — Double esprit et double tendance du tiers état. — Rôle de la bourgeoisie parisienne. — Résultat du règne de Charles V.—Question de l'impôt régulier.—Révolte des maillotins. — Abolition de la municipalité libre de Paris. — Son rétablissement. — Démagogie des cabochiens. — Alliance de l'échevinage et de l'université. — Demande d'une grande réforme administrative. — Ordonnance du 25 mai 1413. — État des paysans, communes rurales. — Patriotisme populaire; Jeanne d'Arc.—Règne de Charles VII, ses conseillers bourgeois. — Règne de Louis XI, son caractère.

Les états généraux que j'ai mentionnés jusqu'ici n'étaient pas toute la représentation du royaume; il y en avait une pour la France du nord et du centre, pour le pays de langue d'*Oïl* et de droit coutumier, et une pour la France méridionale, pour le pays de langue d'*Oc* et de droit écrit[1]. Quoique réunies simultanément

---

[1]. Ce partage du royaume en deux régions administratives dura jusqu'au XVIe siècle; leur limite commune était marquée de l'ouest à l'est par la Gironde, la Dordogne et les frontières méridionales de l'Auvergne et du Lyonnais. Quoique cette division répondît en général à celle des dialectes romans du nord et du midi et à celle de

par la même autorité, et quoique générales d'une part comme de l'autre, ces assemblées ne jouèrent point le même rôle politique, et l'histoire ne peut leur accorder une égale importance. Le nord et le midi de la France n'étaient point, au moyen âge, dans la même situation sociale; le midi était plus civilisé, plus prospère, et gouverné moins directement; là, subsistait, mieux conservée, l'empreinte romaine dans les mœurs comme dans la langue; l'esprit municipal soutenu par le nombre et la richesse des villes y gardait mieux sa force et sa nature. Les révolutions administratives, les créations de la royauté se faisaient au nord et n'arrivaient que par contre-coup dans le midi. Il en était de même pour les courants de l'opinion publique nés dans la France coutumière du conflit des classes rivales ou ennemies et des grands corps de l'État. Toujours d'un côté et de l'autre, il y avait une sorte de dissonance dans les sentiments et dans les actes, et la trace s'en est conservée jusqu'au sein de l'unité moderne. De là résulte la nécessité de borner le théâtre de cette histoire qui doit être une et simple pour être claire, d'omettre des faits considérables, mais sans portée ultérieure, et de négliger le pays où règne plus de liberté, un droit plus équitable, une moins grande inégalité des condi-

l'ancienne France en deux zones juridiques, il y avait, sous chacun de ces rapports, au moins une exception, car l'Auvergne était pays de langue méridionale, et le Lyonnais pays de droit écrit.

tions et des personnes, pour celui où le désordre social est excessif, mais où se jettent les fondements de l'ordre à venir, et où se passent les faits qui marquent la série de nos progrès civils et politiques.

Le tiers état puisait sa force et son esprit à deux sources diverses : l'une multiple et municipale, c'étaient les classes commerçantes; l'autre unique et centrale, c'était la classe des officiers royaux de justice et de finance, dont le nombre et le pouvoir augmentaient rapidement, et qui, sauf de rares exceptions, sortaient tous de la roture. A cette double origine répondaient deux catégories d'idées et de sentiments politiques. L'esprit de la bourgeoisie proprement dite, des corporations urbaines, était libéral, mais étroit et immobile, attaché aux franchises locales, aux droits héréditaires, à l'existence indépendante et privilégiée des municipes et des communes; l'esprit des corps judiciaires et administratifs n'admettait qu'un droit, celui de l'État, qu'une liberté, celle du prince, qu'un intérêt, celui de l'ordre sous une tutelle absolue, et leur logique ne faisait pas aux priviléges de la roture plus de grâce qu'à ceux de la noblesse. De là vinrent, dans le tiers état français, deux tendances divergentes, toujours en lutte, mais répondant toujours à un même objet final, et qui se tempérant l'une par l'autre, se combinant sous l'influence d'idées nouvelles plus hautes et plus généreuses, ont donné à nos révolutions, depuis le XIIIe siècle, leur caractère de marche lente, mais toujours sûre, vers l'égalité civique, l'unité nationale et l'unité d'administration. Un autre fait non moins caractéristique et aussi ancien dans notre histoire, c'est le rôle particulier de la bourgeoisie parisienne. Paris était la ville du grand commerce et des grandes institutions scientifiques, l'activité intellectuelle s'y déployait plus largement que dans aucune autre ville du royaume; l'esprit public s'y montrait à la fois municipal et général. On a vu le peuple de Paris figurer comme chef de l'opinion militante dans les tentatives démocratiques de 1357; on le retrouvera de même à toutes les époques de crise sociale, sous Charles VI, au temps de la Ligue et dans nos révolutions modernes, donnant l'impulsion au progrès et au désordre fatalement mêlés ensemble.

Je reprends le fil du récit au règne de Charles V. Ce prince recouvra une à une les portions démembrées du royaume; il rendit la France plus forte au dehors, et au dedans plus civilisée; il fit de grandes choses en dépensant beaucoup, et trouva le moyen de lever plus d'argent que ses prédécesseurs, sans recourir aux états généraux et sans soulever de résistances; tout resta calme tant que sa main fut là pour tout concilier et tout régler. Il établit, sous le nom d'aides ordinaires, la permanence de l'impôt, violant du même coup les franchises féodales et les franchises municipales; il le fit avec décision, mais, à ce qu'il semble, avec scrupule, et il en eut du regret à son lit de mort[1]. C'était, en effet, quelque chose de grave et de triste : la royauté se trouvait pour la première fois en opposition avec la bourgeoisie; le nouvel ordre monarchique était divisé contre lui-même par la question de l'impôt régulier, question vitale qu'il fallait résoudre, et qui, à l'avénement de Charles VI mineur, ne pouvait l'être ni dans un sens ni dans l'autre.

L'émotion qu'avait produite la nouvelle des paroles de repentir attribuées au roi défunt ne permettait pas de continuer d'autorité la levée des subsides généraux, ni d'en espérer la concession par les trois états réunis. Les tuteurs du jeune roi essayèrent, comme moyen terme, des convocations de notables et des pourparlers avec l'échevinage de Paris; mais il n'en résulta rien qu'un surcroît d'effervescence populaire et des menaces d'émeute, en présence desquelles l'échevinage prit de grandes mesures d'armement pour le maintien de l'ordre public et la défense des libertés de la ville[2]. Cette atti-

---

1. De ces aides du royaume de France dont les povres gens sont tant travaillés et grevés, usez-en en vostre conscience et les ôtez au plus tôt que vous pourrez; car ce sont choses, quoique je les aie soutenues, qui moult me grèvent et poisent en couraige. (Paroles de Charles V mourant, Chron. de Froissart, liv. II, chap. LXX.)

2. Cependant les princes et ducs cognoissans la pauvreté du domaine et qu'il ne pouvoit suffire aux choses urgentes et nécessaires, assemblèrent une partie des plus notables de Paris; et furent assez contens qu'on mist douze deniers pour livre. Et fut à Paris et à Rouen crié et à Amiens; mais le peuple tout d'une volonté le contre-

tude de la bourgeoisie parisienne parut quelque chose de si redoutable aux princes gouvernants, que ceux-ci rendirent une ordonnance abolissant à perpétuité les impôts établis, sous quelque nom que ce fût, depuis le temps de Philippe le Bel [1]. Il leur fallut dès lors administrer avec les seuls produits du domaine royal, et bientôt, à bout de ressources, ils se décidèrent timidement à frapper d'une taxe les marchandises de toute sorte. Ce fut le signal d'une rébellion armée. Le bas peuple et les jeunes gens de Paris, forçant l'arsenal de la ville, s'emparèrent des maillets de combat qui s'y trouvaient en grand nombre; et coururent sus aux fermiers de la taxe, aux collecteurs et aux officiers royaux, massacrant les uns et forçant les autres à s'enfuir. L'exemple de Paris fut imité, avec plus ou moins de violence,

---

dirent, et ne fut rien levé ne exigé. (Hist. de Charles VI, par Juvénal des Ursins, nouvelle collection de Mémoires pour servir à l'Histoire de France, t. II, p. 343.) — Lesquelles démonstrances ils prenoient en grande impatience, et réputoient tous ceux qui en parloient ennemis de la chose publique, en concluant qu'ils garderoient les libertez du peuple jusques à l'exposition de leurs biens, et prindrent armures et habillemens de guerre, firent dixeniers, cinquanteniers, quarteniers, mirent chaisnes par la ville, firent faire guet et garde aux portes. Et ces choses se faisoient presque par toutes les villes de ce royaume, et à ce faire commencèrent ceux de Paris. (Ibid., p. 348.)

1. Avons quictié, remis et annullé, et par ces présentes quictons, remettons et annullons et mettons du tout au néant touz aides et subsides quelxconques qui, pour le fait desdictes guerres, ont esté imposez, cuilliz et levez depuis nostre prédécesseur le roy Philippe, que Dieu absoille, jusques aujourd'hui. (Ordonn. du 16 nov. 1380, rec. des Ordonn. des rois de France, t. VI, p. 527.)

dans les principales villes des provinces du centre et du nord[1].

Cet esprit de résistance de la bourgeoisie française était encouragé par des événements extérieurs, par l'exemple de la ville de Gand, qui, à la tête d'un parti formé dans les communes de Flandre, soutenait la guerre contre le souverain du pays, au nom des libertés municipales. Entre les bourgeois de France et les Flamands insurgés, il y avait, non-seulement sympathie, mais correspondance par lettres, avec promesse d'efforts mutuels pour le succès d'une même cause, et, dans cette cause, étaient comprises la défense des priviléges locaux contre le pouvoir central, et l'hostilité des classes roturières contre la noblesse[2]. La question

---

[1] ..... Et tantost par toute la ville le menu peuple s'esmeut..... Ils sceurent que en l'hostel de Ville avoit des harnois, ils y allèrent et rompirent les huis où estoient les choses pour la défense de la ville, prindrent les harnois et grande foison de maillets de plomb et s'en allèrent par la ville, et tous ceux qu'ils trouvoient fermiers des aydes ou qui en estoient soupçonnez tuoient et mettoient à mort bien cruellement. (Hist. de Charles VI, par Juvénal des Ursins, Mémoires, etc., t. II, p. 348.) — Famosiorem civitatem regni sequntur cetere..... (Chron. du religieux de Saint-Denis, édit. de M. Bellaguet, t. I, p. 130.)

[2] Sic temerarium ausum malignandi..... fere totus populus Francie assumpserat, nec minori agitabatur furia, et, ut fama publica referebat, per Flamingos, qui peste similis rebellionis laborabant, nunciis et apicibus excitatus..... (Chron. du religieux de Saint-Denis, t. I, p. 132.) — Et en ladite ville (Courtray) furent trouvées lettres que ceux de la ville de Paris avoient escrit aux Flamens très mauvaises et séditieuses. (Hist. de Charles VI, par Juvénal des Ursins, Mémoires, etc., t. II, p. 356.) — Pareillement à Reims, à Châlons en Champagne

ainsi posée réunit dans un intérêt commun la royauté et le baronnage, mal disposés à s'entendre sur le fait des impôts levés sans demande préalable et sans octroi. Un grand coup fut frappé en Flandre par l'intervention d'une armée française et de Charles VI en personne; cette campagne victorieuse, qui eut l'aspect et le sens d'un triomphe de la noblesse sur la roture, amena au retour, contre les villes coupables de mutinerie, une suite de mesures violentes, où la vengeance du pouvoir fut mêlée de réaction aristocratique.

L'armée royale fit son entrée à Paris comme dans une ville conquise, brisant les barrières, et passant sur les portes abattues de leurs gonds. Le jour même trois cents personnes, l'élite de la bourgeoisie, furent arrêtées et jetées en prison, et, le lendemain, les libertés immémoriales de la ville, son échevinage, sa juridiction, sa milice, l'existence indépendante de ses corps d'arts et métiers furent abolis par une ordonnance du roi [1]. Il y eut de nombreuses exécutions à mort, et entre autres celle d'un riche marchand, qui, jeune, avait figuré dans les émeutes de 1358; puis un acte

et sur la rivière de Marne, les vilains se rébelloient et menaçoient jà les gentilshommes et dames et enfants....., aussi bien à Orléans, à Blois, à Rouen, en Normandie et en Beauvoisis leur étoit le diable entré en la tête pour tout occire. (Chron. de Froissart, liv. II, ch. CLXXXVIII.)

[1]. Chron. du religieux de Saint-Denis, t. Ier, p. 230 et suiv. — Ordonn. du 27 janvier 1383 [1382, vieux style], rec. des Ordonn. des rois de France, t. VI, p. 685.

de clémence, commuant, pour le reste des détenus, la peine criminelle en peine civile, frappa la haute bourgeoisie parisienne d'amendes équivalant presque à la confiscation des biens. Rouen, Amiens, Troyes, Orléans, Reims, Châlons et Sens furent punies de même par la suppression de leurs droits municipaux, par des supplices, des proscriptions et des exactions ruineuses. L'argent levé ainsi montait à des sommes immenses, mais les princes et les gens de cour pillèrent de telle sorte qu'il n'en vint pas le tiers au trésor royal [1].

Vingt-neuf ans se passèrent durant lesquels, aux désordres d'une administration sans règles, aux dilapidations de tout genre, on vit se joindre la folie du roi, les querelles des princes, la guerre civile et bientôt l'invasion étrangère. La réaction de 1383 avait fait à la haute bourgeoisie des plaies beaucoup plus profondes que celle de 1359. Celle-ci l'avait frappée simplement dans ses ambitions politiques, l'autre l'avait appauvrie, dispersée, privée de son lustre et de son influence héréditaire. La ville de Paris, entre autres, se trouvait déchue de deux manières : par la perte de ses franchises municipales et par la ruine des familles qui l'avaient gouvernée et conseillée dans le temps de sa liberté. Cet abaissement de la classe supérieure, com-

---

[1]. Chron. du religieux de Saint-Denis, t. Ier, p. 240 et suiv. — Chron. de Froissart, liv. II, ch. ccv. — Hist. de Charles VI, par Juvénal des Ursins, Mémoires, etc., t. II, p. 357 et suiv.

posée du haut négoce et du barreau des cours souveraines, avait fait monter d'un degré la classe intermédiaire, celle des plus riches parmi les hommes exerçant les professions manuelles, classe moins éclairée, plus grossière de mœurs, et à qui la force des choses donnait maintenant l'influence sur les affaires et l'esprit de la cité. De là vint le caractère de démagogie effrénée que montra tout d'un coup la population parisienne, lorsqu'en l'année 1412, ayant recouvré ses franchises et ses privilèges, elle fut appelée de nouveau par les événements à jouer un rôle politique [1].

L'un des princes qui se disputaient à main armée la garde et le pouvoir du roi privé de sens, le duc de Bourgogne, pour accroître ses forces, s'était fait l'allié de la bourgeoisie et le défenseur des intérêts populaires. Cette politique lui réussit; il devint maître des affaires, et le rétablissement de la vieille constitution libre de Paris fut son ouvrage. Reprises après une suspension de plus d'un quart de siècle, les élections municipales

---

1. Libere urbis antiquam libertatem restituentes..... (Chron. du religieux de Saint-Denis, t. IV, p. 606.) — L'empeschement et main mise..... par nous mis es dicte prévosté des marchans, eschevinage, clergie, maison de la ville, parlouër aux bourgois, jurisdicion, coërcion, privilèges, rentes, revenues et droiz appartenans d'ancienneté à ycelle prévosté des marchans, eschevinage et clergie de nostre dicte bonne ville de Paris, avons levé et osté, levons et ostons à plain, de nostre certaine science et propre mouvement. (Ordonn. de Charles VI du 20 janvier 1412 [1411, vieux style], rec. des Ordon., t. IX, p. 668.)

donnèrent un échevinage et un conseil de ville presque entièrement formés de gens de métier, et où dominaient, par la popularité jointe à la richesse, les maîtres bouchers de la grande boucherie et de la boucherie Sainte-Geneviève. Ces hommes, dont la profession allait de père en fils depuis un temps immémorial, et pour qui leurs étaux étaient une sorte de fiefs, avaient autour d'eux une clientèle héréditaire de valets qu'on nommait écorcheurs, classe abjecte et violente, toute dévouée à ses patrons, et redoutable à quiconque ne serait pas de leur parti dans le gouvernement nouveau. Ce gouvernement eut l'affection du menu peuple et devint un objet d'effroi pour la bourgeoisie commerçante et pour ce qui restait de familles décorées d'une ancienne notabilité. Aux passions du parti qu'on appelait bourguignon il associa les violences démagogiques, et l'autorité, se faisant soutenir par des émeutes, passa bientôt du conseil de ville à la multitude, des maîtres bouchers aux écorcheurs. L'un d'entre eux, Simon Caboche, fut l'homme d'action de cette seconde époque révolutionnaire à laquelle son nom demeure attaché, et où l'esprit de réforme de 1357 reparut un moment pour être aussitôt compromis par les actes sauvages et ignobles de la faction sur laquelle il s'appuyait [1].

1. Et pour vrai, il faisoit en ce temps (1411-1412) très périlleux en icelle ville pour nobles hommes de quelque partie qu'ils fussent,

Ici se rencontre un fait qui n'est pas sans exemple dans nos révolutions modernes, celui d'une alliance politique entre la classe lettrée, les esprits spéculatifs, et la portion ignorante et brutalement passionnée du tiers état. Dans la municipalité de Paris, en 1413, Jean de Troyes, médecin renommé, homme d'éloquence autant que de savoir, siégeait à côté des bouchers Saint-Yon et Legoix en parfaite communion de sentiments avec eux[1]. Bientôt le corps savant par excellence,

parce que le peuple et commun dessusdit avoient grand' partie de la domination dedans icelle. (Chron. d'Enguerrand de Monstrelet, édit. Buchon, Panthéon littéraire, p. 202.) — A la fin d'avril et au commencement de may (1413), se mirent sus plus fort que devant meschantes gens, trippiers, bouchers et escorcheurs, pelletiers, cousturiers et autres pauvres gens de bas estat, qui faisoient de très inhumaines détestables et déshonnestes besongnes. (Hist. de Charles VI, par Juvénal des Ursins, Mémoires, etc., t. II, p. 481.) — Et estoit pitié de voir et sçavoir ce que faisoient lesdictes meschantes gens, lesquels on nommoit Cabochiens à cause d'un escorcheur de bestes, nommé Caboche, qui estoit l'un des principaux capitaines desdites meschantes gens. (Ibid.) — Ils alloient par Paris par tourbes et délaissoient leurs mestiers. Et ainsi, puisqu'ils ne gagnoient rien, il falloit qu'ils pillassent et desrobassent, et aussi le faisoient de leur auctorité pure et privée. (Ibid., p. 482.) — On prenoit gens ausquels on imposoit avoir fait quelque chose dont il n'estoit rien, et falloit qu'ils composassent fust droit fust tort à argent qu'il falloit qu'ils baillassent. (Ibid., p. 483.) — Et s'ils ne prestoient promptement, on les envoyoit en diverses prisons, et mettoit-on sergens en leurs maisons, jusques à ce qu'ils eussent payé ce qu'on leur demandoit. (Ibid., p. 484.)

1. Et precipue quidam medicus famosus, vocatus Joannes de Treeis, vir eloquens et astutus..... cujus consilio usi semper fuerant in agendis. (Chron. du religieux de Saint-Denis, t. V, p. 8.)

l'Université, s'autorisa d'une assemblée de notables, inutilement convoquée, pour élever la voix, faire des remontrances et demander, en son propre nom et au nom du corps de ville, le redressement des abus et la réformation du royaume. Dans l'idée, à ce qu'il semble, d'associer pour cette grande tentative toutes les forces du tiers état, elle invita le parlement à se joindre à elle et aux citoyens de Paris, afin d'obtenir justice et réforme; le parlement refusa, l'heure de l'ambition n'était pas venue pour lui, et du reste il ne voulait pas se commettre avec des théoriciens sans pratique des affaires et des démocrates de carrefour. « Il ne con-
« vient pas, répondit-il, à une cour établie pour rendre
« la justice au nom du roi, de se constituer partie
« plaignante pour la demander..... L'Université et le
« corps de ville sauront bien ne faire nulle chose qui
« ne soit à faire[1]. » Mais l'échevinage et l'Université ne reculèrent pas; celle-ci demanda qu'un jour fût assigné pour que les princes et le roi lui-même entendissent ses remontrances, et, au milieu d'un nombreux concours de bourgeois de Paris et des provinces, elle parla au nom du peuple par la bouche de ses professeurs, dénonça les griefs et proposa les remèdes comme l'eût fait un pouvoir politique, le grand conseil de la nation[2].

---

[1]. Registres du parlement, cités par M. de Barante, Hist. des ducs de Bourgogne, 5ᵉ édit., t. III, p. 299.
[2]. Rex ex deambulatorio ambiente curiam sancti Pauli..... cum

La cour était divisée et le roi incapable de rien comprendre et de rien vouloir; le prince, qui régnait alors sous son nom, croyait mener le peuple à ses fins et se trouvait mené par lui. On céda, et les deux corps qui se portaient comme représentants de l'opinion publique, l'Université et la ville, furent autorisés à présenter un plan de réforme administrative et judiciaire. Des commissaires dont le nom est resté inconnu se mirent à l'œuvre et obtinrent que toutes les anciennes ordonnances conservées dans les archives leur fussent livrées en examen [1]. Ils en firent la base de leur travail

---

aula regia tante capacitatis non esset quod posset accedentibus locum dare, venerandam Universitatem et cives parisienses audire statuit et quid in supradictis sentirent. Id perorandum susceperat in sacra pagina professor eximius, magister Benedictus Genclen. (Chron. du religieux de Saint-Denis, t. IV, p. 738.) — Ab octo et viginti annis et citra opes regie per dispensatores prodigos fuerunt magis consumpte quam in aliquo alio regno mundi, et hoc, judicio Universitatis et burgensium parisiensium. (Ibid., p. 750.) — Finem oblati rotuli lector tangens : « Regie, inquit, altitudini humilis vestra parisiensis filia « Universitas et in cunctis obedientes vestri cives....., predictos vobis « exposuerunt excessus quos et alias lacius declarabunt. » (Ibid., p. 766.) — Quidquid lectura rotuli continebat, cum innummerabili plebe cives provinciarum regni, qui tunc presentes aderant, gratum habuerunt. (Ibid., p. 768.)

1. Gratam provisionem habuerunt Universitas et burgenses et obtinuerunt a duce ut statuerentur qui, ad utilitatem regni, excessus quos protulerant reformarent. (Chron. du religieux de Saint-Denis, t. V, p. 4.) — Ceux du conseil des dessusdits firent chercher et quérir ès chambres des comptes et du trésor et au Chastellet toutes les ordonnances royaux anciennes. (Hist. de Charles VI, par Juvénal des Ursins, Mémoires, etc., t. II, p. 483.)

d'épuration et de réorganisation ; mais, pendant que ce travail se poursuivait, de vives résistances s'annoncèrent de la part de ceux qui entouraient la reine et l'héritier du trône. Un complot fut ourdi contre la sûreté de la ville, et l'indignation populaire s'anima au plus haut degré ; il y eut une prise d'armes tumultueuse, et la bastille Saint-Antoine, cette citadelle de la royauté dans Paris, commencée sous Charles V et rasée sous Louis XVI, fut investie par le peuple comme au 14 juillet 1789 [1].

Une capitulation suspendit l'émeute ; mais bientôt de nouveaux signes de mauvais vouloir à la cour amenèrent de nouvelles prises d'armes du parti cabochien. Des attroupements redoutables, dont les chefs et les orateurs étaient le médecin Jean de Troyes et Eustache de Pavilly docteur en théologie, envahirent tantôt le palais du roi, tantôt l'hôtel du dauphin, faisant suivre les harangues politiques de violences contre les personnes, d'arrestations de seigneurs et même de dames que le peuple haïssait. Enfin, le 25 mai 1413, les résolutions des nouveaux réformateurs, rédigées, comme celles des états de 1356, sous la forme d'une ordonnance royale, furent lues devant le roi en son lit

---

1. Castrum fortissimum Sancti Antonii..... locum illum regium fere inexpugnabilem, omni genere armorum et instrumentis obsidionalibus munitum. (Chron. du religieux de Saint-Denis, t. V, p. 8 et suiv.)

de justice et déclarées obligatoires et inviolables [1].

Cette ordonnance, qui n'a pas moins de deux cent cinquante-huit articles, est un code complet d'administration, établissant une hiérarchie de fonctionnaires électifs, imposant des règles de gestion et de comptabilité, limitant les offices, soit en nombre, soit quant au pouvoir, et assurant aux sujets de toutes les classes des garanties contre l'injustice, l'oppression, l'abus de la force ou de la loi. Il y a là un immense détail de prescriptions de tout genre, sur lequel semblent dominer deux idées, la centralisation de l'ordre judiciaire et celle de l'ordre financier; tout aboutit d'un côté à la chambre des comptes et de l'autre au parlement. L'élection est le principe des offices de judicature, il n'y a plus de charge vénale; les lieutenants des prévôts, des baillis et des sénéchaux sont élus par les gens de loi et les avocats du district. Pour la nomination d'un prévôt, les gens de pratique et autres notables désignent trois candidats, entre lesquels choisit le chancelier assisté de commissaires du parlement. Pour la prévôté de Paris et les autres offices supérieurs, c'est le parlement qui nomme au scrutin, sans formalité de candidature; il choisit de même ses propres membres et ne peut en prendre plusieurs dans la même famille.

---

[1]. Rec. des Ordonnances des rois de France, t. X, p. 70 et suiv. — Quasdam pro ordinacionibus regiis condiderant scripturas. (Ibid., t. X, p. 170.) — Chron. du religieux de Saint-Denis, t. V, p 50 et suiv.

Les prévôts, baillis et sénéchaux doivent être nés hors de la province où ils exercent leur magistrature; ils ne peuvent rien y acquérir, ni s'y marier, ni y marier leurs filles. La juridiction des eaux et forêts, souvent tyrannique pour les campagnes, est restreinte dans son étendue, et soumise en appel au parlement. Il est statué que les usages ruraux seront partout respectés; que les paysans pourront s'armer pour courir sus aux pillards; qu'ils auront le droit de poursuivre les loups, de détruire les nouvelles garennes faites par les seigneurs, et de refuser à ceux-ci tout péage établi sans titre [1].

Ce qui fait le caractère de cette grande ordonnance et la distingue de celle du 3 mars 1357, c'est que, sauf l'élection pour les emplois judiciaires, elle n'institue rien de nouveau, laisse intact le pouvoir royal et se borne à lui tracer des règles administratives. L'expérience du siècle précédent a porté ses fruits; en dépit

---

[1]. Ordonn. de Charles VI du 25 mai 1413, art. 202, 174, 190, 166, 154, 179, 229 à 234, 235, 236, 238, 241, 244, rec. des Ordonn., t. X, p. 70 et suiv. — L'ordonnance est divisée en dix chapitres généraux qui traitent successivement du domaine, des monnaies, des aides, des trésoriers des guerres, de la chambre des comptes, du parlement, de la justice, de la chancellerie, des eaux et forêts et enfin des gens d'armes. Au préambule se trouvent les paroles suivantes : « Savoir faisons que nous... afin que dorcsenavant les dicts abus et inconvéniens cessent de tout en tout, et que tous les fais de la chose publique de nostre dit royaume, tant au regard de toutes nozdictes finances et de nostredicte justice comme autrement, soient remis en bon estat et deuement gouvernez au bien de nous et de nostredict peuple... »

de son nouvel accès de fougue révolutionnaire, l'esprit de la bourgeoisie parisienne est au fond plus rassis et plus modéré. Sous cette domination anarchique de la municipalité dominée elle-même par une faction d'hommes grossiers et violents, des idées calmes de bien public, jusque-là contenues, se sont fait jour au travers et peut-être à la faveur du désordre. Suivant une remarque applicable à d'autres temps de révolution : « Les violents ont exigé ou dicté, les modérés ont écrit[1]. »

Ceux mêmes qui présidaient aux violences ou les couvraient de leur aveu ne furent point sans vertus civiques ; ils eurent dans le cœur des sentiments de patriotisme que leur expression ferait croire modernes. Le corps municipal de Paris, écrivant aux autres villes et leur rendant compte de ses actes, disait : « Cette « présente poursuite est pour garder que l'estat de « la chose publique de ce royaume ne verse en déso- « lation, ainsy qu'elle estoit en voie..... à quoy en temps « de nécessité comme le temps présent, ung chascun « se doit employer, et préférer la pitié du païs à toutes « les aultres, soit de parents, frères ou aultres quel- « conques, car elle les comprent toutes[2]. » C'étaient là

---

[1]. Histoire de France par M. Michelet, t. IV, p. 245.
[2]. Lettre des prévost des marchands, eschevins, bourgeois, manans et habitans de la ville de Paris aux maires, eschevins, bourgeois, manans et habitans de la ville de Noyon (3 mai 1413). Archives de

de nobles paroles dignes d'annoncer la grande charte de réforme, œuvre commune du corps de ville et de l'Université; mais, cette loi administrative de la vieille France, il se trouva des hommes pour la concevoir, il ne s'en trouva point pour l'exécuter et la maintenir. Les gens sages et rompus aux affaires n'avaient alors ni volonté ni énergie politique. Ils se tinrent à l'écart, et l'action resta aux exaltés et aux turbulents, aux bouchers et à leurs alliés. Ceux-ci précipitèrent par des excès intolérables une réaction qui amena leur chute, leur bannissement et l'abandon des réformes obtenues à si grande peine; trois mois après sa promulgation, l'ordonnance du 25 mai fut annulée[1].

Ainsi des hommes du tiers état, portés par une crise révolutionnaire à s'investir eux-mêmes du pouvoir constituant, eurent au commencement du xve siècle la pensée de refondre d'un seul jet l'administration

---

l'hôtel de ville de Noyon. — Selon toute probabilité, cette lettre était une circulaire.

1. Histoire de Charles VI, par Juvénal des Ursins, Mémoires, etc., t. II, p 485 et suiv. — Et aussi cassa, annula, abolit, révoqua et du tout meit à néant et comme nulles déclara certaines escritures qui par manière d'ordonnances avoient naguères esté faictes par aucuns commissaires, tant chevaliers qu'escuiers, confesseurs et aumosnier du roy et deux des conseillers de céans, au pourchas d'aucuns de l'Université et de la ville de Paris, et lesquelles, par grande impression tant de gens d'armes de cette ville qu'autrement, avoient esté publiées en may dernier.) Extrait des registres du parlement, rec. des Ordonn. des rois de France, t. X, p. 140, note.) — Ordonnance du 5 septembre 1413, ibid., p. 170.

du royaume, de lui donner des principes fixes, une base rationnelle et des procédés uniformes. Si le plan qu'ils rédigèrent ne fut pas même essayé, il resta comme un monument de sagesse politique, où se montre d'une manière éclatante l'espèce de solidarité qui liait dans une même cause toutes les classes de la roture. Les commissaires délégués par la ville et l'Université de Paris ont fait ce qu'aux états généraux firent les députés du corps entier de la bourgeoisie; ils se sont occupés de la population des campagnes, ils ont pris à son égard des mesures qui témoignent à la fois de leur sympathie pour elle et des progrès survenus dans son état depuis la fin du xiie siècle.

Depuis lors, en effet, l'affranchissement collectif des paysans par villages et par seigneuries avait toujours gagné en fréquence et en étendue. Une sorte d'émulation se déclarait sur ce point entre les propriétaires de serfs, et le mobile en était double. D'une part le sentiment du droit naturel s'ajoutant au sentiment chrétien, de l'autre, l'intérêt personnel plus éclairé conseillaient la même chose, et parfois le style des chartes présentait l'alliance bizarre de ces deux motifs d'action[1]. Parmi les villages affranchis en foule dans le

---

1. Je, considérans et regardans être piteuse chose et convenable de ramener en liberté et franchise les hommes et femmes qui de leur première création furent créez et formez francs par le créator dou monde; considérans aussin en ceste partie le proffit évident de moy et de mes hoirs... (Charte donnée aux habitants du village de Per-

xiiie et le xive siècle, beaucoup prirent de nouveaux noms exprimant leur état de liberté civile, et tous ou presque tous obtinrent une forme plus ou moins complète de régime municipal. Ce régime, en s'appliquant aux campagnes, y propagea le nom de Commune, qui servait à le désigner dans les villes du centre et du nord, et de là vint le mouvement de déviation qui a fait perdre à ce mot son premier sens si restreint et si énergique[1]. Quelque grande qu'ait été, dans le cours des xiiie et xive siècles, la multiplication des communes rurales, elle n'amena point pour les classes agricoles cette unité d'état civil qui existait pour la bourgeoisie d'un bout à l'autre du royaume; la condition des paysans, résultat de transactions de tout genre sur des droits réels

---

russes par Guy, sire de Clermont, 1383, rec. des Ordonn. des rois de France, t. VII, p. 32). — Lesquelles personnes, en alant demourer hors de nostre dicte terre en certains lieux, se affranchissent sans notre congié... et pour hayne d'icelle servitude, plusieurs personnes délaissent à demourer en nostre dicte terre, et par ce est et demeure icelle terre en grand partie non cultivée, non labourée et en rien, pourquoy nostre dicte terre est grandement mains valable... (Charte donnée aux habitants de Coucy par Enguerrand, sire de Coucy, 1368, rec. des Ordonn. des rois de France, t. V, p. 154). — Considérans... les courtoisies, bontés et aggréables services que li dit habitan et leur ancesseur ont fait, ou temps passé, à nous et à nos prédécesseurs, pour l'amendement dudit territoire, et en récompensacion des choses dessus dictes, pour le remède des âmes de nous et de nos ancesseurs, et pour la somme de... que nous avons eue et reçue des habitans de nostre dicte justice de Joigny... (Charte donnée aux habitants de Joigny par Jehans, comte de Joigny, 1324, ibid., p. 379).

[1] Voyez plus haut, p. 25, 26 et suiv..

ou personnels, resta inégale suivant les lieux et diversifiée à l'infini.

Et pourtant, cette masse d'affranchis encore attachés au domaine par quelque lien et tout au moins soumis à la juridiction seigneuriale, cette population qui ne relevait point immédiatement de la puissance publique pouvait déjà compter parmi les forces vives de la nation; elle était comme un corps de réserve imbu de l'esprit patriotique, et capable d'un élan spontané de vigueur et de dévouement. C'est ce qu'on vit, lorsque la défaite d'Azincourt, plus funeste que celle de Poitiers, eut amené pour la France une série de revers, où la noblesse, la bourgeoisie, la royauté elle-même, ne surent que reculer pas à pas jusqu'à la honte d'un traité qui léguait la couronne et livrait le pays à un prince étranger[1]. Paris, dans un accès de faiblesse et d'égarement, avait ouvert ses portes et fêté le triomphe des Anglais; le royaume était conquis jusqu'à la Loire, où Orléans, dernier boulevard des provinces encore libres, soutenait contre l'armée d'invasion une lutte désespérée, qui semblait être le dernier souffle de l'énergie nationale. On sait quel secours presque miraculeux vint alors à cette ville et au royaume, ce que fut Jeanne d'Arc, ce qu'elle fit, et comment, par elle et à son exemple, une émotion de pitié et de colère, l'amour

---

1. Le traité de Troies, conclu en 1420 avec Henri V roi d'Angleterre.

de la commune patrie, la volonté de s'unir tous et de tout souffrir pour la sauver, remonta des derniers rangs populaires dans les hautes classes de la nation.

Du long et pénible travail de la délivrance nationale sortit un règne dont les principaux conseillers furent des bourgeois, et le petit-fils de Charles V reprit et développa les traditions d'ordre, de régularité, d'unité, qu'avait créées le sage gouvernement de son aïeul. Charles VII, roi faible et indolent par nature, occupe une grande place dans notre histoire, moins par ce qu'il fit de lui-même que par ce qui se fit sous son nom; son mérite fut d'accepter l'influence et de suivre la direction des esprits les mieux inspirés en courage et en raison. Des âmes et des intelligences d'élite vinrent à lui et travaillèrent pour lui, dans la guerre avec toutes les forces de l'instinct patriotique, dans la paix avec toutes les lumières de l'opinion nationale. Un fait déjà remarqué et très-digne de l'être, c'est que cette opinion eut pour représentants et le roi pour ministres des hommes sortis des classes moyennes de la société d'alors, la petite noblesse et la haute bourgeoisie. Au-dessus de tous leurs noms dominent les noms roturiers de Jacques Cœur et de Jean Bureau, l'un formé à la science de l'homme d'État par la pratique du commerce, l'autre qui cessa d'être homme de robe pour devenir, sans préparation, grand maître de l'artillerie, et faire le premier, de cette arme encore nouvelle, un emploi habile et méthodique[1].

L'esprit de réforme et de progrès qui, en 1413, avait brillé un instant et n'avait pu rien fonder, parce qu'un parti extrême en était l'organe, reparut, et modela sur un plan nouveau toute l'administration du royaume, les finances, l'armée, la justice et la police générale[2]. Les ordonnances rendues sur ces différents points eurent leur plein effet, et elles se distinguent, non comme les précédentes par une ampleur un peu confuse, mais par quelque chose de précis, de net, d'impérieux, signe d'un talent pratique et d'une volonté sûre d'elle-même parce qu'elle a le pouvoir. La question de l'impôt per-

---

1. Les deux grandes ordonnances de 1443 et de 1454 qui fondèrent sur des principes rationnels et des règles fixes la comptabilité du trésor sont attribuées à Jacques Cœur. — Deux frères Bureau siégeaient dans le conseil de Charles VII; ses autres conseillers bourgeois furent Jean Jouvenel ou Juvénal, Guillaume Cousinot, Jean Rabateau, Étienne Chevalier et Jean Leboursier.

2. Voyez l'ordonnance du 2 novembre 1439 pour la réformation de l'état militaire, celle du 25 septembre 1443 sur le gouvernement des finances, celle du 10 février 1444 sur le même sujet, celle du 19 juin 1445 sur la juridiction des élus, celle du 26 novembre 1447 sur la comptabilité du trésor, celle du 28 avril 1448 sur les francs archers, celle du 17 avril 1453 pour la réformation de la justice, celles du 21 janvier et du 8 avril 1459 sur la reddition des comptes et l'assiette des tailles, celle du 18 septembre 1460 sur la procédure devant les conseillers des aides et celle du mois de décembre 1460 sur la juridiction de la chambre des comptes. Recueil des Ordonn. des rois de France, t. XIII, p. 306, ibid., p. 372, ibid., p. 414, ibid., p. 428, ibid., p. 516; t. XIV, p. 1, ibid., p. 284, ibid., p. 482 et p. 484, ibid., p. 496, ibid., p. 510.

manent et des taxes mises sans l'octroi des états fit alors un pas décisif; après quelques alternatives, elle fut tranchée par la nécessité, et, à ce prix, le royaume eut pour la première fois des forces régulières. Les milices des villes, organisées jadis hors de la dépendance et de l'action de la royauté, vinrent se fondre dans une armée royale et en même temps nationale. Il y eut, pour la partie privilégiée du tiers état, diminution de droits politiques; mais la forme de la monarchie moderne, de ce gouvernement destiné dans l'avenir, à être à la fois un et libre, était trouvée; ses institutions fondamentales existaient; il ne s'agissait plus que de le maintenir, de l'étendre et de l'enraciner dans les mœurs.

Le règne de Charles VII fut une époque d'élan national; ce qu'il produisit de grand et de nouveau ne venait pas de l'action personnelle du prince, mais d'une sorte d'inspiration publique d'où sortirent alors en toutes choses, le mouvement, les idées, le conseil. De semblables moments sont toujours beaux, mais leur propre est de durer peu; l'effort commun ne se soutient pas, la fatigue et le désaccord surviennent, et bientôt la réaction commence. Les mêmes forces qui avaient fondé le nouvel ordre administratif n'auraient pas su le maintenir intact; elles étaient collectives, et comme telles, trop sujettes à varier; l'œuvre de plusieurs avait besoin, pour ne pas déchoir, d'être remise aux mains d'un seul. Ce seul homme, cette personnalité jalouse, active, opiniâtre, se rencontra dans Louis XI. S'il y a dans l'histoire des personnages qui paraissent marqués du sceau d'une mission providentielle, le fils de Charles VII fut un de ceux-là; il semble qu'il ait eu comme roi la conviction d'un devoir supérieur pour lui à tous les devoirs humains, d'un but où il devait marcher sans relâche, sans qu'il eût le temps de choisir la voie. Lui qui avait levé contre son père le drapeau des résistances aristocratiques, il se fit le gardien et le fauteur de tout ce que l'aristocratie haïssait; il y appliqua toutes les forces de son être, tout ce qu'il y avait en lui d'intelligence et de passion, de vertus et de vices. Son règne fut un combat de chaque jour pour la cause de l'unité de pouvoir et la cause du nivellement social, combat soutenu à la manière des sauvages, par l'astuce et par la cruauté, sans courtoisie et sans merci. De là vient le mélange d'intérêt et de répugnance qu'excite en nous ce caractère si étrangement original. Le despote Louis XI n'est pas de la race des tyrans égoïstes, mais de celle des novateurs impitoyables; avant nos révolutions, il était impossible de le bien comprendre. La condamnation qu'il mérite et dont il restera chargé, c'est le blâme que la conscience humaine inflige à la mémoire de ceux qui ont cru que tous les moyens sont bons pour imposer aux faits le joug des idées.

Ce roi qui affectait d'être roturier par le ton, l'habit, les manières, qui s'entretenait familièrement avec toutes sortes de personnes, et voulait tout connaître, tout voir, tout faire par lui-même, a des traits de physionomie qu'on ne rencontre au même degré que dans les dictatures démocratiques[1]. En lui apparut, à sa plus haute puissance, l'esprit des classes roturières; il eut comme un pressentiment de notre civilisation moderne, il en devina toutes les tendances, et aspira vers elle sans s'inquiéter du possible, sans se demander si le temps était venu. Aussi, dans le jugement qu'on porte sur lui, doit-on regarder à la fois ce qu'il fit et ce qu'il voulut faire, ses œuvres et ses projets. Il songeait à établir dans tout le royaume l'unité de coutume, de poids et de mesures; sur ce point et sur d'autres, il se proposait d'imiter l'admirable régime civil des républiques italiennes.

L'industrie, enfermée dans les corporations qui l'avaient fait renaître après la renaissance des villes,

---

[1]. Entre tous ceulx que j'ay jamais congneuz, le plus saige pour soy tirer d'ung mauvais pas en temps d'adversité, c'estoit le roy Louis XI, nostre maistre, le plus humble en paroles et en habitz...; naturellement amy des gens de moyen estat et ennemy de tous grans qui se povoient passer de lui. Nul homme ne presta jamais tant l'oreille aux gens, ny ne s'enquist de tant de choses comme il faisoit. (Mém. de Philippe de Commynes, édit. de Mlle Dupont, t. I, p. 83 et 84.) — De maintes menues choses de son royaulme il se mesloit et d'assez dont il se fust bien passé; mais sa complexion estoit telle, et ainsi vivoit. (Ibid., t. II, p. 273.)

était toute municipale; il entreprit de la faire nationale; il convoqua des négociants à son grand conseil, pour aviser avec eux aux moyens d'étendre et de faire prospérer le commerce; il ouvrit de nouveaux marchés et provoqua la fondation de nouvelles manufactures; il s'occupa des routes, des canaux, de la marine marchande, de l'exploitation des mines; il attira par des priviléges les entrepreneurs de travaux et les artisans étrangers, et, en même temps, il tint sur pied des armées quatre fois plus nombreuses que par le passé, fit des armements maritimes, recula et fortifia les frontières, porta la puissance du royaume à un degré inouï jusqu'alors [1]. Mais ces germes de prospérité ne devaient

---

[1]. Aussi désiroit fort que en ce royaulme l'on usast d'une coustume, d'un poiz et d'une mesure, et que toutes ces coustumes fussent mises en françois dans ung beau livre. (Mém. de Philippe de Commynes, t. II, p. 209.) — Vous sçavez bien le désir que j'ai de donner ordre au fait de la justice et de la police du royaume, et, pour ce faire, il est besoin d'avoir la manière et les coutumes des autres pays; je vous prie que vous envoyez quérir devers vous le petit Fleurentin pour sçavoir les coutumes de Fleurence et de Venise, et le faites jurer de tenir la chose secrette, afin qu'il vous le die mieux et qu'il le mette bien par écrit. (Lettre au sieur Dubouchage, Hist. de Louis XI par Duclos, t. III, p. 449.) — Voyez l'ordonn. du mois de sept. 1474 sur les mines, et celle du mois d'avril 1483 sur le même objet, rec. des Ordonn. des rois de France, t. XVII, p. 446; et t. XIX, p. 105. — Les ordonnances de Louis XI sont remarquables par une grande vigueur de rédaction; il est probable qu'il les dicta lui-même. — Mais ung bien avoit en lui nostre bon maistre : il ne mettoit rien en trésor, il prenoit tout et despendoit tout. Il feit de grans édifices à la fortifflcation et deffense des villes et places de son

fructifier que dans l'avenir; le présent était lourd et sombre; les impôts croissaient sans mesure; le prince qui semait pour le peuple et se faisait peuple fut impopulaire. Il fit beaucoup souffrir et souffrit beaucoup lui-même dans sa vie de travaux, de ruses, de craintes, d'expédients, de soucis continuels[1]. La bourgeoisie, dont les priviléges municipaux étaient la seule chose ancienne qu'il ménageât, lui fut fidèle sans l'aimer. Ses grandes vues, ses pensées de bien public, les nouveautés qu'il méditait ne touchèrent que le petit nombre de ceux qui les apprirent de sa bouche et qui étaient capables de les juger. L'opinion du temps n'a rien aperçu de ces choses, mais en revanche elle a saisi au vif dans Louis XI le portrait de l'homme extérieur, cette figure railleuse et sinistre que la tradition conserve, et impose encore à l'histoire.

royaulme, et plus que tous les aultres roys qui ont esté devant luy. (Mém. de Philippe de Commynes, t. II, p. 444.)

1. Davantaige il sçavoit n'estre point aymé de grans personnaiges de son royaulme, ne de beaucoup de menuz : et si avoit plus chargé le peuple que jamais roy ne feit, combien qu'il eust bon vouloir de les descharger, comme j'ay dict ailleurs. (Ibid., t. II, p. 224.) — Je croy que, si tous les bons jours qu'il a euz en sa vie, esquelz il a eu plus de joye et de plaisir que de travail et d'ennuy, estoient bien nombrés, qu'il s'y en trouveroit bien vingt de peine et de travail contre ung de plaisir et d'ayse. (Ibid., p. 277.)

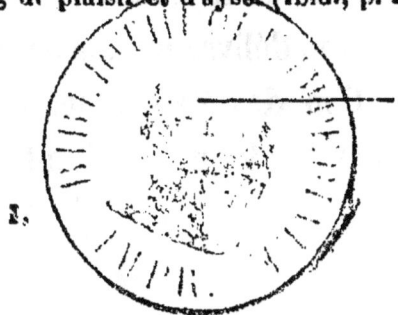

CHAPITRE IV.

LES ÉTATS GÉNÉRAUX DE 1484. — LE TIERS ÉTAT SOUS LOUIS XII, FRANÇOIS Ier ET HENRI II.

SOMMAIRE : États généraux de 1484. — Demande de garantie éludée ; progrès sous le régime arbitraire. — Commencement des guerres d'Italie. — Renaissance des lettres et des arts. — Rôle politique du parlement de Paris. — Règne de Louis XII, prospérité publique. — Ordonnance de 1499. — Rédaction et réformation des coutumes. — Règnes de François Ier et de Henri II, continuation du progrès en tout genre. — Luxe des bâtiments, goût du beau chez la noblesse. — Offices tenus par le tiers état, classe des gens de robe. — Ambition des familles bourgeoises, grand nombre d'étudiants. — La classe des capitalistes appelés financiers.

QUELQUE salutaire que soit par intervalles, dans la vie des nations, le despotisme d'un homme supérieur, il est rare que son action prolongée n'amène pas, chez les contemporains, une fatigue extrême qui les fait rentrer avec joie sous le gouvernement des esprits ordinaires ou dans les hasards de la liberté politique. La mort de Louis XI parut une délivrance universelle, et fut suivie de la convocation des états généraux du royaume. Ce fut le 5 janvier 1484 que se réunit cette assemblée, à qui était remis d'un commun accord le pouvoir de juger souverainement l'œuvre du dernier règne, d'en condamner ou d'en absoudre les actes, de faire et de défaire après lui[1]. Jamais à aucune tenue des trois états les conditions d'une véritable représentation nationale n'avaient été aussi complétement remplies; toutes les provinces du royaume, langue d'Oïl et langue d'Oc se trouvaient réunies dans une seule convocation; l'élection, pour les trois ordres, s'était faite au chef-lieu de chaque bailliage, et les paysans eux-mêmes y avaient pris part; enfin, au sein des états, la délibération eut lieu, non par ordres, mais par têtes, dans six bureaux correspondant à autant de régions territoriales. Jamais aussi, depuis l'assemblée de 1356, la question du pouvoir des états n'avait été si nettement posée et si hardiment débattue. Il y eut des éclairs de volonté et d'éloquence politiques, mais tout se passa en paroles qui ne purent rien, ou presque rien, contre les faits accomplis. On eut beau vouloir en quelque sorte effacer le règne de Louis XI, et reporter les choses au point où Charles VII les avait laissées en mourant; l'impulsion vers la centralité administrative une et abso-

---

[1]. Favebit quidem rex et annuet vestris consiliis; nec favebit modo, verum etiam quæ sibi regnoque dixeritis utilia, summo studio curabit exequi, servare defensareque. (Discours du chancelier Guillaume de Rochefort, Journal des états généraux tenus à Tours en 1484, sous le règne de Charles VIII, rédigé en latin par Jean Massolin, édit. de M. Bernier, p. 54.)

lue était trop forte, et, de ces discussions, pleines de vie et d'intérêt dans le journal qui nous en reste, il ne résulta de fait que quelque tempérament, des promesses et des espérances bientôt démenties[1].

Parmi les discours prononcés dans cette assemblée, il en est un qu'on ne peut lire aujourd'hui sans étonnement, car il contient des propositions telles que celles-ci : « La royauté est un office, non un héritage — « C'est le peuple souverain qui dans l'origine créa les « rois — L'État est la chose du peuple ; la souverai- « neté n'appartient pas aux princes, qui n'existent que « par le peuple — Ceux qui tiennent le pouvoir par force « ou de toute autre manière sans le consentement du « peuple sont usurpateurs du bien d'autrui — En cas « de minorité ou d'incapacité du prince, la chose « publique retourne au peuple, qui la reprend comme « sienne — Le peuple, c'est l'universalité des habitants « du royaume ; les états généraux sont les dépositaires « de la volonté commune — Un fait ne prend force de « loi que par la sanction des états, rien n'est saint ni « solide sans leur aveu[2]. » Ces maximes, d'où devaient

---

1. Voyez le *Journal des états généraux tenus à Tours en 1484*, texte et appendices.
2. Regnum dignitas est, non hæreditas — Historiæ prædicant, et id a majoribus accepi, initio domini rerum populi suffragio reges fuisse creatos — Nonne crebro legistis rempublicam rem populi esse?..... Quomodo ab assentatoribus tota principi tribuitur potestas a populo ex parte facto? — Vobis probatum esse velim rempublicam

sortir nos révolutions modernes, furent proclamées alors, non par un mandataire des classes plébéiennes, mais par un gentilhomme, le sire de la Roche, député de la noblesse de Bourgogne; elles n'étaient autres pour lui que ses traditions de caste rendues généreuses par une raison élevée et par quelque notion de l'histoire grecque et romaine. Mais les traditions du tiers état ne lui disaient rien qui pût le conduire à un pareil symbole de foi politique; il était encore trop près de ses origines, trop attaché à ses errements héréditaires. Il laissa passer les principes qui, trois siècles après, devinrent son arme dans la grande lutte révolutionnaire, et il ne se passionna que pour le redressement de griefs matériels et pour la question des taxes permanentes et arbitraires. C'est sur ce point seulement que fut soutenu par les députés de la roture le droit des

rem populi esse et regibus ab eo traditam, eosque qui, vi vel alias, nullo populi consensu eam habuere, tyrannos creditos et alienæ rei invasores. Constat autem regem nostrum rempublicam per se disponere non posse..... Oportet propterea ut ad populum redeat, hujus rei donatorem, qui eam quidem resumat, velut suam — Populum autem appello, non plebem, nec alios tantum hujus regni subditos, sed omnes cujusque status, adeo ut statuum generalium nomine etiam complecti principes arbitrer, nec aliquos excludi qui regnum habitent..... Cum intelligatis vos universorum statuum regni legatos, et procuratores doctos, et omnium voluntatem vestris in manibus esse. — Robur enim tum facta præterita capere reor, quum status ea probaverint, nec aliquid sancte solideque subsistere, quod fit invitis aut inconsultis statibus. (Journal des états généraux tenus à Tours en 1484, p. 146, 148 et 150.)

états généraux que d'autres posaient comme libres et souverains en toute matière [1].

Le mouvement politique de 1357 n'était plus possible en 1484; il avait eu pour principe l'esprit de liberté municipale à son plus haut degré d'énergie. Le rêve d'Étienne Marcel et de ses amis était une confédération de villes souveraines ayant Paris à leur tête, et gouvernant le pays par une diète sous la suzeraineté du roi. Or, ce vieil esprit de la bourgeoisie française avait graduellement disparu pour faire place à un autre moins désireux de droits locaux et d'indépendance personnelle que d'ordre public et de vie nationale. Aux états de 1484, le bureau où votaient les députés de Paris fut le premier à faire des concessions qui obligèrent l'assemblée à élever le taux de la somme d'argent qu'elle avait résolu d'accorder. En tout les représentants de la bourgeoisie, autant qu'on peut distinguer leur part dans des résolutions votées par tête et non par ordre, s'attachèrent aux choses purement pratiques et d'intérêt présent. On ne les vit point, comme l'échevinage et l'Université de Paris en 1413, présenter un système nouveau d'administration; le règne de Louis XI n'avait rien laissé à concevoir en ce genre

---

[1]. Hæc etiam illos liquido refellunt, qui, duntaxat levandorum tributorum, non alterius operæ vel finis gratia, conventionem indictam arbitrantur. (Discours du sire de la Roche, Journal des états généraux tenus à Tours en 1484, p. 130.)—Ut liberam statuum potestatem intelligere ac tueri velint. (Ibid., p. 140.)

d'important ni de possible. Il n'y avait plus qu'à glaner après lui, ou qu'à détendre les ressorts du gouvernement qu'il avait forcés sur tous les points, qu'à demander l'accomplissement de ses projets restés en arrière, et la guérison des maux qu'il avait causés par la fougue et les inadvertances de sa volonté absolue. Les principaux articles du chapitre du tiers état dans le cahier général des trois ordres furent : la diminution des impôts et la réduction des troupes soldées, la suppression de la taille comme taxe arbitraire, la reprise des portions aliénées du domaine royal, la mise en vigueur des actes garantissant les libertés de l'église gallicane, et la rédaction par écrit des coutumes, qui devait être un premier pas vers l'unité de loi[1].

L'assemblée de 1484 eut soin de ne voter aucun subside qu'à titre de don et d'octroi. Elle demanda la convocation des états généraux sous deux ans, et elle ne se sépara qu'après en avoir reçu la promesse[2]. Mais

1. Voyez le Journal des états généraux tenus à Tours en 1484, appendice n° 1.
2. Pour subvenir aux grans affaires dudit seigneur, tenir son royaume en seureté, payer et soudayer ses gens d'armes et subvenir à ses autres affaires, les trois estatz lui ottroyent par manière de don et ottroy et non autrement, et sans ce qu'on l'appelle doresenavant tailles, ains don et ottroy, telle et semblable somme que du temps du feu roi Charles VII estoit levée et cueillie en son royaume, et ce pour deux ans prochainement venans, tant seulement et non plus..... Que le bon plaisir dudit seigneur soit de faire tenir et assembler lesdits étaz dedens deux ans prouchainement venans en lieu et temps qu'il luy plaira, et que de ceste heure, lesditz lieu et

les quatorze années du règne de Charles VIII s'écoulèrent sans que les états eussent été une seconde fois convoqués, et les taxes furent de nouveau levées par ordonnance et réparties sans contrôle. A en juger par le zèle des trois ordres à faire une loi de leur consentement, et par le tableau que leurs cahiers traçaient de la misère du peuple accablé sous le faix des impôts, ce fut une grande déception; tout semblait dire que la monarchie absolue menait le pays à sa ruine, et pourtant il n'en fut rien. Le pays resta sous le régime arbitraire; il eut à supporter encore les abus, souvent énormes, de ce régime; il souffrit sans doute, mais, loin de décliner, ses forces vitales s'accrurent par un progrès sourd et insensible. Il y a pour les peuples des souffrances fécondes comme il y en a de stériles; la distinction des unes et des autres échappe aux générations qui les subissent; c'est le secret de la Providence, qui ne se revèle qu'au jour marqué pour l'accomplissement de ses desseins. Chose singulière, ce fut dans le temps même où la voix publique venait de proclamer avec amertume l'épuisement prochain du royaume, que fut résolue, par un coup de tête folle-

---

temps soient nommez, assignez et déclairez; car, lesditz estaz n'entendent point que doresenavant on mette sus aucune somme de deniers, sans les appeler, et que ce soit de leur vouloir et consentement. — Le roy est content que les estatz se tiennent dedens deux ans prouchainement venant et les mandera. (Journal des états généraux tenus à Tours en 1484, p. 449, 451 et 712.)

ment héroïque de Charles VIII, l'invasion du sud de l'Italie, la plus lointaine expédition que la France eût encore faite. Il fallut dépasser en armements les dépenses du règne de Louis XI; une longue paix semblait être le seul moyen de salut, et l'ère des grandes guerres s'ouvrit pour la nation, sans crise au dedans et avec honneur au dehors.

Au XIIe siècle, la renaissance des institutions municipales avait été le contre-coup d'une révolution opérée en Italie; la renaissance du droit romain au XIIIe siècle nous était venue des écoles italiennes; à la fin du XVe, une autre initiation de l'Italie, la renaissance des lettres eut lieu pour nous, mais à la faveur d'événements déplorables, de cinquante ans de guerre au delà des Alpes. Une fois ouvert par nos armes et par ses discordes à l'occupation étrangère, le pays qui gardait et fécondait pour le monde les traditions du génie romain devint le champ de bataille et la proie des monarchies européennes. Il perdit l'indépendance orageuse qui avait fait sa vie, et dès lors il déclina sans cesse au milieu des progrès de la civilisation moderne.

La France eut le malheur de porter les premiers coups pour cette grande ruine, et, mise en contact, quoique violemment, avec les États libres et les principautés d'Italie, elle puisa dans ces relations soit hostiles, soit amicales, un esprit nouveau, le culte des chefs-d'œuvre antiques et la passion de renouveler, par leur étude, toutes les idées et tous les arts. Par cette révolution intellectuelle, en même temps qu'une voie plus large et plus sûre fut ouverte au génie national, il s'établit en quelque sorte une communion de la pensée pour les hommes d'élite que la séparation des rangs et des classes tenait à distance l'un de l'autre; quelque chose d'uniforme infusé par l'éducation littéraire atténua de plus en plus les différences traditionnelles d'esprit et de mœurs. Ainsi se prépara par degrés l'avénement d'une opinion publique nourrie dans la nation tout entière de toutes les nouvelles acquisitions du savoir et de l'intelligence. Cette opinion, qui s'est emparée de tout et a tout transformé depuis un siècle, date, pour qui veut marquer ses origines, du temps où commence à se former, au dessus de la tradition indigène, des préjugés de caste, d'état et de croyance, un fonds commun d'idées purement laïques, d'études sorties d'une source autre que celle des écoles du moyen âge.

En dépit des maximes qui avaient retenti à la tribune de 1484 : *Souveraineté du peuple*, *Volonté du peuple*, *Droit de possession du peuple sur la chose publique*, rien ne changea quant au caractère des états généraux; ils furent depuis lors ce qu'ils étaient auparavant, un recours suprême dans les temps de crise, non une institution régulière et permanente. On dirait que ce fut la destinée ou l'instinct de la nation française de ne point vouloir sérieusement la liberté politique tant que l'égalité serait impossible. C'est du tiers état brisant le régime des ordres et réunissant tout à lui que devait émaner chez nous le premier essai d'une vraie constitution représentative. Les états généraux, sous Charles VIII, avaient demandé que leur droit d'intervention fût déclaré permanent et leur tenue périodique [1]; entre ce vœu et l'inauguration du gouvernement par assemblées il s'écoula plus de trois siècles. Dans cet intervalle se place un grand fait particulier à notre histoire, le rôle politique du parlement de Paris. C'est du sein de la corporation de bourgeois légistes, qui, investie de l'autorité judiciaire, avait fondé pour le roi le pouvoir absolu, et pour la nation le droit commun, que sortit au xvi⁰ siècle un contrôle assidu, éclairé, courageux des actes du gouvernement.

De simples formalités sans conséquence apparente, l'usage de promulguer les édits royaux en cour de parlement, et de les faire inscrire sur des registres que

---

[1]. Semble ausditz estatz que, pour le bien et réformacion du royaume, Daulphiné et pays adjacens, et que bon ordre soit tenu et pour parvenir aux affaires du roy nostre dit seigneur..... ledit seigneur doit desclairer et appointer que lesditz estaz desditz royaume, Daulphiné et pays adjacens, seront assemblez ou temps et terme de deux ans prouchainement venans, et aussi continuez de deux ans en deux ans..... Et supplient lesditz estaz audit seigneur qu'il luy plaise ainsi l'ordonner et desclairer. (Journal des états généraux tenus à Tours en 1484, p. 697.)

la cour avait sous sa garde, ouvrirent à ce corps de judicature la route qui le conduisit à s'immiscer dans les affaires de l'État. Suivant les formes juridiques dont le parlement ne se départait en aucune circonstance, l'enregistrement de chaque loi nouvelle avait lieu par suite d'un arrêt; or, nul arrêt n'étant rendu sans délibération préalable, de ce fait résulta peu à peu le droit d'examen, de critique, d'amendement, de protestation et même de véto par le refus d'enregistrer. A l'époque où nous sommes parvenus, cette prétention à une part de la puissance législative ne s'était pas montrée au grand jour, mais elle couvait, pour ainsi dire, sous des apparences de soumission absolue à la volonté royale et de ferme propos de ne point s'aventurer hors du cercle des fonctions judiciaires [1]. Le règne de Louis XII vit commencer le double changement qui fit de la haute cour de justice une sorte de pouvoir médiateur entre le trône et la nation, et des

---

1. « Quant à la cour, elle est instituée par le roy pour administrer justice, et n'ont point ceux de la cour l'administration de guerre, de finances, ni du fait et gouvernement du roy ni des grands princes. Et sont Messieurs de la cour du parlement gens clercs et lettrez pour vacquer et entendre au faict de la justice; et quant il plairoit au roy leur commander plus avant, la cour lui obéiroit, car elle a seulement l'œil et regard au roy qui en est le chef et sous lequel elle est. Et par ainsi, venir faire ses remontrances à la cour et autres exploits sans le bon plaisir et exprès consentement du roy, ne se doit faire. (Réponse du premier président La Vacquerie au duc d'Orléans, 17 janvier 1485; registres du parlement cités par Godefroy, *Hist. du roi Charles VIII*, p. 466.)

vieux ennemis de toute résistance à l'autorité du prince, les avocats de l'opinion publique, des magistrats citoyens usant de leur indépendance personnelle pour la cause de tous, et montrant parfois des vertus et des caractères dignes des beaux temps de l'antiquité [1].

Louis XII fut un prince d'une heureuse nature, venu dans un de ces moments heureux où le gouvernement est facile. Quinze ans passés depuis la fin du règne de Louis XI avaient suffi pour faire le triage du bien et du mal dans les conséquences de ce règne; la souffrance nationale s'était guérie d'elle-même, et de toutes parts éclataient des signes de progrès et de prospérité. La culture des campagnes s'améliorait et se multipliait, de nouveaux quartiers se formaient dans les villes, et partout l'on bâtissait des maisons plus commodes ou plus somptueuses. L'aisance de la classe moyenne se

---

[1]. Il parlamento di Parigi ha amplissima autorità, ed e com un senato ove son centotrenta consiglieri del re... Ha autorità ancora nella giustizia e nelle leggi; e modera, interpreta o reproba del tuto qualche volta le deliberazioni del consiglio privato di sua maestà. (Relation de l'état de la France, par Marc-Antoine Barbaro, ambassadeur de Venise en 1563, *Relations des ambassadeurs vénitiens*, publiées par M. Tommaseo, t. II, p. 26.) — Le second frein est la justice, laquelle sans point de difficulté est plus auctorisée en France qu'en nul autre païs du monde que l'on sçache, mesmement à cause des parlements qui ont été instituez principalement pour ceste cause, et à ceste fin de refrener la puissance absoluë dont voudroient user les roys. (*La monarchie de France*, par Claude de Seyssel, 1re partie, chap. x.)

montrait plus que jamais dans les habits, les meubles et les divertissements coûteux. Le nombre des marchands s'était accru de manière à exciter l'étonnement des contemporains, et le commerce lointain avait grandi en étendue et en succès; le prix de toutes choses était plus élevé, les terres rapportaient davantage, et la rentrée des impôts avait lieu sans contrainte et à peu de frais [1]. C'est peut-être là qu'il faut placer, dans la série

[1]. L'on veoid généralement par tout le royaume bastir grands édifices tant publiques que privez..... Et si sont les maisons meublées de toutes choses trop plus somptueusement que jamais ne feurent; et use l'on de vaisselle d'argent en tous estats plus qu'on ne souloit... Aussi sont les habillemens et la manière de vivre plus somptueux que jamais on ne les veid... Et pareillement on veoid les mariages des femmes trop plus grands et le prix des héritages et de toutes autres choses plus hault..... Le revenu des bénéfices, des terres et des seigneuries est creu partout généralement de beaucoup..... Aussi est l'entrecours de la marchandise, tant par mer que par terre, fort multiplié..... Toutes gens (excepté les nobles, lesquels encore je n'excepte pas tous) se meslent de marchandise. Et pour un marchand que l'on trouvoit du temps dudict roy Louys onziesme, riche et grossier à Paris, à Rouen, à Lyon, et aux autres bonnes villes du royaume et généralement par toute la France, l'on en trouve de ce règne plus de cinquante. Et si en ha par les petites villes plus grand nombre qu'il n'en souloit avoir par les grosses et principales citez; tellement qu'on ne faict guières maison sur rue qui n'ait boutique pour marchandise ou pour art mécanique..... L'on veoid aussi quasi par tout le royaume faire jeux et esbatemens à grands frais et cousts... Et si suis informé par ceulx qui ont principale charge des finances du royaume, gens de bien et d'auctorité, que les tailles se recouvrent à présent beaucoup plus aisément, et à moings de contraincte et de frais, sans comparaison, qu'elles ne faisoient du temps des roys passez. (Les louenges du bon roy de France

de nos progrès nationaux en richesse et en bien-être, une secousse intermédiaire entre celle qu'avait provoquée, trois siècles auparavant, la révolution municipale, et l'impulsion souveraine qui fut donnée, trois siècles après, par la révolution constitutionnelle du royaume. A ce point répond d'ailleurs le premier degré de fusion des classes diverses dans un ordre public qui les embrasse et les protége toutes, sur un territoire désormais uni et compacte, et sous une administration déjà régulière et qui tend à devenir uniforme.

Il semble que Louis XII ait eu à cœur d'éteindre tous les griefs dénoncés par les états de 1484; le plus grand acte législatif de son règne, l'ordonnance de mars 1499 en est la preuve. L'on y voit, à propos du règlement de tout ce qui regarde la justice, l'intention de satisfaire aux plaintes restées sans réponse, et de remplir les promesses imparfaitement exécutées. Le principe de l'élection pour les offices de judicature, principe cher à l'opinion bourgeoise et qu'avaient hautement soutenu les réformateurs de 1413, s'y montre accompagné de garanties contre l'abus de la vénalité des charges[1]. Le gouvernement de Louis XII était sur-

Louys XII, dict père du peuple et de la félicité de son règne, par Claude de Seyssel, édit. de Théod. Godefroy, p. 111 et suiv.)

1. Voy. l'ordonnance de mars 1499, sur la réforme de la justice, art. 30, 31, 32, 40, 47 et 48. Recueil des anciennes lois françaises, par M. Isambert, t. XI, p. 323. — La vénalité des charges, d'abord interdite par les rois, puis tolérée et mise en pratique par eux,

tout économe et affectueux pour le pauvre peuple; il se proposa généreusement, mais imprudemment peut-être, la tâche de continuer la guerre en diminuant les impôts. Ce roi, d'un esprit chevaleresque, fut l'idole de la bourgeoisie; il avait pour elle de grands égards sans affecter en rien de lui ressembler. La seule assemblée politique tenue sous son règne fut un conseil de bourgeois où la noblesse et le clergé ne figurèrent que comme ornement du trône; les députés des villes et du corps judiciaire, seuls convoqués expressément, votèrent seuls, et c'est dans ce congrès du tiers état que fut décerné à Louis XII par la bouche d'un représentant de Paris, le titre de *Père du peuple*, que l'histoire lui a conservé [1].

Il y a de la gloire dans un pareil nom, mais une autre

---

reparut sous le règne de François Ier, et depuis lors, elle se maintint malgré les réclamations des états généraux et les promesses du gouvernement.

1. Pour laquelle chose (le mariage de madame Claude de France avec François, comte d'Angoulême) traicter, voulut audict lieu de Tours tenir conseil. Dont envoya à tous ses parlements de France et à toutes ses villes, pour faire venir vers luy de chacun lieu gens saiges et hommes consultez. Et tant que en peu de temps furent en ladicte ville de Tours, de chascune cour de parlement, présidents et conseillers, et, de toutes les principales villes de France, hommes saiges, ordonnez et députez par lesdictes villes et pays de France, comme dict est. (Hist. de Louis XII par Jean d'Auton, édit. de Th. Godefroy, p. 3) — Voy. sur le caractère de cette assemblée ouverte le 10 mai 1506, l'Histoire des états généraux, par M. Thibaudeau, t. Ier, p. 379 et suiv.

gloire de ce règne fut d'établir la prédominance de la législation sur la coutume, et de marquer ainsi, dans la sphère du droit civil, la fin du moyen âge et le commencement de l'ère moderne. Le projet de rédiger toutes les coutumes de France et de les publier révisées et sanctionnées par l'autorité royale avait été conçu et annoncé par Charles VII; Louis XI en fit la base de ses plans d'unité de loi nationale, mais il n'en exécuta rien; Charles VIII décréta de nouveau ce qu'avait voulu faire son aïeul, et ce fut à Louis XII qu'échut l'honneur d'avoir, non-seulement commencé, mais encore poussé très-loin l'exécution de cette grande entreprise [1]. De 1505 à 1515, année de la mort du roi, vingt coutumes de pays ou de villes importantes furent recueillies, examinées et publiées avec la sanction définitive [2]. Ce travail de rédaction et en même temps de réformation de l'ancien droit coutumier a pour caractère dominant la prépondérance du tiers état, de son esprit et de ses mœurs dans la législation nouvelle. Un savant juriste en a fait la remarque, et il cite comme preuve les chan-

1. Voy. l'ordonnance de Charles VII, avant Pâques 1453; et celles de Charles VIII, 28 janvier 1493 et 15 mars 1497, recueil des Ordonn. des rois de France, t. XIV, p. 284, et t. XX, p. 433, et Richebourg, *Coutumier général*, t. IV, p. 639.

2. Celles de Touraine, Melun, Sens, Montreuil-sur-Mer, Amiens, Beauvoisis, Auxerre, Chartres, Poitou, Maine, Anjou, Meaux, Troyes, Chaumont, Vitry, Orléans, Auvergne, Paris, Angoumois et La Rochelle.

gements qui eurent lieu, pour les mariages entre nobles, dans le régime des biens conjugaux [1]. A ce genre d'altération que les coutumes subirent presque toutes se joignit pour les transformer la pression que le droit romain exerçait de plus en plus sur elles, et qui, à chaque progrès de notre droit national, lui faisait perdre quelque chose de ce qu'il tenait de la tradition germanique.

Au roi qui avait reproduit l'une des faces du caractère de saint Louis par sa soumission à la règle et son attachement au devoir, succéda un prince qui ne connut d'autre loi que ses instincts, sa volonté et l'intérêt de sa puissance. Heureusement, parmi les hasards où François Ier abandonnait sa conduite, il lui arriva souvent de rencontrer juste pour sa gloire et pour le bien du royaume. Ses instincts, mal gouvernés, étaient généreux et ne manquaient pas de grandeur; sa volonté, arbitraire et parfois violente, fut généralement éclairée, et ses vues égoïstes furent d'accord avec l'ambition nationale. Novateur en choses brillantes, il ne ralentit point le progrès des choses utiles. Louis XI s'était rendu odieux à la noblesse, et Louis XII lui avait déplu en continuant la même œuvre sous d'autres formes; de là le danger d'une réaction capable de jeter le pouvoir royal hors des voies qu'il s'était frayées de concert avec la

---

[1]. M. Édouard Laboulaye, *Recherches sur la condition civile et politique des femmes, depuis les Romains jusqu'à nos jours*, p. 378.

bourgeoisie. On pouvait s'y attendre à l'avénement d'un roi gentilhomme avant tout, et affectant de l'être dans ses vertus et dans ses vices ; mais il n'en fut rien, grâce à la cause même qui rendait probable un pareil retour. L'amour des nobles pour le nouveau roi, la séduction qu'il exerçait sur eux, endormit leurs passions politiques [1] ; ils virent sans résistance et sans murmure se continuer l'envahissement des offices royaux sur les seigneuries, et le mouvement qui entraînait tout vers l'égalité civile et l'unité d'administration. L'activité qu'ils avaient trop souvent gaspillée en turbulence, ils la dépensèrent en héroïsme dans les batailles que la France livrait pour se faire une place digne d'elle parmi les États européens. Ils se formèrent d'une façon plus sérieuse et plus assidue que jamais à cette grande école des armées régulières, où s'apprennent, avec le patriotisme, l'esprit d'ordre, la discipline et le respect pour d'autres mérites que ceux de la naissance et du rang [2].

[1]. Jamais n'avoit esté veu roy en France de qui la noblesse s'esjouyst autant. (Hist. du chevalier Bayard, édit. de Théod. Godefroy, 1650, in-42, p. 364.)

[2]. Et davantage il y a la gendarmerie ordinaire plus grande et mieux payée et entretenue qu'en nul autre lieu que l'on sçache, laquelle est introduicte tant pour la défense du royaume, et aussi afin qu'il y ait toujours nombre suffisant de gens armez, et montez et exercitez aux armes, qu'aussi pour l'entretenement des gentilzhommes, et si y sont les charges departies, de sorte qu'un bien grand nombre de nobles hommes et de diverses conditions se peuvent entretenir honnestement, encore qu'il n'y ait aucune guerre au royaume. Car les grands ont charge de gens d'armes plus grande

La marche ascendante de la civilisation française, depuis les dernières années du xve siècle, se poursuivit sous François Ier, en dépit des obstacles que lui opposaient, d'une part, le désordre où tomba l'administration, et, de l'autre, une lutte politique où la France eut plusieurs fois contre elle toutes les forces de l'Europe. Au milieu de dilapidations scandaleuses, de grandes fautes et de malheurs inouïs, non-seulement aucune des sources de la prospérité publique ne se ferma, mais il s'en ouvrit de nouvelles. L'industrie, le commerce, l'agriculture, la police des eaux et forêts, l'exploitation des mines, la navigation lointaine, les entreprises de tout genre, et la sécurité de toutes les transactions civiles furent l'objet de dispositions législatives dont quelques-unes sont encore en vigueur[1]. Il y eut continuation de progrès dans les arts qui font l'aisance de la vie sociale et que le tiers état pratiquait seul, et il y eut dans la sphère plus haute de la pensée et du savoir un élan spontané de toutes les facultés de l'intelligence nationale. Là, se rencontre à son apogée cette révolution intellectuelle qu'on nomme d'un seul

ou moindre, selon leur qualité et vertu. Les autres sont lieutenants, les autres porteurs d'enseignes, les autres hommes d'armes et les autres archers, et encore les jeunes gentilz-hommes y sont nourris pages. (*La monarchie de France*, par Claude de Seyssel, 1re partie, chap. xiv.)

[1] Voyez, dans le Recueil des anciennes lois françaises, par M. Isambert, t. XI et XII, les Ordonnances de François Ier, et, entre autres, l'édit de Villers-Cotterets, en 192 articles; août 1539.

mot, la Renaissance, et qui renouvela tout, sciences, beaux-arts, philosophie, littérature, par l'alliance de l'esprit français avec le génie de l'antiquité. A ce prodigieux mouvement des idées, qui ouvrit pour nous les temps modernes, l'histoire attache le nom de François Ier, et c'est justice. L'ardeur curieuse du roi, son patronage sympathique et ses fondations libérales précipitèrent la nation sur la pente où elle cheminait d'elle-même. L'impulsion une fois donnée suffit, et, sous Henri II, l'éclat nouveau dont brillaient l'art, les sciences et les lettres, s'accrut encore sans que le roi y fût pour rien[1]. Ces deux règnes forment une seule époque dans l'histoire de notre civilisation, période à jamais admirable, qui embrasse cinquante-neuf ans du XVIe siècle, et marque d'un signe glorieux le caractère de ce siècle, si grand dans la première moitié de son cours, si plein de misères et de convulsions dans la seconde.

Quand survint l'époque fatale des guerres de religion, la France, rassise sur elle-même après de longues années d'action au dehors, allait prendre un élan contraire et concentrer ses forces dans le travail de sa prospérité intérieure. Tout l'annonçait du moins, et déjà se marquait d'une façon éclatante la direction de ce mouvement. Malgré l'épuisement de ressources,

---

[1]. Voy. l'Histoire de France de M. Henri Martin, t. IX, p. 60 et suiv., 267 et suiv., et 627 et suiv.

causé par des expéditions lointaines et des conquêtes plusieurs fois perdues, reprises et perdues de nouveau, le pays déployait dans les arts de la renaissance un luxe inconnu jusque-là. Il étonnait les Italiens eux-mêmes par le nombre et la magnificence de ses nouvelles constructions en palais et en châteaux. Ces bâtiments couverts de sculptures dont nous admirons jusqu'aux débris, des jardins ornés de statues, de portiques, de bassins de marbre et d'eaux jaillissantes, remplaçaient dans beaucoup de campagnes voisines ou éloignées de Paris, les tours et les garennes des manoirs seigneuriaux [1].

1. Fabrica adunque la nobiltà a i castelli e a i villaggi; e se ne veggono, per dire il vero, per tutto il regno edificii tanto superbi ch' è uno stupore. Perchè, lasciando di parlare del parco di Sciamburgh (Chambord) presso Blès, di quello di Fontanableo, di Madril (Madrid), di San Germano in Laia, di quello di Boès di Vincennes, di San Moro, allo intorno di Parigi, senza la infinità di quelli che io non ho veduti, che sono machine reali, e di quelle a punto che favoleggiano li romanzi esser state case di Morgana e di Alcina, dirò che in questo li principi e li particolari signori e cavalieri usano una estrema liberalità e spesa. E come che pochi io ne abbia veduti, dirò non dimeno che, a mio giudizio, non si può aggiungere nè desiderare cosa alcuna nel castello di Equam e in quello di Haion (Gaillon) del cardinale di Borbon; in quello di Sciantili (Chantilly) ch' erà del duca di Montemorency; in quello di Noisi del marescial di Reez; quello di Vernoy (Verneuil) del duca di Nemours; di Medun (Meudon), del sudetto cardinale; tutti chi sei, chi otto e chi dieci leghe lontani da Parigi; dove si veggono archi, aquidotti, statue, giardini, parchi, peschiere, e tutte quelle commodità in fine che si ricercano a edificii regii. (Voyage de Jérôme Lippomano, *Relations des ambassadeurs vénitiens sur les affaires de France au xvie siècle*, publiées par M. Tommaseo, t. II, p. 490.)

La noblesse, à l'exemple des rois, prodiguait l'argent pour ce luxe de la civilisation, et si le mérite de l'œuvre appartenait à des artistes roturiers, il y avait un mérite aussi pour les grands seigneurs dans le goût du beau qui leur faisait faire de pareilles dépenses. Plus tard ce même goût, s'appliquant par la conversation polie au jugement des choses de l'esprit et des productions littéraires, contribua, dans une mesure qu'il est juste de reconnaître, au progrès des lettres sous Louis XIV[1]. C'est par ce genre d'influence, plus que de toute autre manière, que l'ancienne aristocratie a eu dans les temps modernes sa part d'action sur le développement moral et social de la France. Toujours prête lorsqu'il s'agissait de combattre pour la défense ou l'honneur du royaume, mais hors de là peu amie du travail et des occupations sérieuses, la noblesse française a été dans la nation une classe militaire, et non, comme elle aurait pu l'être, une classe politique. Depuis qu'un gouvernement digne de ce nom

---

[1] Voici de ce fait, dont les preuves abondent, un témoignage irrécusable, celui de Boileau dans son épître à Racine :

> Et qu'importe à nos vers que Perrin les admire...
> Pourvu qu'ils puissent plaire au plus puissant des rois;
> Qu'à Chantilly Condé les souffre quelquefois;
> Qu'Enghien en soit touché; que Colbert et Vivone,
> Que La Rochefoucauld, Marsillac et Pompone,
> Et mille autres qu'ici je ne puis faire entrer,
> A leurs traits délicats se laissent pénétrer?...
> C'est à de tels lecteurs que j'offre mes écrits.

commença de renaître sous l'influence des principes du droit civil, et que, pour remplir les fonctions judiciaires et administratives, il fallut de longues études, la vie sédentaire et une application de chaque jour, loin d'ambitionner ces offices et le pouvoir qui s'y attachait, elle ne les vit qu'avec dédain. Elle s'en éloigna d'elle-même plutôt qu'elle n'en fut écartée par les défiances de la royauté, et, bornant sa poursuite aux offices d'épée et aux charges de cour, elle laissa tomber tout le reste dans les mains du tiers état [1]. Ce fut une grande faute pour elle, et peut-être un grand mal pour la destinée du pays.

Au temps où nous sommes parvenus, le tiers état se trouvait, par une sorte de prescription moins exclusive à l'égard du clergé qu'à celui de la noblesse, tenir la presque totalité des offices de l'administration civile jusqu'aux plus élevés, jusqu'à ceux qu'on a depuis désignés par le nom de ministères. C'était de la classe plébéienne qu'au moyen des grades universitaires et d'épreuves plus ou moins multipliées, sortaient le

---

1. Une ordonnance de Charles VI, sur le nombre, les fonctions et les gages des officiers de justice et de finance (7 janvier 1400), porte ce qui suit : « Que doresnavant, quant les lieux de présidens et des « autres gens de nostre parlement vacqueront, ceulx qui y seront « mis soient prins et mis par ellection... et y soient prinses bonnes « personnes, sages, lettrées, expertes et notables, selon les lieux où ils « seront mis... Et aussi que entre les autres l'en y mette de nobles « personnes qui seront à ce suffisans. » (*Ordonn. des rois de France*, t. VIII, p. 416.) — Voy. ci-après, chap. VII.

chancelier garde des sceaux, les secrétaires d'État, les maîtres des requêtes, les avocats et procureurs du roi, tout le corps judiciaire, composé du grand conseil, tribunal des conflits et des causes réservées [1], du parlement de Paris avec ses sept chambres [2], de la cour des comptes, de la cour des aides, de huit parlements de province [3] et d'une foule de siéges inférieurs en tête desquels figuraient les présidiaux. Pareillement, dans l'administration des finances, les fonctionnaires de tout rang, trésoriers, surintendants, intendants, contrôleurs, receveurs généraux et particuliers, étaient pris parmi les bourgeois lettrés qu'on appelait *hommes de robe longue* [4]. Quant à la juridiction qu'exerçaient les sénéchaux, les baillis et les prévôts du roi, si cette classe d'offices continuait d'être tenue par des gentils-

---

1. Ce tribunal, démembré du conseil d'État et chargé de la partie la plus haute de ses attributions judiciaires, fut établi par deux ordonnances rendues en 1497 et 1498.

2. C'étaient la *grand' chambre*, ou chambre du plaidoyer; la *tournelle*, ou chambre criminelle; quatre chambres des enquêtes et une des requêtes du palais.

3. C'étaient, à la fin du règne de Henri II, les parlements de Toulouse, Grenoble, Bordeaux, Dijon, Rouen, Aix, Rennes et Dombes.

4. Per dir prima del terzo stato del popolo, questo ha sempre nelle mani quattro importantissimi officii, o sia per legge, o per antica consuetudine, o perchè alli nobili non par onorevole esercitarsi in questa sorte di carichi. Il primo è l'offizio di gran cancelliero, che va in tutti gli consigli, che tiene il gran sigillo, e senza il parere del quale non si delibera nessuna cosa d'importanza, e si delibera, non s'eseguisce. L'altro è quello delli secretarii, alli quali ciascuno, secondo il suo particolare carico, è deputata la cura de l'espedizione

hommes, ceux-ci devaient toujours avoir des lieutenants ou des assesseurs gradués. Les seuls emplois qui fussent interdits à la bourgeoisie étaient les gouvernements des provinces, des villes et des forteresses, les grades des armées de terre et de mer, les charges de la maison du roi, et les ambassades confiées, suivant l'occasion, à des hommes de haute naissance ou à des membres du haut clergé. Le suprême pouvoir délibérant, le conseil d'État, formé jusqu'au xiv° siècle par moitié de barons et de gens d'Église, comptait à la fin du xvi° des gens de robe en majorité parmi ses membres[1]. Ce fut vainement qu'alors un grand ministre, né gentilhomme, eut la pensée de changer cette majorité, de donner aux grands seigneurs le droit de séance dans le conseil, et d'en faire ainsi pour la noblesse une école d'administration[2].

degli negozii, e custodia delle scritture e delli secreti più importanti. Il terzo è degli presidenti, consiglieri, giudici, avvocati, e altri che hanno la cura delle cose della giustizia cosi in criminale come in civile per tutto il regno. Il quarto è delli tresorieri, esattori e recevitori generali e particolari, per le mani delli quali passa tutta l'amministrazion delli danari, dell' entrate, e spese della corona. (Commentaires sur le royaume de France, par Michel Suriano, ambassadeur de Venise en 1561; *Relations des ambassadeurs vénitiens*, t. I, p. 486.)

1. Le nombre des assistants nobles y était réduit, sauf les cas extraordinaires, au connétable, aux maréchaux de France et aux amiraux.

2. Sully écrivant à Henri IV lui disait : « Sire, je ne sais pas au « vray qui vous peut avoir fait des plaintes qu'il entre plusieurs per-

Les offices supérieurs de judicature et de finance procuraient aux titulaires, outre leurs appointements plus ou moins considérables, des priviléges constituant pour eux une sorte de noblesse non transmissible qui ne les enlevait pas au tiers état. Ils étaient exempts de divers impôts ou péages, et pouvaient acquérir des terres nobles sans payer les droits exigés dans ce cas de tout acheteur roturier [1]. Pour ceux qui occupaient les

« sonnes dans vostre conseil d'estat et des finances, lesquelles n'y « devroient nullement estre admises... Afin de parler selon ma fran-« chise accoustumée, je ne nieray point que je n'aye souvent exhorté « les princes, ducs, pairs, officiers de la couronne et autres seigneurs « d'illustre extraction, et que j'ay reconnus avoir bon esprit, de quit-« ter les cajoleries, fainéantises et baguenauderies de court, de s'ap-« pliquer aux choses vertueuses, et, par des occupations sérieuses « et intelligence des affaires, se rendre dignes de leurs naissances, et « capables d'estre par vous honorablement employez; et que, pour « faciliter ce dessein, je n'aye convié ceux de ces qualitez qui ont des « brevets, de se rendre plus assidus ès conseils que nous tenons pour « l'estat et les finances, les asseurant qu'ils y seroient les mieux ve-« nus, moyennant qu'ils en usassent avec discrétion, et ne s'y trou-« vassent point plus de quatre ou cinq à la fois, afin de tenir place « de pareil nombre de soutanes qui ne faisoient que nous impor-« tuner sans cesse, chose qui m'a semblé bien plus selon la dignité « de Vostre Majesté et de son estat, que de voir en ce lieu là un tas de « maistres des requestes et autres bonnets cornus, qui font une cohüe « de vostre conseil, et voudroient volontiers réduire toutes les affai-« res d'estat et de finance en chiquanerie. » (*Mémoires de Sully*, année 1607, collection Michaud et Poujoulat, t. II, p. 185.)

1. Fra gli uomini di robba lunga, ogn'uno che ha grado di presidente o consegliero o altro simile s'intende nobile e privilegiato, e vien trattato come nobile in vita sua. (*Relations des ambassadeurs vénitiens*, t. I, p. 484.) — Le royaume est composé de plusieurs pièces divisées en ecclésiastiques, noblesse et peuple... Le

premiers postes, de grands émoluments accumulés par l'économie, grâce à la simplicité des mœurs bourgeoises, produisaient des fortunes bientôt réalisées en possessions territoriales. L'héritage du gentilhomme ruiné par ses prodigalités, passait ainsi entre les mains de l'officier royal enrichi par son emploi[1]. Il y avait deux chemins pour parvenir aux offices : celui de la nomination directe obtenue par le mérite, seul ou aidé de faveur, et celui que frayait aux candidats la vénalité des charges, abus passé en coutume par la connivence des rois, mais qui, à cause des conditions de grades et d'examen préalable, ne dispensait pas de tout mérite. La riche bourgeoisie profitait de cette voie, pendant que l'autre s'ouvrait, au prix de fortes études, à toutes les classes, jusqu'aux dernières du tiers état[2]. Un envoyé de Venise, observateur sagace, remarque dans les familles de cet ordre, comme un

---

peuple est divisé en officiers royaux, aucuns qui ont des seigneuries, en artisans et villageois. (Mémoires de Gaspard de Saulx, seigneur de Tavannes, collect. Michaud et Poujoulat, p. 233.)

1. L'on void tous les jours les officiers et les ministres de la justice acquérir les héritages et seigneuries des barons et nobles hommes, et yceulx nobles venir à telle pauvreté et nécessité, qu'ils ne peuvent entretenir l'estat de noblesse. (*La Monarchie de France*, par Claude de Séyssel, IIe partie, chap. XX.)

2. Et si peult chascun dudict dernier estat parvenir au second par vertu et diligence, sans autre moyen de grâce ne de privilége. (*La Monarchie de France*, Ire partie, chap. XVII.). L'auteur, mettant à part l'ordre ecclésiastique, compte trois *états* dans la population, savoir : la noblesse, le peuple moyen et le peuple menu.

trait caractéristique, le soin des parents à faire que quelqu'un de leurs fils reçoive l'instruction littéraire, en vue des nombreux emplois et des hautes dignités qu'elle procurait[1]. Il attribue à cette ambition le grand nombre des universités que la France possédait alors, et, dans l'Université de Paris, le grand nombre des étudiants, qu'il porte à plus de quinze mille[2]. Un autre ambassadeur vénitien observe que ces étudiants pour la plupart sont très-pauvres et vivent des fondations faites dans les colléges, témoignage certain, pour le XVIᵉ siècle, de cette aspiration des classes inférieures vers les

---

[1]. *Onde restando in mano del populo tutti questi offizii con che si acquista reputazione e richezze, e toccandone sempre due agli uomini di lettere o di robba lunga, quel di gran cancelliero, e il maneggio della' giustizia che è amplissimo e ha luoghi infiniti, ogni padre cerca di metter qualcuno de suoi figli allo studio per questo effetto.* (Michel Suriano, *Relations des ambassadeurs vénitiens*, t. I, p. 486.) — Jérôme Lippomano, ambassadeur en 1577, répète la même chose dans les termes suivants : *Onde li padri di questo ordine hanno questa cura particolare di disciplinare li loro figliuoli nelle lettere, per farli uomini di roba lunga e per abilitarli alle dignità sopradette.* (Ibid., t. II, p. 500.)

[2]. *Che di quà nasce tanto numero di scolari in Francia, che non ne sono altro tanti in alcun altro regno di Cristiani : e Parigi solo n' ha più di quindicimila.* (Michel Suriano, ibid., t. I, p. 486.) — La relation de Jérôme Lippomano donne un chiffre beaucoup plus élevé : *Causa che per il regno si veggano tante università, e quelle tutte così piene di scolari, e specialmente in quella di Parigi, nella quale ve ne sono sempre venticinque o trentamila per ordinario.* (Ibid., t. II, p. 296.) — En 1560, il y avait en France dix-huit universités. Voyez l'Histoire de l'instruction publique en Europe, par M. Vallet de Viriville, p. 193.

lettres et le savoir qui se marque par tant de signes dans les deux siècles suivants [1].

Tandis que les jeunes gens du tiers état qui se livraient à l'étude avaient devant eux l'espoir d'arriver aux plus hautes fonctions publiques, pour ceux qui s'en tenaient à suivre la profession de leurs pères, les métiers de changeur, d'orfévre, de mercier, de drapier, de fileur de soie, ou d'autres inférieurs à ceux-là, mais non moins lucratifs, la perspective s'agrandissait. Grâce au progrès des relations commerciales, et au développement ou, pour mieux dire, à la naissance du crédit, il se formait dans la bourgeoisie marchande, pour y prendre le premier rang, une classe nouvelle, cette classe d'hommes qui accumule des capitaux en même temps pour son profit et pour le service des autres, qui, par l'esprit d'économie joint à l'esprit de spéculation, remplit incessamment le vide que font dans la richesse publique, d'une part, les dépenses nécessaires au travail producteur, et de l'autre les consommations improductives. Le système des fermes

1. Il studio è di forse sedici in vintimila scolari, ma molto miseri per il più; vivendo nelli collegii che sono stati fondati a questo. (Relation de Marino Cavalli envoyée en 1546, ibid., t. I, p. 262. — Vers 1550, il y avait à Paris soixante-douze colléges, la plupart fondés spécialement pour des villes et des provinces de France, dont ils portaient le nom. Quelques-uns, comme ceux des Allemands, des Lombards, des Écossais, de Suède et de Cornouaille étaient des fondations étrangères. Voyez l'ouvrage déjà cité de M. Vallet de Viriville, p. 166.

générales importé d'Italie en France, et les opérations de crédit auxquelles s'essaya d'une façon plus ou moins heureuse la dynastie des Valois, commencèrent à fonder l'importance de plus en plus grande des capitalistes qu'on appelait alors financiers[1]. Chargés de faire, soit comme fermiers soit comme régisseurs, le recouvrement des impôts, banquiers du trésor et dépositaires des recettes opérées par les comptables, avançant des fonds pour toutes les entreprises de guerre ou de paix, ils eurent, dans les affaires d'État, une part indirecte mais considérable. Suivant leur degré de richesse et d'habileté, ils furent accueillis, recherchés, distingués, même à la cour; ils firent des alliances de famille avec la haute magistrature, et apportèrent au tiers état, non des vertus comme celle-ci, mais de la puissance, cette puissance que donne l'argent[2]. On peut suivre, depuis le milieu du XVIe siècle jusqu'aux derniers temps du XVIIIe, le progrès de leur influence vainement combattue, leur carrière semée de faveur et de haine, de gains énormes et de cruelles avanies,

---

1. Voyez les *Recherches sur les finances de France*, par Forbonnais, t. I, p. 18 et suiv.
2. Li mercanti, per essere a questi tempi patroni dei danari, sono favoriti e accarezzati, ma non hanno niuna preeminenza di dignità... però anco questo ordine d'uomini va col resto del populo minuto e della plebe, e paga la sua gravezza come fanno gli ignobili e li villani. (Commentaires sur le royaume de France, par Michel Suriano, *Relations des ambassadeurs vénitiens*, t. I, p. 483.)

Toujours maudits et toujours nécessaires, ils étaient en butte à une accusation perpétuelle, et parfois à des représailles plus monstrueuses que ne pouvaient l'être leur avidité et leurs fraudes[1]. Le jugement porté sur eux en général ne fut jamais parfaitement juste, parce qu'il s'y mêlait de cette envie qu'excite l'opulence rapidement acquise, parce qu'en supputant le profit de leurs traités forcément usuraires, on ne tenait pas compte des hasards qu'ils avaient courus, et qu'en regardant l'immense et prompte fortune de quelques-uns d'entre eux, on oubliait la chute non moins rapide et la ruine complète de beaucoup d'autres.

[1]. Voyez ci-après, chap. VII, et Forbonnais, *Recherches sur les finances*, t. I, p. 290 et 339, et les tomes suivants *passim*.

CHAPITRE V.

LES ÉTATS GÉNÉRAUX DE 1560 ET CEUX DE 1576.

SOMMAIRE : La réformation en France. — Avénement de Charles IX. — Le chancelier de l'Hôpital. — États généraux de 1560, ordonnance d'Orléans. — Assemblée de Pontoise. — Commencement de la guerre civile. — Travaux législatifs de l'Hôpital, ordonnance de Moulins. — Suites du massacre de la Saint-Barthélemy. — Nouveau parti formé de protestants et de catholiques. — Avénement de Henri III; cinquième édit de pacification. — La Ligue, son but, sa puissance. — Etats généraux de 1576; ordonnance de Blois. — Henri de Bourbon roi de Navarre; conseils qu'il adresse aux états. — Projets et popularité du duc de Guise.

LE schisme de la réforme, le plus grand mouvement d'opinion qui ait remué la société française avant sa révolution de 1789, ne fut point chez nous, comme dans les pays du Nord, spontané, irrésistible, lié à des instincts nationaux, à d'anciennes velléités d'indépendance religieuse, à des faits dont la cause, venue de loin, remontait haut dans l'histoire. La plus grande partie de l'Allemagne et de la Suisse, les royaumes scandinaves et l'Angleterre, nations et gouvernements, avaient rompu sans retour avec l'église romaine avant le milieu du xvie siècle, tandis qu'en France le besoin de rénovation dans la foi, la morale et la discipline chrétiennes, quoique senti vivement par les intelligences libres et les âmes pieuses qu'agitait l'esprit du siècle, trouvait la royauté toujours défiante ou hostile, et ne parvenait point à s'emparer de la masse ou de l'une des grandes classes de la nation. Quel que fût le courage de leurs convictions et le mérite de leurs chefs, les protestants français « ne formèrent, dit un « historien éminent[1], qu'un parti clandestin et persé- « cuté, jusqu'au jour où la faiblesse de l'autorité royale « exercée par un prince mineur donna à ce parti l'ap- « pui de la noblesse, et lui permit de se montrer, de « se constituer et d'agir. »

Au règne de François II, qui, à proprement parler, ne fut qu'une minorité, l'avénement de Charles IX en ajouta une seconde. Dix-sept mois avaient suffi pour que les passions religieuses, d'un côté poussées à l'extrême par une répression atroce, de l'autre encouragées par une connivence indigne du pouvoir, fissent alliance avec les ambitions politiques, et pour que le pays se trouvât divisé en deux grandes factions ayant des princes à leur tête, et formées, l'une de la majorité des nobles, l'autre de la majorité du peuple unie

---

[1]. M. Mignet, *De l'établissement de la réforme religieuse et de la constitution du calvinisme à Genève*, Notices et Mémoires historiques, t. II, p. 248.

au clergé. Entre les partis exaltés jusqu'au fanatisme, et qui, protestants ou catholiques, appelaient résolument la guerre civile, il y avait une opinion modérée qui, ne voulant ni de la persécution contre les réformés, ni pour eux du recours aux armes, cherchait, par la tolérance et la demande d'une transaction, à maintenir dans le royaume l'unité de l'Église, soutien, disait-on, de celle de l'État. Ce parti du bon sens national avait ses principales racines dans la bourgeoisie; il était ennemi du schisme, mais non de la liberté de conscience, et il sentait le besoin de sérieuses réformes dans les mœurs et la constitution du clergé français. Tels furent les sentiments et les idées qu'on vit prévaloir dans les délibérations des états généraux de 1560, et qui marquent d'un caractère à part cette assemblée qui, sur les droits de l'État, en matière d'organisation ecclésiastique, pensa et proposa des choses que les révolutions modernes ont seules pu exécuter [1].

Il y avait alors dans le conseil du roi mineur, comme chef de la magistrature, un homme que son siècle a honoré d'une admiration respectueuse et qui reste grand pour le nôtre, Michel de l'Hôpital, dont on peut

---

[1]. Les états convoqués d'abord à Meaux, puis à Orléans, s'ouvrirent le 13 décembre; on y comptait 393 députés, savoir : 98 pour le clergé, 76 pour la noblesse, et 219 pour le tiers état. Voyez la liste de ces derniers, ci-après, appendice 11.

dire qu'il eut le génie d'un législateur, l'âme d'un philosophe et le cœur d'un citoyen. Fils d'un bourgeois, et devenu chancelier de France, c'est-à-dire premier ministre, il porta dans le gouvernement les principes traditionnels du tiers état, l'attachement au maintien de l'unité française et aux libertés de l'église gallicane. Il sut faire accepter à la reine-mère, Catherine de Médicis, sa politique, dont l'esprit était qu'au milieu des changements de l'Europe la France demeurât elle-même, et que sa personnalité ne fût absorbée ni par la révolution religieuse du Nord, ni par la réaction du Midi [1]. Il aimait la vieille maxime : *Une foi, une loi, un roi* [2], mais, selon lui, la foi devait être tolérante, la loi protectrice, et le roi impartial pour tous. C'est le langage qu'il fit entendre à l'ouverture des états réunis à Orléans ; son discours fut un appel à tout ce qu'il y avait de calme, de sage et de patriotique dans les sentiments de l'assemblée ; il adjura d'une manière tou-

[1]. Il me souvient que, quand monsieur le cardinal de Lorraine vint du concile de Trente à Fontainebleau, il voulut fort exhorter le roy et la reyne de le faire publier ; et cela fut fort débattu au conseil devant leurs majestez. Monsieur le chancelier en prit fort et ferme la parole et s'y opposa du tout, alléguant qu'il estoit du tout contre les droits et priviléges de l'église gallicane, et qu'il n'estoit raison de les laisser perdre aucunement, ains les maintenir jusques à la dernière goute de sang de tous les François. (Vie du connétable Anne de Montmorency, OEuvres de Brantôme, t. VII, p. 93.)

[2]. Harangue du chancelier aux états tenus à Orléans le 13 décembre 1560, *Des Etats généraux et autres assemblées nationales* (1789), t. X, p. 339.

chante les croyants des deux partis de reconnaître leur devoir mutuel comme concitoyens, et de s'arrêter à temps sur la pente fatale où un double fanatisme allait tout précipiter [1].

Le tiers état, que le vote par tête avait confondu avec les deux autres ordres aux états généraux de 1484, joua dans ceux de 1560 un rôle personnel et éclatant. Son cahier de remontrances surpasse en valeur politique, en idées comme en étendue, ceux de la noblesse et du clergé; on y trouve un sentiment profond de la justice sociale et de l'intérêt public, le zèle pour l'ordre, l'instinct des réformes et la science pratique de toutes les matières de droit et d'administration. C'est une sorte de nouveau code, n'ayant pas moins de 354 articles, et rédigé avec une telle précision qu'il pouvait immédiatement passer en loi. Voici, parmi les demandes qu'il contient, celles dont l'importance est frappante : l'élection aux dignités ecclésiastiques par le concours du clergé et d'un certain nombre de notables; l'attribution d'une part des revenus ecclésiastiques à l'établissement de nouvelles chaires dans les universités, et à l'érection, dans chaque ville, d'un collége municipal; l'interdiction aux prêtres de recevoir des testaments; la réduction des

---

[1]. Otons ces mots diaboliques, noms de partis, factions et séditions, luthériens, huguenots, papistes; ne changeons le nom de chrétiens. (Harangue du chancelier, *Des États généraux*, etc., p. 343.)

jours fériés aux dimanches et à un petit nombre de fêtes; l'élection des officiers de magistrature par le concours de l'ordre judiciaire, des magistrats municipaux et de la couronne; la révision des anciennes lois et ordonnances, et la réunion en un seul corps de celles qui seraient maintenues; la poursuite d'office contre les crimes notoires sans qu'il fût besoin de partie civile; la suppression des douanes intérieures et l'adoption d'un seul poids et d'une seule mesure dans tout le royaume; l'établissement de tribunaux électifs de commerce et de police; des règlements prohibitifs sur la coupe des bois de haute futaie; la restriction des justices seigneuriales au profit de la justice royale; la peine de déchéance des droits seigneuriaux pour tout noble convaincu d'exactions envers les habitants de ses domaines; enfin, la tenue des états généraux une fois au moins tous les cinq ans, et le choix immédiat d'un jour et d'un lieu pour leur prochaine convocation [1].

En désaccord sur beaucoup de points, les trois ordres furent d'un même avis quant à la question des

---

1. Cahier du tiers état de 1560, art. 10, 69, 72, 56, 48, 144, 243, 205, 343, 244, 245, 246, 265, 165, 82 et 353. *Des États généraux et autres assemblées nationales*, t. **XI**, p. 273 et suiv. — Ce cahier est divisé en cinq sections, sous les titres suivants: 1º de l'état ecclésiastique; 2º des universités; 3º de la noblesse, gendarmerie et suite de la cour; 4º de la justice; 5º des tailles, impositions, subsides, marchandise et autres choses.

charges publiques. Ils déclarèrent qu'ils étaient sans pouvoirs pour consentir aucune taxe nouvelle, et demandèrent à être renvoyés dans leurs provinces pour y faire connaître les états de finances dressés par les ministres du roi. On fit droit à cette requête, et la clôture des états eut lieu le dernier jour de janvier 1561. Il fut ordonné que les états provinciaux s'assembleraient le 20 mars suivant; qu'après consultation dans leur sein et dans les assemblées électorales, trois députés, un clerc, un noble et un bourgeois, seraient nommés pour chacune des treize divisions territoriales, qu'on appelait alors gouvernements, et que les trente-neuf élus se réuniraient à Melun avant le 1er de mai. Toutefois la réponse aux remontrances des états n'attendit pas l'octroi des subsides, et l'ordonnance qui la contenait fut dressée à Orléans le jour même où l'assemblée se sépara. Cet acte législatif, le premier de ceux qui ont fait la gloire du chancelier de l'Hôpital, n'est, à proprement parler, qu'un extrait des dispositions proposées dans le cahier du tiers état, où il choisit avec méthode, mais dont il affaiblit souvent la portée. Si l'on compare la célèbre ordonnance avec le travail collectif qui en fut la source, on la trouvera moins hardie et moins positive en réformes; elle présente beaucoup d'omissions, et parfois ne donne que des promesses. La seule variante remarquable entre son dispositif et le texte du cahier est l'application qu'elle fait du système de la candidature judiciaire aux élections ecclésiastiques; en faisant deux parts du droit d'élire, l'une pour le clergé et le peuple, l'autre pour la couronne, elle prend un terme moyen entre le concordat de François Ier et le retour à l'usage antique demandé par le tiers état[1].

Les députés des treize gouvernements de France ne s'assemblèrent qu'au mois d'août, non à Melun, mais à Pontoise, où les commissaires des deux ordres laïques siégèrent seuls, tandis que les élus du clergé assistaient au synode ecclésiastique tenu à Poissy sous le nom de *colloque*. Vingt-six personnes, treize nobles et treize bourgeois, composèrent ainsi la réunion qui allait exercer dans toute sa plénitude le pouvoir des états généraux. Il n'y eut cette fois aucune dissidence

[1]. Tous archevêques et évêques seront désormais, sitost que vacation adviendra, élus et nommez : à sçavoir : les archevêques par les évêques de la province et chapitre de l'église archiépiscopale, les évêques par les archevêques, évêques de la province et chanoines de l'église épiscopale, appelez avec eux douze gentilhommes qui seront élus par la noblesse du diocèse, et douze notables bourgeois qui seront aussi élus en l'hostel de la ville archiépiscopale ou épiscopale; tous lesquels, convoquez à certain jour par le chapitre du siége vaquant, et assemblez, comme dit est, s'accorderont de trois personnages de suffisance et qualitez requises par les saints décrets et conciles, âgez au moins de trente ans, qu'ils nous présenteront, pour par nous faire élection de celui des trois que voudrons nommer à l'archevêché ou évêché vaquant. (Ordonnance générale rendue sur les plaintes, doléances et remontrances des états assemblés à Orléans, art. 1. *Rec. des anciennes lois françaises*, t. XIV, p. 64.)

entre les représentants des deux ordres; nobles et bourgeois se montrèrent également imbus de l'esprit novateur, et d'accord pour tenter, non plus de simples réformes, mais un commencement de révolution. Leurs cahiers exprimèrent des prétentions au partage de la souveraineté, qui rappelaient celles des états généraux de 1356, et proposèrent des mesures dont la motion ne devait reparaître qu'au sein de l'Assemblée nationale de 1789. Le droit absolu de l'État sur les possessions du clergé y fut posé en principe, et servit de base à différents projets pour l'extinction de la dette publique. Entre deux plans conçus par les treize députés bourgeois, celui auquel ils s'arrêtèrent et dont ils pressèrent l'adoption consistait à vendre au profit du roi tous les biens ecclésiastiques, en indemnisant le clergé par des pensions établies selon le rang de ses membres. On calculait que cette vente devait produire cent vingt millions de livres, dont quarante-huit seraient prélevés comme fonds de la dotation nouvelle, quarante-deux employés à l'amortissement de la dette publique, et trente placés à intérêt dans les villes et les ports de mer pour y alimenter le commerce, en même temps qu'ils donneraient un revenu fixe au trésor[1]. Ce plan, qui n'était rien moins que l'anéantis-

---

[1]. Voy. dans le cahier du tiers aux états de Pontoise, le chapitre intitulé *Moyen de subvention pour l'acquict des debtes*, Mss. de la Bibliothèque nationale, n° 8927, fol. 33 v°.

sement du clergé comme ordre politique, tomba sans discussion devant l'offre faite et l'engagement pris par les députés ecclésiastiques d'éteindre avant dix ans le tiers de la dette par une cotisation imposée à tous les membres de leur ordre.

L'assemblée de Pontoise proposait de renouveler tout le système administratif en réduisant les offices de finance, de police et de judicature à de simples commissions triennales; elle abrégeait et fixait à deux ans le terme demandé pour la convocation périodique des états généraux; enfin, plus positive en matière de tolérance religieuse que ne l'avait été l'assemblée d'Orléans, elle réclamait pour les protestants le plein et libre exercice de leur culte. Il fut répondu à cette dernière demande par des promesses et bientôt par des faits. On vit, ce qui ne s'était jamais vu en France, l'État séparé de l'Église, et une religion qualifiée d'hérétique ouvrir ses lieux de prières à côté des anciens temples sous la protection de la loi[1]. Mais rien n'était préparé alors pour un pareil état de choses; l'égalité de droits ne pouvait produire la paix entre deux croyances qui n'avaient pas encore appris à se respecter mutuellement. L'œuvre de l'homme d'État phi-

---

1. Voy. l'édit du 17 janvier 1562 (1561, vieux style), et le discours du chancelier de l'Hôpital pour l'ouverture de l'assemblée de Saint-Germain en Laye. *Rec. des anciennes lois françaises*, t. XIV, p. 124, et *Mémoires de Condé*, t. II, p. 612.

losophe rencontra dans les esprits divisés des passions indomptables, et, quand la persécution religieuse fut éteinte sous sa main, la guerre civile commença. Au mouvement qui en sens divers agitait et soulevait la conscience des masses populaires, s'étaient associées des ambitions rivales de princes et de grands qui renouvelaient sous un roi mineur ce qui, un siècle et demi auparavant, s'était fait sous un roi insensé. C'était une lutte semblable à celle des Bourguignons et des Armagnacs, mais nourrie, d'une part et de l'autre, par des intérêts moraux, par ce qu'il y a d'intime et de profond, soit dans le besoin de croyance libre, soit dans la fidélité aux vieux dogmes et dans l'attachement aux souvenirs. Du reste, ce mélange de pur zèle et de passions égoïstes ne servit qu'à rendre la lutte des partis plus formidable qu'autrefois, sans lui ôter ce qu'elle avait eu d'odieux, le meurtre et le pillage, les dévastations de la terre natale et l'appel fait à l'étranger.

Au milieu de cette immense collision politique dont le temps seul devait rester l'arbitre, et où tous les chefs de parti devaient périr l'un après l'autre, par la guerre ou par l'assassinat, l'Hôpital ne se lassa point de travailler à une paix impossible, et, sans rien dérober aux soucis du présent, il eut des pensées calmes pour l'avenir. Reprenant avec la puissance d'un génie organisateur tout ce que l'admirable cahier du tiers état de 1560 renfermait de vues et de conseils, il en fit la matière d'une série d'ordonnances royales, suite et complément de celle d'Orléans[1]. Leur ensemble forma en quelque sorte un nouveau fonds de droit civil dont la législation postérieure, jusqu'au renouvellement total de 1789, ne fit que développer les conséquences, et dont plusieurs dispositions subsistent dans nos codes actuels. La plus célèbre de ces ordonnances, la plus grande par l'étendue et le mérite, est celle qui porte le nom de Moulins et qui fut donnée dans cette ville au mois de février 1566. Elle résume, en les entourant de garanties plus efficaces, toutes les réformes judiciaires décrétées jusque là; son but principal fut de simplifier l'administration de la justice, et de faire un pas vers l'unité de juridiction et l'unité de procédure civile. Elle diminua le nombre des juges ordinaires, et restreignit la compétence des justices de privilége; sous ce rapport, elle n'eut pas plus de ménagements pour les corporations municipales que pour le corps ecclésiastique; elle enleva aux maires, échevins, capitouls, consuls et autres magistrats du même ordre, la connaissance des

---

[1]. Voy. l'édit de novembre 1563, qui crée à Paris des juges-consuls, et la déclaration du 28 avril 1565, qui institue la juridiction consulaire dans les autres villes; l'ordonnance de janvier 1563 sur la justice et la police, et la déclaration ampliative du 9 août 1564; l'ordonnance de février 1566 sur la réforme de la justice, et l'édit du 4 février 1567 sur la police générale du royaume. *Rec. des anciennes lois françaises*, t. XIV, p. 153, 179, 160, 173, 189 et 220.

causes civiles, ne leur laissant que l'exercice de la juridiction criminelle et de la police[1]. Cette attaque isolée contre une partie des priviléges municipaux ne réussit point complétement ; ce n'était pas assez pour une révolution dans l'état politique des villes, et c'était trop pour une réforme. Les vieux municipes antérieurs à toute charte de commune réclamèrent avec succès devant le parlement au nom d'un droit immémorial, et l'ordonnance de Moulins demeura sans force à leur égard[2].

Pendant que cet homme, grand par l'esprit et grand par le patriotisme, cherchait dans de nobles travaux à soulager sa pensée des misères et des crimes de son temps, la lutte religieuse qu'il tenta vainement de pré-

---

[1]. Pour donner quelque ordre à la police des villes de nostre royaume et pourvoir aux plaintes qui, de ce, nous ont esté faites, avons ordonné que les maires, eschevins, consuls, capitouls et administrateurs des corps desdites villes qui ont eu ci-devant et ont de présent l'exercice des causes civiles, criminelles et de la police, continueront ci-après seulement l'exercice du criminel et de la police, à quoi leur enjoignons vaquer incessamment et diligemment, sans pouvoir d'ores en avant s'entremettre de la connoissance des instances civiles entre les parties, laquelle leur avons interdite et défendue, et icelle renvoyons et attribuons à nos juges ordinaires ou des hauts justiciers des villes où il y a corps et communautez tels que dessus : nonobstant tous priviléges, coutumes, usances et prescription que l'on pourroit alléguer au contraire. (Ordonnance de Moulins, art. 71, ibid., p. 208.)

[2]. Voy. Loiseau, Traité des Seigneuries, édition de 1678, p. 101, et Dubos, Histoire critique de l'établissement de la monarchie française, t. IV, p. 298 et suiv.

venir continuait, suspendue par des trèves qui duraient peu, et où s'usaient l'un après l'autre les moyens de pacification. L'intolérance du siècle était toujours là pour réagir contre la raison et la justice, et, dans ce choc d'opinions inconciliables, entre lesquelles le pouvoir essayait de tenir la balance, l'opinion des masses populaires, celle qui avait le grand nombre pour elle, pressait de plus en plus et entraînait tout. La royauté, un moment impartiale, se rassit dans ses traditions d'ancienne foi et de foi exclusive; elle redevint systématiquement hostile à la liberté de conscience, mais en dessous, non d'une manière ouverte, et elle prépara par de sourdes menées la ruine des concessions qu'elle avait faites. Au lieu des règles d'équité et d'humanité que recommandait le chancelier de l'Hôpital, ce qui prévalut dans les conseils de la couronne, ce fut la sagesse du *Prince* de Machiavel, importée des cours italiennes. L'Hôpital cessa d'être l'homme de ces conseils où sa loyauté austère était une gêne et un blâme; il quitta les affaires publiques, frappé d'une tristesse profonde qui l'accompagna dans sa retraite. Il vit, avec une affliction toujours croissante, les choses suivre le cours fatal qu'il avait voulu changer, et la plaie des discordes civiles s'envenimer par l'influence d'une politique d'astuce et d'expédients, de trahisons et de coups d'État. Il mourut de douleur, après avoir vu l'effroyable couronnement de cette politique, le grand crime du siècle et un crime de la royauté, le massacre de la Saint-Barthélemy[1].

Il faut l'avouer, la bourgeoisie parisienne fut complice du pouvoir royal dans cette journée d'horrible mémoire[2]. Trompé par la fable d'un complot et égaré par ses haines fanatiques, le corps municipal reçut et accepta des ordres qui devaient assurer le guet-apens où des milliers de Français périrent, en pleine paix, par des mains françaises. Là se trouve l'un des moments les plus douloureux de notre histoire, et le roi sur le nom duquel pèse ce souvenir, Charles IX, reste marqué, pour un seul acte, du sceau d'une infamie éternelle. Et pourtant ce prince, que le vertige du siècle et d'atroces suggestions conduisirent au rôle de traître et d'assassin, était doué d'une noble intelligence. Il avait au plus haut degré le goût des arts et de tous les travaux de l'esprit. Ses encouragements, son exemple même, contribuèrent à soutenir et à porter plus avant la rénovation intellectuelle dont les commencements avaient jeté tant d'éclat sur le règne de François Ier. Au milieu des commotions civiles, et peut-être sous leur influence, la littérature devint plus grave; elle fut une arme dans la lutte des partis; elle s'ap-

---

[1]. L'Hôpital sortit du ministère au mois de mai 1568; sa mort arriva le 13 mars 1573. Voy. le tableau complet de sa vie dans la belle notice de M. Villemain, *Mélanges historiques et littéraires*, t. II.

[2]. Le 24 août 1572.

pliqua aux grandes questions de l'histoire, de la morale et du gouvernement des sociétés. De larges théories se formèrent pour élever et féconder la pratique de l'administration. L'économie politique, cette science bourgeoise des villes d'Italie, fut introduite par un ministre italien créature de la reine mère[1], et donna une direction plus rationnelle aux règlements faits sur la police des métiers et sur le trafic des marchandises. C'est de là que date chez nous le fameux principe de la balance du commerce et le système de protection de l'industrie nationale par la double défense de faire sortir du pays les matières propres à la fabrication et d'y faire entrer les produits des manufactures étrangères[2].

[1]. René de Biragues, garde des sceaux en 1571, et chancelier de France depuis la mort de l'Hôpital jusqu'en 1578.

[2]. Afin que nosdits sujets se puissent mieux adonner à la manufacture et ouvrages des laines, lins, chanvres et fillaces qui croissent et abondent en nosdits royaume et pays, et en faire et tirer le profit que fait l'estranger, lequel les y vient acheter communément à petit prix, les transporte et fait mettre en œuvre, et après apporte les draps et linges, qu'il vend à prix excessif ; avons ordonné et ordonnons qu'il ne sera doresnavant loisible à aucun de nosdits subjets et estrangers, souz quelque cause ou prétexte que ce soit, transporter hors nosdits royaume et pays aucunes laines, lins, chanvres et fillaces... Défendons aussi très-expressément toute entrée en cestuy nostredit royaume de tous draps, toiles, passements et canetilles d'or ou d'argent, ensemble tous velours, satins, damas, taffetas, camelots, toiles et toutes sortes d'étoffes rayez ou y ayant or ou argent, et pareillement de tous harnois de chevaux, ceintures, espées et dagues, estricux et esperons dorez, argentez ou gravez, sur peine de confis-

Il y a de grandes leçons dans les crimes politiques; celui du 24 août 1572 démentit bientôt les espérances de ceux qui l'avaient commis. La réformation ne périt point par la mort de ses plus nobles chefs, et le pouvoir qui avait voulu noyer dans le sang les soucis qu'elle lui causait retrouva sur sa route les mêmes embarras compliqués de périls nouveaux. Outre ceux qui survivaient aux massacres[1], et dont il s'était fait des ennemis irréconciliables, il eut contre lui la sympathie pour les victimes, l'indignation humaine et ses propres remords. L'opinion modérée, celle qui avait conseillé en vain la tolérance et la paix, se souleva et fit sortir du sein de la France catholique une faction sans esprit de secte, un troisième parti armé, qui reçut le nom de *politique*, et s'unit aux protestants pour soutenir, dans leur cause, la cause des droits humains et de la justice. Pour avoir violé ces droits avec une odieuse barbarie, le gouvernement vit ses propres droits niés

---

cation desdites marchandises... Davantage défendons l'entrée en nostredit royaume et pays de toutes sortes de tapisseries estrangères, de quelque étoffe et façon qu'elles soient, sur les mesmes peines que dessus... (Édit de janvier 1572 sur le commerce à l'étranger et sur la police du royaume. *Rec. des anciennes lois françaises*, t. XIV, p. 241.) — Voyez en outre les édits du 2 mars 1571 sur la fabrication des draps, de juin 1572 sur la création des courtiers de commerce, et de la même date sur le règlement du taux de l'intérêt. (Ibid., p. 232 et 252.)

1. Les épouvantables scènes de Paris se répétèrent à Meaux, à Orléans, à Bourges, à Rouen, à Angers, à Lyon, à Toulouse et dans beaucoup de villes de moindre importance.

par représailles, et la guerre contre un roi prévaricateur proclamée comme légitime. Les doctrines républicaines nées dans quelques âmes de l'étude de l'antiquité et de l'esprit de libre examen éclatèrent alors dans des livres où la science de l'histoire et la subtilité du raisonnement se mêlaient à des cris de haine et de vengeance[1]. Fruits du désespoir des protestants et d'un sentiment public de colère et de désaffection, ces livres, dont quelques-uns sont demeurés célèbres, furent pour nous la source d'opinions extrêmes qui, persistant depuis lors, plus ou moins actives, plus ou moins puissantes, selon le temps et les circonstances, ont formé et forment encore l'une des catégories de la grande opinion nationale.

Moins de quatre ans après le sanglant coup d'État de Charles IX, son successeur et l'un des instigateurs de son crime, Henri III, fut contraint de subir les conditions de paix que lui fit la confédération victorieuse des calvinistes et des catholiques associés. Le cinquième édit de pacification, celui du 14 mai 1576, dépassa

---

[1]. Voy. le *Discours de la servitude volontaire*, par Étienne de la Boëtie; l'ouvrage de François Hotman, intitulé *Franco-Gallia*; celui d'Hubert Languet, *Vindiciæ contra tyrannos, sive de principis in populum populique in principem legitima potestate*; les *Apophthegmes ou discours notables recueillis de divers auteurs contre la tyrannie et les tyrans*; le *Discours des jugements de Dieu contre les tyrans, recueilli des histoires sacrées et profanes*; le *Traité du droit des magistrats sur leurs sujets*, etc.

tous les autres par l'étendue des concessions faites aux réformés[1]. Il fut statué par cet édit que l'exercice du nouveau culte serait libre et public dans tout le royaume, sauf Paris et la cour; que les mariages contractés précédemment par des prêtres ou des personnes religieuses seraient légitimes; que des tribunaux mi-partis de protestants et de catholiques seraient institués pour le jugement des causes des calvinistes et des catholiques-unis; que toutes les sentences portées depuis le règne de Henri II pour cause de religion seraient annulées; que les condamnés et les proscrits seraient amnistiés, et qu'une exemption d'impôts serait accordée, comme indemnité, aux veuves et aux enfants des victimes de la Saint-Barthélemy[2].

C'étaient là de nobles mesures, capables de commencer une ère de tolérance civile, si elles eussent été prises de bonne foi, avec la volonté et avec la puissance de les maintenir; mais le prince qui les décréta ne voulait ni ne pouvait faire durer son œuvre. Esprit faible et fantasque, fanatique et dissimulé, il ne vit dans cette paix qu'une ressource extrême, une contrainte dont il se débarrasserait dès qu'il en trouverait le moyen. D'ailleurs, eût-il été plus sincère et plus

---

[1]. Le premier édit de pacification fut rendu le 19 mars 1562, le second est du 23 mars 1568, le troisième du mois d'août 1570, et le quatrième du mois de juillet 1573. Voy. le Rec. des anc. lois françaises, t. XIV, p. 135, 226, 229 et 261.

[2]. *Ibid.*, p. 280 et suiv.

ferme de propos, des périls inattendus l'auraient fait reculer. La paix conclue d'un côté lui suscita la guerre de l'autre; elle le mit en butte à la défiance et à la haine des catholiques intolérants. Ce parti, qui avait de son côté le nombre, la puissance des vieilles mœurs et la force populaire, fut soulevé tout entier par un mouvement d'indignation, et, de ce mouvement, sortit la *Ligue*, association formidable, créée pour briser tout ce qui ne voudrait pas se joindre à elle. Son ressort fut le serment d'assistance mutuelle et de dévouement jusqu'à la mort, un régime de terreur, et l'obéissance absolue à un chef suprême qu'on devait élire[1]; la

---

1. Au cas qu'il y ait empeschement, opposition ou rébellion à ce que dessus, par qui et de quelle part qu'ils puissent estre, seront lesdits associez tenus et obligez d'employer tous leurs biens et moyens, mesmes leurs propres personnes jusques à la mort pour punir, chastier et courir sus à ceux qui les auront voulu contraindre et empescher.....

Au cas que quelques uns des associez, leurs subjects, amis ou confédérez, fussent molestez, oppressez et recherchez pour les cas dessusdits, par qui que ce soit, seront tenus lesdits associez employer leurs corps, biens et moyens pour avoir vengeance de ceux qui auront faict lesdites oppresses et molestes, soit par la voye de justice ou par les armes, sans nulle acception de personnes.

S'il advenoit qu'aucun des associez, après avoir fait serment en ladite association, se vouloit retirer ou départir d'icelle, sous quelque prétexte que ce soit [que Dieu ne veuille!], tels réfractaires de leurs consentements seront offensez en leurs corps et biens en toutes sortes qu'on se pourra adviser, comme ennemis de Dieu, rebelles et perturbateurs du repos public.....

Jureront lesdicts associez toute prompte obéissance et service au chef qui sera député..... et seront les défaillans et dilayans punis par

seule annonce de cette élection future était une menace pour le roi. Une fois constituée sur un point du royaume et déclarée par ses manifestes, la Ligue s'étendit rapidement, grâce aux passions réactionnaires qui murmuraient contre la cour, et que, dans sa duplicité, la cour elle-même favorisait. Elle fit le premier essai de sa puissance dans les élections pour les états généraux convoqués à Blois au 15 novembre 1576; les protestants et les *politiques* en furent écartés par tous les moyens de fraude et de violence.

Ainsi, une convocation d'états, promise par l'édit de pacification comme sa garantie nationale, fut tournée contre lui, et la plupart des députés réunis à Blois y apportèrent pour mandat le mot d'ordre de la Ligue : *une religion catholique romaine* [1]. Les représentants de la noblesse, qu'on avait vus aux états de 1560 si zélés pour la liberté de conscience, se montraient presque unanimes et non moins violents que ceux du clergé dans cet esprit de réaction. Ceux du tiers état inclinaient aussi vers un retour à l'unité de culte, mais avec des sentiments plus modérés; la haute bourgeoisie n'avait pas cédé sans réserve au courant de passions

---

l'authorité du chef et selon son ordonnance... (Acte constitutif de la Ligue : Palma Cayet, Chronologie novennaire, Collect. Michaud et Poujoulat, 1re série, t. XII, p. 13).

1. Voy. le recueil intitulé : *Des états généraux et autres assemblées nationales*, t. XIII, p. 97 et suiv.

extrêmes qui entraînait, associées sous la main du clergé, l'aristocratie et les classes inférieures. Quant au roi, dans ses entretiens avec les députés et dans les conférences préliminaires, il annonça qu'il tenait pour nulles et demandait aux états d'annuler les concessions qu'il avait faites. Redoutant la Ligue, il s'en déclarait le chef pour prévenir un autre choix, tandis que le petit nombre d'élus des calvinistes et de leurs amis se retiraient, protestant d'avance contre les résolutions de l'assemblée [1].

C'est dans de telles conjonctures que la question de la tolérance fut, pour la seconde fois, remise au jugement des états généraux. Les deux premiers ordres votèrent sans débat l'abrogation de l'édit et la reprise de la guerre civile. Dans le troisième, il y eut division; une partie des votants, et à leur tête la députation de Paris, ne reculait pas devant la guerre; l'autre voulait que la restauration de l'unité catholique eût lieu par les voies les plus douces. Un homme, qui fut comme publiciste le précurseur de Montesquieu, Jean Bodin, député du Vermandois, se distingua dans cette lutte en déployant, pour la cause qu'avait défendue l'Hôpital, de grands talents et un noble courage. Chef de l'opposition bourgeoise contre la Ligue et contre la

---

[1]. On compta présents à la séance royale 104 députés du clergé, 75 de la noblesse et 150 du tiers état. Voy. la liste de ces derniers, ci-après, Appendice II.

cour, il entreprit de tenir tête aux députés du tiers état parisien, aux commissaires des deux autres ordres et aux commissaires du roi. N'ayant pu faire que, dans le cahier de son ordre, la demande de réunion à un culte unique fût suivie des mots : *sans guerre*, il rendit la guerre impossible en provoquant, à force d'habileté, un refus péremptoire de tout subside [1].

Cette assemblée, dont le travail n'aboutit qu'à enfermer la question religieuse dans un cercle sans issue, avait une haute idée du droit des états généraux; elle professa sur l'exercice et le partage de la souveraineté une sorte de théorie constitutionnelle. Les lois, selon elle, étaient de deux sortes : il y avait les lois du roi et les lois du royaume, celles-là faites par le prince seul, celles-ci faites par le prince d'après l'avis des états; les premières modifiables et révocables à volonté, les autres inviolables et ne pouvant être changées qu'avec le consentement des trois ordres de la nation [2]. A l'ancienne demande de périodicité des états

---

1. Voy. le mémoire de Bodin sur les états de 1576; *Des états généraux*, etc., t. XIII, p. 212 et suiv. — Voz très-humbles subjectz les gens du tiers estat vous supplient vouloir réduire tous vos subjectz à l'union de l'église catholicque, apostolicque et romaine, par les meilleures et plus sainctes voyes et moyens que Vostre Majesté advisera, et, en ce faisant, l'exercice de toute autre prétendue religion estre osté tant en publicq qu'en particulier. (Cahier du tiers état de 1576, art. XIII, ms. de la Bibliothèque royale, SF. 595, 2, fol. 6 v°.)

2. Il y a différence entre les loix du roi et les loix du royaume,... celles-cy, d'autant qu'elles ne peuvent estre faites qu'en générale

généraux, l'assemblée de 1576 joignit le vœu que toutes les provinces du royaume eussent le droit de tenir des états particuliers; enfin, elle se déclara fortement contre la nomination aux dignités ecclésiastiques sans choix préalable du clergé et d'une partie du peuple, et contre la vénalité des offices judiciaires.

Le cahier du tiers état, aussi abondant en matières diverses que celui de 1560[1], n'offre point la même fermeté d'idées, ni la même précision de style. L'esprit de réforme ne s'y montre plus dans sa verve et sa plénitude. On y traite de la législation civile et criminelle, de la procédure, de l'enseignement public, des finances et du commerce; mais il y a dans tout cela peu de choses neuves et originales. Ce sont presque toujours des conseils déjà donnés, d'anciennes plaintes, ou l'invocation de lois promulguées et non exécutées. Trois articles sont remarquables comme signe de résistance des priviléges municipaux à l'envahissement administratif; ils revendiquent, au nom des corps de villes, la liberté des assemblées, la liberté des

---

assemblée de tout le royaume, avec le commun accord et consentement des gens des trois estats,... aussi depuis elles ne peuvent être changées ni innovées qu'avec l'accord et commun consentement des trois estats. (Instructions des gens des trois estats du royaume de France, Mémoires de Nevers, in-fol., t. I, p. 445.)

1. Il y a 448 articles rangés sous les titres suivants : 1° de l'état de l'église; 2° des universités; 3° de la justice; 4° de la noblesse; 5° des finances, tailles et impositions; 6° de la marchandise et police. (Voy. le Ms. de la Bibl. royale, SF. 595, 2.)

élections, et la juridiction pleine et entière[1]. D'un autre côté, l'esprit jaloux de l'ancienne magistrature, soit urbaine soit parlementaire, se montre ici par la demande de suppression des tribunaux de commerce[2], requête bizarre que le gouvernement eut la sagesse de ne pas écouter.

Au milieu des embarras d'une paix armée, pleine de désordres et toujours près de se rompre, deux ans se passèrent sans que le roi répondît aux cahiers des états généraux. Sa réponse ne fut donnée qu'au mois de mai

[1]. Que toutes ellections des prévostz des marchans, eschevins, capitouls et gouverneurs de villes se facent librement et soient suivies, et ceulx qui par autres voyes entreront en telles charges en soient ostez, et leurs noms rayez des registres (Cahier du tiers état de 1576, art. 440, Ms. de la Bibl. roy. SF. 595, 2, fol. 112, r°). — Vous plaira aussy, suivant l'antienne coustume et libertez, ordonner qu'il sera permis aux maires et eschévins, capitoulz, juratz, consulz et autres administrateurs des villes, de faire leurs assemblées génerralles et particullières, sans demander permission de ce faire à voz courtz de parlement, baillifz, sénéchaux et autres officiers, et sans ce qu'ilz soient tenuz ny contrainctz de les y appeler (Ibid., art. 441).—L'expérience du passé a faict assez entendre les désordres qui sont advenuz aux villes à l'occasion de la désobéyssance faicte aux maires, eschevins, cappitoulz, juratz et consulz d'icelles, ausquelz la juridiction criminelle et politicque qu'ilz avoient auparavant auroit esté ostée... vous plaira ordonner que ceulx qui avoient anciennement la juridiction tant civille, criminelle que pollilicque seront réintégrez d'icelle, pour en jouir et user tout ainsi qu'ilz avoient accoustumé de faire auparavant, nonobstant tous édictz, ordonnances et jugemens à ce contraires. (Ibid., art. 122, fol. 32, v°.)

[2]. Et quant aux prieurs et juges-consulz des marchans, qu'ilz soient dès à présent supprimez..... et leur jurisdiction réunye aux jurisdictions ordinaires (Ibid., art. 118, fol. 31, r°).

1579, par la publication d'un édit qu'on nomme l'Ordonnance de Blois. Supplément et confirmation des grandes lois qui l'avaient précédée, et dont elle approche par le mérite[1], cette ordonnance est une preuve des difficultés sans nombre qui s'opposaient alors à ce que le progrès demandé par la raison publique et consenti par le pouvoir se réalisât et descendît dans les faits. Beaucoup de dispositions des ordonnances de Moulins et d'Orléans y sont rappelées et prescrites de nouveau; c'est comme une réponse dernière aux plaintes des anciens états généraux, en même temps que la sanction des cahiers de 1576. Cette fois encore, le cahier du tiers état entre pour la plus grande part dans le dispositif de la loi nouvelle qui, souvent, ne fait qu'en reproduire le texte.

L'ordonnance de Blois, libérale comme celle d'Orléans dans ce qui touche au droit civil, et gardant le même silence qu'elle sur les demandes de droits politiques, a pour caractère propre l'intention de supprimer ou d'atténuer pour la prérogative royale les gênes que lui imposaient, sur certains points, les ordonnances précédentes. Pour les nominations aux dignités ecclésiastiques, elle repoussa l'élection pure sans admettre la présentation de candidats, et maintint le

[1]. Elle a 363 articles, dont 220 traitent de l'administration de la justice, 21 des universités, et le reste de l'état ecclésiastique, de la noblesse, de l'armée, des finances et de la police.

droit absolu du roi selon le concordat de 1516. Pour les nominations judiciaires, à la présentation de trois personnes par les corps de judicature, système chéri du tiers état et passé en droit bien qu'éludé souvent, elle en substitua un nouveau, celui du choix par la couronne sur des listes d'éligibles dressées dans chaque circonscription juridique et renouvelées tous les trois ans [1].

A l'année 1576 et à la session des états de Blois se rapportent les premiers actes politiques d'un prince, alors chef de parti, et destiné à rallier un jour les partis qui divisaient la France, Henri de Bourbon roi de Navarre, que l'extinction de la dynastie des Valois devait appeler à la couronne. Ce prince, né dans le calvinisme, devenu catholique par force mais sans beaucoup de résistance sous le règne de Charles IX, puis échappé de la cour sous Henri III et redevenu calviniste, avait été ballotté dans sa vie et dans sa conscience au vent de la guerre civile et des dissensions religieuses. Les accidents de sa fortune et ses propres variations lui avaient appris de bonne heure à juger et à tolérer. Une nature sympathique, généreuse, ouverte aux impressions douces et à toutes les grandes émotions, l'élevait, même dans la lutte, au-dessus de l'es-

---

[1]. Voyez l'ordonnance de Blois, art. 1, 2, 102 et 103, et conférez ces articles avec les art. 1 et 39 de l'ordonnance d'Orléans, *Rec. des anciennes lois françaises*, t. XIV, p. 380 et suiv., et p. 63 et suiv.

prit de secte et de parti; et peut-être aussi le faible de son caractère, son extrême facilité de mœurs et une certaine tiédeur en religion, concourut avec ses hautes qualités d'homme et de patriote, à faire de lui, quand le temps fut venu, l'instrument de la pacification et de la réconciliation nationales. L'âme de celui qui devait être Henri IV se fit voir tout entière et pour la première fois dans une réponse au vote des états généraux pour la réunion à un seul culte [1], réponse donnée sous forme de note, et où se trouvent les passages suivants d'une grâce de bon sens admirable :

« Le roi de Navarre loue les états du zèle qu'ils ont
« au bien et repos de ce royaume, craint toutefois que
« la requête qu'ils ont faite au roi de ne tolérer en ce
« royaume exercice d'autre religion que la romaine ne
« soit pas la voie pour parvenir à ce repos tant désiré,
« ni d'appaiser les troubles, qui seront d'autant pires
« que les précédents qu'il n'y aura moyen de les paci-
« fier, quand bien, à la fin, les deux partis le vou-

---

[1]. Lorsque la majorité de l'assemblée eut résolu que le roi serait supplié de ramener tous les Français à la religion catholique, elle s'effraya de la retraite des dissidents, et fit partir une ambassade pour négocier avec eux, dans leurs places de sûreté au delà de la Loire. Les envoyés trouvèrent le roi de Navarre en Guienne, à la tête des protestants armés. « Il reçut tout en bonne part, » dit le député Bodin dans ses Mémoires, « et pleura oyant l'archevêque de Vienne réciter les calamités de la guerre. »

« droient... Partant, ledit roi de Navarre prie et reprie
« ladite assemblée, au nom de Dieu et pour l'obligation
« qu'ils ont au bien du roi et de la patrie, d'y vouloir
« bien penser et repenser, comme étant la plus hasar-
« deuse chose et de la plus grande importance dont on
« ait jamais délibéré en France. Les prie considérer,
« non-seulement ce qu'ils désirent, mais ce que ce
« pauvre royaume peut comporter, et ce qui se peut
« faire, comme le malade désireux de santé, qui ne
« prend pas ce qu'il trouve agréable et à son goût,
« mais souvent ce qui est bien déplaisant et amer,
« comme plus convenable à sa maladie. Que s'il fait
« mal au cœur des catholiques, qui jouissent de leur
« religion sans qu'on leur fasse aucun trouble, voir
« ceux de ladite religion à qui on la veut ôter du tout,
« après leur avoir tant de fois accordée et si longtemps
« permise, il désire que les états considèrent soigneu-
« sement qu'en vain on s'est efforcé de la chasser de
« ce royaume et des royaumes d'Angleterre, Hongrie,
« Bohême, Danemark, Écosse, Suède, Suisse et Alle-
« magne, où elle a mis le pied.... Et partant, ledit roi
« de Navarre prie et reprie ladite assemblée, pour la
« troisième fois, d'y vouloir bien penser et remettre
« l'affaire en délibération[1]. »

Cette voix de la raison et du patriotisme ne fut pas

---

[1]. Extrait des Mémoires de Bodin, *Rec. des États généraux*, etc., t. XIII, p. 287 et suiv.

écoutée ; les états se séparèrent sans revenir sur leur vote ; mais, faute d'argent pour la guerre offensive, ce vote demeura un simple vœu, et de nouvelles négociations amenèrent une nouvelle trêve non moins agitée, quoique plus longue que les précédentes[1]. Elle durait encore en 1584, lorsqu'un événement imprévu, la mort du frère unique du roi [2], donna au chef de la maison de Bourbon, chef du parti des réformés, les droits de premier prince du sang et de plus proche héritier de la couronne [3]. Ce fut le signal d'une crise violente pour les partis et pour la royauté. Bien que douteuse parce que le roi était encore jeune, la perspective d'un successeur huguenot fit courir un frisson d'effroi parmi les masses catholiques. Il ne s'agissait plus, disait-on avec une terreur sincère ou affectée, de savoir quelle mesure de tolérance serait faite à la nouvelle religion, mais si on ne la verrait pas s'asseoir sur le trône, et, devenue religion de l'État, s'armer de la toute-puissance royale contre l'ancienne foi du pays. La Ligue, dont les progrès avaient été bornés jusque-là, en fit tout à coup d'immenses ; elle pénétra cette fois dans les hautes classes de la bourgeoisie qu'elle parut embrasser tout entière.

1. Voy. le traité de Bergerac et l'édit de Poitiers, septembre 1577 ; *Rec. des anciennes lois françaises*, t. XIV, p. 380 et suiv.

2. François, duc d'Anjou.

3. Les Bourbons étaient issus de Louis IX, par Robert, comte de Clermont, son dernier fils.

Ici se développent dans toute leur grandeur les projets ambitieux de Henri de Lorraine duc de Guise, d'une famille qui avait lié sa fortune et donné un martyr à la cause du parti catholique[1]. Il était l'âme de la Ligue, le chef élu et servi par elle, celui dont elle voulait faire le rival d'abord, ensuite le maître du roi. Joignant l'habileté à l'audace, il savait se faire craindre sans jamais se trahir, et s'élevait à une immense popularité, tandis que la faiblesse et les débauches de Henri III rendaient ce prince pusillanime de plus en plus impopulaire. Les doctrines républicaines, que l'indignation produite par l'attentat de Charles IX avait suscitées et propagées dans le parti calviniste, passaient alors dans les rangs opposés par l'effet du mépris où tombait la royauté présente et des appréhensions qu'inspirait la royauté à venir. On invoquait la souveraineté du peuple et le droit d'élection nationale comme sauvegardes de la foi orthodoxe contre de prétendues connivences avec l'hérésie et contre l'avénement d'un roi hérétique.

Ce fut cette crise d'opinion, où le zèle pour l'ancien dogme s'imprégnait de passions démocratiques, qui ouvrit la route et marqua le but à l'ambition des Guises[2]. Ils visèrent à la couronne, en s'appuyant de

1. François, duc de Guise, père de Henri, tué en 1563 par un gentilhomme huguenot.
2. Les principaux membres de cette famille étaient le duc de

titres faux qui les rattachaient à la seconde race, et en prenant un point d'appui plus effectif dans le patronage des droits que le progrès social avait mis, depuis trois siècles, en litige avec la royauté. Ils eurent des promesses de restauration pour tous les priviléges, ceux du clergé, ceux de la noblesse, ceux des provinces et ceux des villes. Les villes de liberté municipale, qui se sentaient tomber, non sans regrets, sous le niveau de l'administration, saisirent avidement l'espérance de regagner leurs franchises perdues, et de rétablir leurs constitutions mutilées. Elles s'enrôlèrent à l'envi dans la Ligue, dont leurs milices composèrent la principale force, et Paris fut à la tête de ce mouvement. Comme au temps d'Étienne Marcel, on vit se former une association de corps municipaux sous l'influence et la direction de la démocratie parisienne; mais c'était dans un esprit de secte et de division, et non pour le grand intérêt national; c'était pour l'extermination d'une partie des Français, et non pour le salut de tous. En cas de victoire, le résultat de l'insurrection bourgeoise et populaire devait être une sorte d'assurance mutuelle entre le clergé, la noblesse et les communes contre l'action du pouvoir royal et le progrès vers l'unité, un régime d'intérêts spéciaux et de

Guise, ses frères le duc de Mayenne et le cardinal de Guise, son fils aîné le prince de Joinville, et ses oncles les ducs d'Aumale et d'Elbeuf.

morcellement administratif, sous la haute protection de l'Espagne, puissance ennemie de la grandeur et de l'indépendance du royaume [1].

[1]. Advenant le cas de la mort du roy sans enfants,..... les *catholiques*, le plus diligemment qu'ils pourront, feront assembler les estats pour parvenir à l'eslection d'un roy catholique et ordonner les loix du royaume pour remettre toutes choses au cours des anciennes loix fondamentales de la France..... Il sera très-nécessaire d'advertir nostre sainct Père le Pape et le roy catholique de toutes nos intentions, affin de les prévenir, et qu'au besoin Sa Saincteté nous assiste de sa saincte bénédiction et le roi catholique de ses forces et moyens pour une si saincte cause qui leur touche de près, voire où ils y ont intérest notable et principale deffense.

Le moyen advisé et résolu de tenir pour essayer en ce grand désordre qui menace de toutes parts la ruine finale de nostre religion et de l'estat de ce royaume est de mettre un si bon ordre que nous restablissions ceste monarchie et tous les estats d'icelle selon les anciennes fondamentales loix, sans nous despartir de la deue obéyssance que nous devons au roy, tant qu'il sera catholique ou qu'il ne se déclarera fauteur d'hérétiques :

Premièrement c'est de faire que le plus que l'on pourra de provinces et de villes de ce royaume s'unissent ensemble de force et conseil et moyens... (Instructions du comité parisien de la Ligue, adressées en 1587 à tous les comités des bonnes villes : Palma Cayet, Chronologie novennaire, Collect. Michaud et Poujoulat, 1re série, t. XII, p. 54-38.)

CHAPITRE VI.

LES ÉTATS GÉNÉRAUX DE 1588; LE TIERS ÉTAT SOUS LE RÈGNE DE HENRI IV.

SOMMAIRE : Proscription des calvinistes, remontrances courageuses du parlement. — États généraux de 1588, meurtre des Guises. — Insurrection de Paris, fédération municipale contre la royauté. — Alliance du parti royal et du parti calviniste. — Assassinat de Henri III; Henri de Bourbon reconnu pour roi. — États généraux de la Ligue. — Henri IV dans Paris; son caractère. — Sa politique intérieure et extérieure. — État des classes roturières à la fin du xvie siècle.

DE l'état de société secrète pour la défense du catholicisme la Ligue avait passé à l'état de parti révolutionnaire préludant, par la négation des droits de l'héritier présomptif du trône, à de futures attaques contre le roi. Sa première démonstration hostile eut lieu en 1585. Une armée fut rassemblée, et plusieurs provinces se soulevèrent au nom du cardinal de Bourbon, oncle du roi de Navarre, se disant premier prince du sang parce qu'il était prince catholique[1], et ayant

---

[1]. La représentation admise en ligne collatérale pour la succession au royaume de France faisait passer le neveu avant l'oncle, quoique celui-ci fût plus proche d'un degré.

derrière lui le duc de Guise, véritable chef de la révolte [1]. Henri III était sommé respectueusement, mais sous peine de guerre avec la France orthodoxe, d'accomplir le vœu des états généraux, la réunion de tous ses sujets au culte catholique romain. Il céda, et le traité conclu avec les révoltés fut accompagné d'un édit qui révoquait tous les édits de pacification accordés jusque-là aux calvinistes [2]. L'exercice de tout autre culte que la religion catholique était défendu sous peine de mort. Les ministres devaient sortir du royaume dans le délai d'un mois, et les autres protestants dans le délai de six mois, sous la même peine. Cette proscription fut encore aggravée, et un nouvel édit, imposé par le parti ligueur, réduisit de six mois à quinze jours le délai assigné aux religionnaires pour abjurer ou quitter la France [3]. Tous les biens des réfractaires et de quiconque les assisterait

---

[1]. Voy. le manifeste intitulé: *Déclaration des causes qui ont mû monsieur le cardinal de Bourbon, et les pairs, princes, seigneurs, villes et communautés catholiques de ce royaume, de s'opposer à ceux qui par tous moyens s'efforcent de subvertir la religion catholique et l'État* Mémoires de la Ligue, t. I, p. 56 et suiv. — Les provinces et villes soulevées étaient la Champagne, la Picardie, la Normandie, la Bretagne et la Bourgogne, Rheims, Châlons, Soissons, Péronne, Amiens, Abbeville, Mézières, Toul, Verdun, Rouen, Caen, Dijon, Mâcon, Auxonne, Orléans, Bourges, Angers et Lyon.

[2]. Édit de juillet 1585. *Rec. des anciennes lois françaises*, t. XIV, p. 595.— Mémoires de la Ligue, t. I, p. 178.

[3]. Déclaration du 16 octobre 1585. Mémoires de la Ligue, t. I, p. 227.

directement ou indirectement devaient être saisis et appliqués aux frais de la guerre que le roi allait recommencer avec toutes ses forces unies aux forces de la Ligue.

Ainsi s'ouvrit la plus longue et la plus sanglante des guerres civiles du siècle, celle dont Henri IV porta le poids pendant dix ans avec une constance héroïque. Elle fut inaugurée en quelque sorte par une bulle d'excommunication qui le déclarait déchu de tout droit à la couronne de France, et qui annulait à son égard, pour le présent et pour l'avenir, tout devoir et tout serment de fidélité [1]. A la question de tolérance d'un nouveau culte se mêlait, dans ce débat à main armée,

---

1. La sentence fulminée par Sixte V frappait également le prince de Condé, hérétique, fils d'un hérétique, converti au catholicisme, puis retourné à sa religion comme le roi de Navarre. — Itaque, in præcelso hoc solio, et in plenitudine potestatis quam ipse Rex regum et Dominus dominantium licet nobis indignis tribuit,...... pronuntiamus et declaramus Henricum quondam regem et Henricum Condensem supradictos fuisse et esse hæreticos, in hæreses relapsos et impœnitentes, hæreticorum quoque duces, fautores et defensores manifestos, publicos et notorios, sicque læsæ majestatis divinæ reos... et specialiter eosdem fuisse et esse ipso jure privatos, Henricum quondam regem, videlicet prætenso Navarræ regno illiusque parte quam adhuc obtinuit, nec non Bearni ; alterum vero Henricum Condensi, et utrumque eorumque posteros, omnibus et quibuscumque aliis principatibus, ducatibus, dominiis, civitatibus et locis, feudisque et bonis etiam emphyteuticis..... ac pariter eos ipso jure privatos et incapaces ac inhabiles ad succedendum in quibuscumque ducatibus, principatibus, dominiis et regnis, ac specialiter in regno Franciæ. (Sixti V declaratio, etc., Goldasti *Monarchia sancti romani imperii*, t. III, p. 125.)

la question de suprématie temporelle du pape sur le royaume ; une même attaque était dirigée contre le principe humain de la liberté de conscience et contre le principe national de l'indépendance de la couronne, et la majorité des Français, par haine de l'un, semblait prête à sacrifier l'autre.

Mais, dans cet égarement général, il restait encore des yeux pour voir à quel abîme on marchait, et des consciences pour le dire. Ce fut des sommités du tiers état, de la haute magistrature, que vint, comme un cri d'alarme, la protestation du bon sens et du patriotisme. Le 18 juillet 1585, lorsque Henri III alla en personne au parlement pour y faire lire et publier son premier édit de proscription, la cour n'inscrivit l'acte sur ses registres qu'après de vives remontrances ; trois mois plus tard, quand vint le second édit, et qu'avec sa promulgation fut requis, par une insigne lâcheté du roi, l'enregistrement de la bulle qui déclarait déchu de ses droits l'héritier légitime du trône, il y eut de nouvelles remontrances plus pressantes et plus énergiques. « Sire, » disait la cour suprême dans un langage digne du chancelier de l'Hôpital, « le crime que vous avez « voulu châtier est attaché aux consciences, lesquelles « sont exemptes de la puissance du fer et du feu.... « Quand tout le parti des huguenots serait réduit à « une seule personne, il n'y aurait nul de nous qui osât « conclure à la mort contre elle, si son procès ne lui

« était solennellement fait, et si elle n'était dûment
« atteinte et convaincue de crime capital et énorme.
« Qui sera-ce donc qui, sans forme de justice aucune,
« osera dépeupler tant de villes, détruire tant de pro-
« vinces, et convertir tout ce royaume en un tombeau?
« Qui osera prononcer le mot pour exposer tant de
« millions d'hommes, femmes et enfants, à la mort,
« sans cause ni raison apparente, vu qu'on ne leur
« impute aucun crime que d'hérésie, hérésie encore
« inconnue ou pour le moins indécise, hérésie qu'ils
« ont soutenue contre les plus fameux théologiens de
« votre royaume, en laquelle ils sont nés et nourris
« depuis trente ans par la permission de Votre Majesté
« et du feu roi votre frère[1].... »

Quant à la bulle du pape, à cette sentence de mort
civile prononcée par le Saint-Siége au nom de son
droit divin de juridiction sur tous les princes[2], le parlement la signalait avec indignation comme un attentat
contre la souveraineté du roi et l'indépendance du
royaume. Il rappelait au faible Henri III l'exemple de

---

1. *Mémoires de la Ligue*, t. I, p. 223.

2. Ab immensa æterni regis potentia, beato Petro ejusque successo-
ribus tradita auctoritas omnes terrenorum regum et principum supe-
reminet potestates..... inconcussa profert in omnes judicia, et ne
divinæ maxime leges violentur summa ope providet, et si quos ordi-
nationi Dei resistentes invenit, severiore hos vindicta ulciscitur, et
quamvis potentiores de solio dejiciens, veluti superbientis Luciferi
ministros ad infima terræ deturbatos prosternit. (Sixti V declaratio, etc., Goldasti, *Monarchia sancti imperii*, t. III, p. 124.)

ses devanciers et la tradition de ceux qui avaient en garde le dépôt des lois du pays. « Nous ne trouvons « point, disait-il, par nos registres ni par toute l'an- « tiquité, que les princes de France aient jamais été « sujets à la justice du pape, ni que les sujets aient « pris connaissance de la religion de leurs princes[1]. » N'osant porter au roi le reproche de lâcheté, il se l'adressait à lui-même pour sa connivence avec l'erreur de ceux qui s'étaient flattés d'amener les protestants à renoncer à leur culte, et d'abattre ce parti sans une grande effusion de sang. Il déclarait que c'était assez de honte pour lui que d'avoir prêté son ministère à la révocation de tant d'édits solennellement jurés; que son obéissance, pour ne pas devenir stupidité, s'arrêterait là; et il terminait sa remontrance par ces graves et nobles paroles : « Faites-nous cette grâce, Sire, de « reprendre en vos mains les états dont il a plu à Votre « Majesté et aux rois vos prédécesseurs de nous hono- « rer, afin que vous soyez délivré des importunes dif- « ficultés que nous sommes contraints de faire sur de « tels édits, et nos consciences déchargées de la ma-

---

[1]. Mémoires de la Ligue, t. I, p. 225. — La cour ne peut délibérer plus longuement l'homologation d'une telle bulle, si pernicieuse au bien de toute la chrétienté et à la souveraineté de votre couronne, jugeant dès à présent qu'elle ne mérite aucune récompense que celle qu'un de vos prédécesseurs nous fit faire à une pareille bulle qu'un prédécesseur de ce pape lui avait envoyée, à savoir, de la jeter au feu en présence de toute l'Église gallicane. (*Ibid.*, p. 226.)

« lédiction que Dieu prépare aux mauvais magistrats
« et conseillers.... Il est plus expédient à Votre Majesté
« d'être sans cour de parlement que de l'avoir inutile,
« comme nous sommes, et il nous est aussi plus hono-
« rable de nous retirer privés en nos maisons, et de
« pleurer en notre sein les calamités publiques avec le
« reste de nos concitoyens, que d'asservir la dignité
« de nos charges aux malheureuses intentions des
« ennemis de votre couronne [1]. »

Cet avertissement fut inutile au roi comme à la nation ; personne ne savait plus où se reprendre : les uns étaient aveuglés de fanatisme, d'autres séduits par les promesses des ambitieux, d'autres enlacés dans les réseaux d'une association dont la puissance dominait celle de l'État. Vingt-cinq ans de guerre civile n'avaient pas suffi pour briser la fougue des passions, et donner à tous la leçon suprême, celle de la nécessité. Jamais la cause de la liberté de conscience n'avait paru si complétement perdue ; elle se soutint par l'héroïsme que le désespoir inspira aux bandes protestantes. Leur chef, Henri de Navarre, contraint de combattre pour son droit en même temps que pour sa religion, fit des prodiges de courage et d'habileté dans cette œuvre double qui semblait ne pouvoir aboutir qu'à des situa-

---

[1]. Mémoires de la Ligue, t. I, p. 226 et 227. — Dans ce passage et dans les citations précédentes, la langue du xvie siècle a été çà et là un peu rajeunie.

tions incompatibles. Modéré autant qu'intrépide, il avait toujours le mot de paix à la bouche et dans le cœur; après la victoire la plus complète[1], il ne demandait rien que le rétablissement des anciens édits de tolérance. De son côté, le chef de la Ligue, aidé de la faveur populaire, poursuivait rapidement l'exécution du plan hardi qu'il avait conçu : s'emparer des conseils du roi et avoir la main sur sa personne, le garrotter par l'intervention des états généraux, être une sorte de maire du palais jusqu'au moment d'usurper le trône sous ombre de volonté nationale. Henri III, tenu en échec par cette fortune grandissant toujours, ne savait qu'hésiter ou plier; le sentiment de sa dignité perdue le torturait parfois, mais ne le relevait pas; incapable de faire un noble effort, il cédait sans fin[2],

---

1. Bataille de Coutras, le 20 octobre 1587.
2. Nostre volonté et intention est de commencer à tenir les estats libres et généraux des trois ordres de nostredit royaume, au 15 aoust prochain en nostre ville de Bloys, où nous entendons que se trouvent aucun des plus notables personnages de chacune province, bailliage et sénéchaussée pour en pleine assemblée... proposer librement... ce qui sera plus propre et convenable pour du tout esteindre et abolir les divisions qui sont entre nos subjects, mesmement entre les catholiques, et parvenir à un bon et asseuré repos, avec lequel nostre saincte religion catholique soit si bien restablie, et toutes hérésies repurgées et extirpées de nostre royaume, que nos subjects n'ayent plus d'occasion d'y craindre changement tant de nostre vivant qu'après nostre décez. (Mandement au prévôt de Paris, dernier mai 1588, *Rec. des anciennes lois françaises*, t. XIV, p. 614.) — Et premièrement nous jurons et renouvellons le serment par nous faict, en nostre sacre, de vivre et mourir en la religion catholique, apostolique

se réservant le dernier recours des lâches, la trahison et l'assassinat. Tels sont les éléments dont se composa l'un des plus grands drames de notre histoire, celui qui rend célèbre l'année 1588, qui s'ouvre à Paris par l'émeute des barricades, et se dénoue aux seconds états de Blois par le meurtre du duc et du cardinal de Guise.

La convocation des états généraux de 1588 fut un acte du roi contre lui-même. Cette assemblée, venue à la suite d'une émeute victorieuse, et représentant, non la France entière, mais la France exclusivement

et romaine, promouvoir l'advancement et conservation d'icelle, employer de bonne foy toutes nos forces et moyens, sans espargner nostre propre vie, pour extirper de nostre royaume, pays et terres de nostre obéyssance, tous schismes et hérésies condamnées par les saincts conciles et principalement par celuy de Trente, sans faire jamais aucune paix ou trefve avec les hérétiques, ny aucun édict en leur faveur.

Art. 2. Voulons et ordonnons que tous nos subjects, princes, seigneurs, tant ecclésiastiques, gentilshommes, habitans des villes et plat pays, qu'autres, de quelque qualité et condition qu'ils soyent, s'unissent et joignent en ceste cause avec nous, et facent pareil serment d'employer avec nous toutes leurs forces et moyens jusques à leurs propres vies, pour l'extermination desdicts hérétiques.

Art. 3. Jurons aussi et promettons de ne les favoriser ny advancer de nostre vivant; ordonnons et voulons que tous nos subjects unis jurent et promettent dès à présent et pour jamais, après qu'il aura pleu à Dieu disposer de nostre vie sans nous donner des enfants, de ne recepvoir à estre roy, prester obéyssance à prince quelconque qui soit hérétique ou fauteur d'hérésie. (Édit. de renouvellement de l'union du roi avec les princes et seigneurs catholiques du royaume, juillet 1588, *ibid.*, p. 616.)

catholique, eut pour mission et pour but de fonder la prédominance des états sur le pouvoir royal[1]. Il y a deux parts dans son histoire, l'une qui précède, l'autre qui suit l'assassinat des Guises et l'arrestation de plusieurs députés des trois ordres[2]. Dans la première de ces deux époques, les états, ayant le tiers à leur tête, soutiennent contre le roi une lutte de principes sur la question de la souveraineté; ils déclarent qu'ils veulent procéder par résolution et non par supplication; ils attribuent aux seuls édits faits avec leur concours le titre de lois fondamentales. Malgré la retenue de leurs paroles et leur apparente soumission à l'ancien ordre monarchique, ils menacent la royauté d'en constituer un tout nouveau, de la mettre en tutelle permanente sous la représentation nationale, et de déléguer pour

---

[1]. C'est le 12 mai qu'eut lieu le soulèvement nommé *Journée des barricades*; l'ordonnance de convocation des états fut rendue le dernier jour du même mois. — Lettres furent de toutes parts expédiées par les provinces à ce que chacun s'avançât d'y envoyer ses députés, pourvu qu'ils fussent catholiques romains; car autrement il n'étoit permis à aucun de la religion, ou soupçonné de favoriser ceux de la religion de s'y trouver. (Des états généraux, etc., t. XIV, p. 275.) — L'assemblée s'ouvrit le 16 octobre: on y comptait 505 députés, savoir: 134 du clergé, 180 de la noblesse, et 191 du tiers état. — Voyez les noms de ces derniers, ci-après, Appendice II.

[2]. La Chapelle-Marteau, président du tiers état; Compans et de Neuilli, députés de Paris; Leroi, député d'Amiens; le comte de Brissac, président de la noblesse, et le sieur de Bois-Dauphin. Quatre députés du tiers état et trois du clergé, qui étaient sur la liste, s'échappèrent [23 décembre].

le présent cette tutelle au chef de la Ligue. La seconde époque, où l'assemblée se débat entre la crainte et la colère, ne présente, au lieu de cette hostilité agressive, qu'une opposition d'inertie sous laquelle couve, dans le cœur de chacun, l'impatience d'être congédié pour se rendre sur un terrain propice à la rébellion ouverte [1].

Ce fut le tiers état qui joua ici le premier rôle; il était la puissance du jour; il prit l'initiative des propositions hardies envers la royauté, ou violentes contre les huguenots. Son cahier renferme les demandes suivantes: que les ordonnances faites à la requête des états soient déclarées immuables, et n'aient pas besoin d'être vérifiées en cour de parlement; que pour tout autre édit, les cours souveraines aient toute liberté de remontrances, et ne soient jamais forcées d'enregistrer [2]; que les parlements ne puissent vérifier aucun édit, sans qu'auparavant il ait été communiqué aux procureurs-syndics des états, dans les pays d'états, et que toutes les provinces du royaume puissent élire à cet effet des procureurs-syndics; qu'il n'y ait plus de levées d'argent, pour quelque cause et sous quelque forme que ce soit,

---

1. Voy. le Journal d'Etienne Bernard, député du tiers état de Bourgogne. *Des états généraux*, etc., t. XIV, p. 440 et suiv. — La séance de clôture des états eut lieu le 16 janvier 1589.

2. Cahier général du tiers état [1588]. *Recueil des cahiers généraux des trois ordres*, t. III, p. 186.

sans le consentement des états généraux [1]; que les hérétiques soient punis selon les ordonnances de François Ier et de Henri II, et que des mesures rigoureuses soient prises contre les fauteurs d'hérésie; que le roi de Navarre soit déclaré incapable de succéder à la couronne, et que tous ses biens soient confisqués [2].

Parmi les demandes qui ne tenaient rien des passions du moment, on peut noter celles-ci, renouvelées pour la plupart du cahier de 1576 et de celui de 1560 : le rétablissement des élections ecclésiastiques, malgré le concordat de François Ier, le maintien scrupuleux de l'élection pour les emplois de judicature, la poursuite d'office contre les seigneurs coupables d'exactions sur les habitants de leurs domaines, la restitution du droit de justice civile aux corps municipaux, l'égalité des poids et mesures [3]. En général, les propositions du tiers état se distinguent moins fortement qu'autrefois de celles des deux autres ordres; on voit qu'il y a, sur beaucoup de points, parité de sentiments et d'idées. De

---

1. Cahier général du tiers état, art. 67 et 223.
2. Plaira à Votre Majesté déclarer Henri de Bourbon, roi de Navarre, comme hérétique et notoirement relaps, criminel de lèse-majesté divine et humaine au premier chef, inhabile et incapable de succéder à la couronne de France, privé de tous droits et prérogatives de prince et de pair, tant lui que ses hoirs procréés et à procréer. (*Ibid.*, art. 2.) — *Ibid.*, art. 3 et 4.
3. Cahier général du tiers état, art. 14, 77, 193, 195 et 269.

plus, le cahier de 1588 n'offre pas, en ce qui regarde le droit et l'administration, la même abondance d'objets que les cahiers de 1560 et 1576 [1], soit que deux réunions d'états, si près l'une de l'autre, eussent laissé peu de choses nouvelles à voir et à conseiller, soit que les élus du tiers état ligueur aient été, par cela même, plus remplis du besoin d'action immédiate que du sens réfléchi d'où procède le travail d'analyse en matière de législation.

Après le meurtre du duc de Guise, Henri III, délivré en idée, s'était écrié : Maintenant je suis roi! Il croyait avoir frappé de mort toute la Ligue; il fut bientôt détrompé. Pendant qu'il perdait le temps à faire devant les états des harangues et des apologies, l'insurrection provoquée par son crime éclatait à Paris, et se propageait d'une ville à l'autre. Bientôt des provinces entières furent entraînées dans ce mouvement, et, de la Picardie à la Bretagne, de la Bretagne à la Provence, une fédération municipale s'organisa contre la royauté. Le projet de gouvernement révolutionnaire conçu par les comités de la Ligue fut exécuté sous l'empire de passions ardentes jusqu'à la frénésie, exaltées jusqu'au dévouement [2]. On tournait les yeux vers les cantons suisses, et l'on parlait de se constituer en

---

[1]. Il ne contient que 272 articles. Le cahier de 1560 en avait eu 354, et celui de 1576, 418.

[2]. Voy. plus haut, chap. V.

république à leur exemple¹; la démocratie parisienne, maîtresse du parlement par un coup d'État, supprimait le nom du roi dans les actes judiciaires, et nommait de sa propre autorité un lieutenant général du royaume². Cependant, au lieu d'agir et de monter à cheval, Henri III, retombé dans sa mollesse, expédiait du château de Blois des proclamations inutiles et des ordres qui ne parvenaient pas; entouré par la révolte, comme par un cercle de fer qui se resserrait de plus en plus, il se trouva enfin réduit à n'avoir en sa puissance que les deux rives de la Loire, entre Tours et Beaugency. Alors il prit une résolution qui donnait la mesure de sa détresse; il fit, sous le nom de trêve, un

1. M. de Mayenne s'achemine à Paris, non pour contester, mais seulement pour recevoir et donner ordre à tant de peuples et villes qui, comme à l'envy les uns des autres, se mettoient du party de l'union, aucuns sous les bonnes espérances qu'ils s'estoient imaginez de vivre à l'advenir à la manière des Suisses, et d'estre exempts de tailles et de payer les cens et devoirs à leurs seigneurs, d'autres d'animosité, de courroux et de despit à cause de la bonne opinion qu'ils avoient de feu M. de Guise, et parmy ceux-là quelques-uns affectionnez à la religion catholique romaine (Palma Cayet, Chronologie novennaire, collect. Michaud, t. XII, p. 102.) — Si d'un autre costé l'on propose de réduire ce royaume en république, connoissant qu'il est impossible de chasser le roy et en establir un autre, j'advoue que ce sera une chose plus aisée à faire, parce qu'il ne faut que luy desnier l'obéyssance et se gouverner sous l'authorité des quarante conseillers et des maires et eschevins des villes sans plus parler de roy, et se tenir bien alliez et confédérez les uns avec les autres pour se supporter et pour se deffendre contre luy. (Mémoires de Nevers, t. Ier, p 919.)

2. Le titre donné au duc de Mayenne était celui de lieutenant général de l'état royal et couronne de France.

pacte d'alliance avec le prince qu'il avait déshérité et proscrit, et il mit sa couronne sous la garde des religionnaires dont il s'était fait gloire de poursuivre l'extermination[1].

Quatre mois après le meurtre du chef de la Ligue, Henri de Valois et Henri de Bourbon eurent, au Plessis-lez-Tours, une entrevue où ils scellèrent, en s'embrassant, l'union du parti royal et du parti calviniste. Leurs deux armées n'en formèrent plus qu'une seule, qui bientôt se porta vers Paris, où la Ligue était maîtresse, et d'où elle agissait sur les provinces. Arrivés sous les murs de la ville, qui fut frappée de terreur à leur approche, les rois campèrent, l'un, celui de France, à Saint-Cloud, l'autre, celui de Navarre, à Meudon. Les apprêts du siége étaient terminés à la fin de juillet, et l'assaut devait avoir lieu le 2 août; mais Henri III ne vit pas ce jour. Il fut tué d'un coup de couteau par un jeune moine dominicain poussé au régicide par son fanatisme ligueur, des prédications furieuses, d'adroites manœuvres et la consternation qu'il

---

[1]. Les témoignages sont assez notoires... de quel zèle et bon pied j'ai toujours marché à l'extirpation de l'hérésie et des hérétiques, à quoi j'exposerai plus que jamais ma vie, jusques à une mort certaine, s'il en est besoin, pour la défense et protection de notre sainte foi catholique, apostolique et romaine, comme le plus superbe tombeau où je me pourrois ensevelir que dans la ruine de l'hérésie. (Harangue du roi, 16 octobre 1588, *Des états généraux*, etc. t. XIV, p. 356.) — Voy. les lettres d'armistice avec le roi de Navarre données à Tours le 26 avril 1589. Rec. des anciennes lois françaises, t. XIV, p. 645.

voyait régner dans Paris[1]. Ainsi la Ligue rendit à Henri III crime pour crime, et le même coup vengea sur lui l'assassinat des Guises et les meurtres de la Saint-Barthélemy. Du reste, ce prince eut une mort qui rachetait jusqu'à un certain point les faiblesses de son règne, il n'hésita pas à ce dernier moment sur ses devoirs de roi et de patriote; il voulut jeter les fondements de la réconciliation nationale. Il fit appeler le roi de Navarre, et lui dit : « Mon frère, la couronne est vôtre après que Dieu aura fait sa volonté de moi. » Puis, s'adressant aux princes et aux nobles qui entouraient son lit, il leur commanda de jurer au successeur légitime obéissance et fidélité; tous, mettant le genou en terre, firent ce serment[2].

Ce fut le 4 août 1589, qu'après avoir signé la promesse de maintenir sans altération la religion catholique[3], Henri de Bourbon fut solennellement reconnu pour roi par les chefs de l'armée royale, et ce fut le

1. Ceci arriva dans la matinée du 1er août; le moine se nommait Jacques Clément.

2. Palma Cayet, Chronologie novennaire, collect. Michaud, t. XII, p. 150.

3. Nous Henri, par la grâce de Dieu, roi de France et de Navarre, promettons et jurons, en foy et parole de roi, par ces présentes signées de notre main, à tous nos bons et fidels sujets, de maintenir et conserver en nostre royaume la religion catholique, apostolique et romaine en son entier sans y innover ou changer aucune chose, soit en la police et exercice d'icelle, ou aux personnes et biens ecclésiastiques. (Déclaration et serment du roi à son avénement à la couronne; *Rec. des anciennes lois françaises*, t. XV, p. 3.)

22 mars 1594, que, vainqueur de la Ligue et devenu lui-même catholique, il entra militairement dans Paris. Il fallut plus de quatre années de combats, une constance à toute épreuve et une admirable prudence, des victoires signalées et une transaction décisive [1], pour que le principe du droit héréditaire, allié aux intérêts de l'indépendance nationale, prévalût contre l'association du principe de l'orthodoxie avec les doctrines de la souveraineté du peuple. On sait quelles furent les vicissitudes de cette grande lutte, soutenue intrépidement de part et d'autre devant l'opinion publique, et dont cette opinion était à la fois le juge et le prix. Au-dessus des événements variés qui en marquent le cours, il y a un fait qui domine, c'est le retour graduel de la bourgeoisie à l'esprit de tolérance de 1560, avec plus de réflexion, avec la maturité de jugement que donnent l'expérience et le malheur. A mesure que le prince réduit à être conquérant de son propre royaume gagnait une de ces victoires glorieuses d'humanité autant que d'héroïsme, le zèle fanatique perdait du terrain, et, abandonnant les classes moyennes de la nation, se retirait dans les classes inférieures. C'est en elles que se prolongea le sombre enthousiasme et l'énergie des premiers jours de la lutte, ce sont elles qui, par un régime de compression et de terreur, imposè-

[1]. Bataille d'Arques, le 13 septembre 1589; bataille d'Ivry, le 14 mars 1590; abjuration du roi à Saint-Denis, le 25 juillet 1593.

rent à Paris la prodigieuse patience avec laquelle cette grande cité souffrit les fatigues et les misères d'un siége de quatre ans ; elles enfin qui, livrées en aveugles au protectorat du roi d'Espagne, donnèrent le monstrueux spectacle d'un parti démocratique qui n'était pas un parti national.

La Ligue avait eu la prétention de transporter la royauté et de la rendre, au moins une fois, élective ; elle échoua dans ce dessein, et ne réussit qu'à empêcher le roi héréditaire de régner, tant qu'il ne fut pas catholique. Son dernier acte d'autorité fut une convocation d'états généraux faite sans mandement royal. Indiquée et ajournée plusieurs fois depuis l'année 1590, cette assemblée révolutionnaire, qui se disait nationale et sur laquelle pesaient le patronage et l'ambition de l'Espagne, se réunit enfin à Paris le 28 janvier 1593[1]. Les députés qui y vinrent en petit nombre[2] ne tardèrent pas à se trouver en face de l'intérêt étranger se couvrant de l'intérêt de la foi catholique pour demander avec hauteur le sacrifice des lois fondamentales et de l'indépendance du pays. Ils eurent à entendre successivement trois propositions du roi d'Espagne : la

1. Voy. les Procès-verbaux des états généraux de 1593, publiés par M. Auguste Bernard, dans la *Collection des documents inédits sur l'histoire de France.*
2. Ils étaient environ cent trente, la plupart du tiers état ; Paris seul avait douze représentants de cet ordre. — **Voyez ci-après, Appendice II.**

première, de reconnaître pour reine par droit de naissance l'infante Isabelle sa fille, petite-fille de Henri II[1]; la seconde, qu'un prince du sang impérial, fiancé à l'infante[2], fût élu pour roi; la troisième, que l'infante épousât un prince français, et que tous les deux fussent déclarés conjointement propriétaires de la couronne[3].

En dépit de leurs obligations envers l'Espagne et du besoin que l'union catholique avait de son assistance, les députés ligueurs se sentirent français, et rougirent à de pareilles demandes. Ils repoussèrent les deux premières propositions, et éludèrent la troisième, en disant que l'heure n'était pas venue de procéder à l'élection d'un roi[4]; ils ne firent rien, et ce fut tout leur mérite. Mais le parlement, ou, pour mieux dire, les membres de cette cour qui, par zèle d'orthodoxie ou par crainte de la Ligue, étaient demeurés dans

---

1. Isabelle-Claire-Eugénie, née du mariage de Philippe II avec Élisabeth de France.

2. L'archiduc Ernest d'Autriche, frère de l'empereur Rodolphe II et neveu de Philippe II.

3. *In solidum.* Voy. les Procès-verbaux des états généraux de 1593, p. 242, 252, 287, 555, et, dans le même recueil, Appendice I, le Journal d'Odet Soret, député du tiers état de Normandie.

4. Sur la proposition qui a esté faicte ausdicts estats par monsieur le duc de Féria et autres ministres du roy catholique de créer et establir présentement une royauté, lesdicts estats estiment qu'il seroit non-seulement hors de propos, mais encore périlleux, et pour la religion et pour l'estat, de faire ceste eslection et déclaration en un temps où nous sommes si peu fortillez et d'hommes et de moyens. (Délibération du 4 juillet, *Procès-verbaux des états généraux de 1593*, p. 552.)

Paris[1], osèrent davantage. Faisant acte de souveraineté à la face des états et contre eux, ils rendirent une sentence qui déclarait nul *tout acte fait ou à faire pour l'établissement de prince ou princesse étrangers*, et protestèrent qu'ils mourraient tous plutôt que de rompre ou de changer cet arrêt[2]. Un mois après, en abjurant le calvinisme dans la basilique de Saint-Denis, Henri de Bourbon écarta l'obstacle que les mœurs nationales opposaient à ce qu'il fût roi de fait comme il l'était de droit, et bientôt les états de la Ligue, s'éteignant d'eux-mêmes, laissèrent libres toutes les voies légales à l'occupation du trône[3].

Henri IV, c'est l'Hôpital armé; sa victoire fut, après trente-quatre ans d'hésitation publique, de tentatives prématurées et de violents retours en arrière, celle des principes de l'immortel chancelier de Charles IX. Le roi qui délivra les consciences de l'oppression religieuse et le pays de l'influence étrangère fut un de ces grands réparateurs venus après les grands désordres, pour relever les ruines amoncelées, et faire germer les

---

1. Une partie du parlement de Paris siégeait alors à Tours, par suite d'un édit de translation donné par Henri III, en février 1589.

2. Délibération du parlement du 28 juin 1593, *Procès-verbaux*, etc. appendice VIII, p. 740-748.

3. Il n'y eut pas de clôture officielle pour les états de 1593. Les députés quittèrent leur poste l'un après l'autre; les procès-verbaux des séances s'arrêtent, pour le clergé, au 13 juillet; pour la noblesse, au 8 août, et pour le tiers état, au 22 décembre.

semences de bien éparses parmi les décombres. Une fois qu'il eut conquis la paix au dedans et au dehors, douze ans lui suffirent pour effacer la trace des guerres civiles, renouveler la face du pays par une prospérité toujours croissante, et fonder sur de nouvelles bases la politique nationale. Il avait une intelligence universelle, un esprit souple et pénétrant, des résolutions promptes et une fermeté inébranlable dans ce qu'il avait résolu. A la sagesse des hommes pratiques, à cet instinct qui va droit à l'utile et au possible, qui prend ou rejette sans prévention et sans passion, au commandement le plus absolu, il joignait la séduction des manières et une grâce de propos inimitable. Ses hautes vertus mêlées d'étranges faiblesses ont fait de lui un type unique de roi à la fois aimable et imposant, profond de sens et léger de goûts, plein de grandeur d'âme et de calcul, de sympathies populaires et d'orgueil de race, et toujours, et avant tout, patriote admirable.

Il y a trois choses dans l'œuvre du vainqueur de la Ligue : l'établissement définitif de la liberté de conscience et de l'état civil des dissidents, la restauration et le progrès de tout ce qui constitue la richesse publique, enfin la conception d'une politique française, fondée sur le maintien des nationalités et l'équilibre des puissances européennes. Aucun des anciens édits de tolérance n'avait eu le caractère de loi perpétuelle; c'étaient des actes provisoires, des traités de paix conclus dans l'attente d'une réunion des deux cultes par un concile général ou national. Or, les deux cultes n'avaient pu ni se fondre ensemble, ni se détruire l'un l'autre; il fallait que leur séparation et avec elle leurs droits respectifs fussent proclamés et sanctionnés par un décret irrévocable. Tel fut l'objet du célèbre édit signé à Nantes le 13 avril 1598 et auquel cette ville a donné son nom. Résumant les édits antérieurs dans leurs dispositions essentielles et vraiment praticables, il garantit, d'une part, aux personnes l'entière liberté de conscience, de l'autre, aux religions, des priviléges limités pour chacune d'elles selon la mesure de ses forces et sa situation dans le pays[1].

Par cette transaction dernière entre la justice naturelle et la nécessité sociale, les réformés obtinrent défi-

---

[1]. Maintenant qu'il plaît à Dieu commencer à nous faire jouir de quelque meilleur repos, nous avons estimé ne le pouvoir mieux employer qu'à vaquer à ce qui peut concerner la gloire de son sainct nom et service, et pourvoir qu'il puisse être adoré et prié par tous nos subjects; et s'il ne lui a pleu permettre que ce soit pour encore en une mesme forme et religion, que ce soit au moins d'une mesme intention et avec telle reigle bu'il n'y ait point pour cela de trouble et de tumulte entre eux, et que nous et ce royaume puissions toujours mériter et conserver le tiltre glorieux de très-chrestien..... Nous avons jugé nécessaire de donner maintenant sur le tout à tous nosdits subjects une loy générale, claire, nette et absolue, par laquelle ils soient réglés sur tous les différends qui sont cy devant sur ce survenus entre eux et y pourront encore survenir cy-après, et dont les uns et les autres ayent sujet de se contenter, selon que la qualité du temps le peut porter. (Préambule de l'édit de Nantes, *Rec. des anciennes lois françaises*, t. XV, p. 171.)

nitivement le droit d'habiter dans tout le royaume sans être astreints à faire aucune chose contre leur conscience ; l'admissibilité à tous les emplois publics avec dispense à l'entrée en charge de toute cérémonie et forme de serment contraire à leur culte; le droit de n'être jugés que par des tribunaux mi-partie de protestants et de catholiques ; celui de publier des livres de leur religion, de fonder des colléges, écoles et hôpitaux, et, avec cela, d'être admis comme étudiants dans les universités et les autres écoles du royaume, ou, comme pauvres ou malades, dans les anciens hospices. L'exercice privé du nouveau culte fut déclaré libre pour chaque famille, mais l'exercice public n'en fut permis que dans les lieux où l'avait autorisé l'édit de 1577, avec une ville de plus ou un moindre lieu par bailliage[1]. Cette charte de droits qui transportait à l'État l'unité dont le privilége avait, depuis tant de siècles, appartenu à l'Église, devint, sous le fils et le petit-fils de Henri IV, la loi civile des deux cultes rivaux. Elle les régit dans une paix, sinon sincère du moins apparente, jusqu'au jour où elle fut brisée par un vertige du pouvoir royal, qui, ramenant, après quatre-vingt-onze ans de tolérance, le fanatisme et les proscriptions du XVIe siècle, imprima une tache ineffa-

---

1. Édit de Nantes, art. 6, 7, 8, 9, 10, 11. 21. 22. 24. 27, 30, 31, 32, 33, 34, 35, 36, 43, 64, 66 et 67.

çable sur l'un des plus grands règnes de notre histoire[1].

A part l'édit de Nantes et une loi remarquable contre le duel[2], toute la législation de Henri IV roule sur des matières d'économie publique, et là sa passion du bien-être général, son intelligence des conditions de prospérité pour le pays, son génie créateur et l'activité de son esprit se montrent d'une façon merveilleuse. On sait quel nom l'histoire associe au sien dans une gloire commune, celle d'avoir fait renaître et développé avec une énergie alors sans exemple les forces productives de la France. Maximilien de Béthune, marquis de Rosny, duc de Sully, créé surintendant des finances en 1596[3], fut l'homme d'action qui, dans cette entreprise où les obstacles étaient sans nombre, mit une volonté intrépide et une persévérance à toute épreuve au service de la pensée du roi. Premier ministre en fait sinon en titre, il porta la réforme et la vie dans toutes les branches de l'administration. Non-seulement il releva les finances de l'abîme où les avait fait descendre l'énorme déficit du dernier règne[4], augmenté

---

[1]. Révocation de l'édit de Nantes, par l'ordonnance de Louis XIV du 17 octobre 1685. Voy. ci-après, chap. IX.

[2]. Édit de juin 1609, Rec. des anc. lois françaises, t. XV, p. 351.

[3]. Il remplaça les huit intendants contrôleurs généraux des finances, et fut nommé successivement grand voyer de France, grand maître de l'artillerie et surintendant des bâtiments et fortifications.

[4]. Voyez, sur l'état des finances en 1576 et en 1588, l'Histoire de France de M. Henri Martin, t. X, p. 544; et t. XI, p. 137.

par cinq ans d'anarchie et par les capitulations d'argent au prix desquelles avait eu lieu la soumission des grands de la Ligue, non-seulement il remplit de nouveau le trésor vide, mais, remontant jusqu'aux sources de la richesse publique, il les agrandit et les multiplia. L'agriculture, encouragée avec un zèle qui gagna la noblesse elle-même, prit un essor inconnu jusque-là; toutes les parties de l'aménagement du sol, les eaux et les bois, le défrichement des terrains vagues, le desséchement des marais, furent l'objet de mesures qui provoquaient, par imitation, de grandes entreprises particulières. La protection du gouvernement s'étendit à tous les genres de manufactures, et l'industrie de la soie fut propagée dans tout le royaume. En même temps des sommes considérables étaient employées aux routes, aux ponts, aux levées, au creusement de canaux navigables, et le dessein de faire communiquer l'une avec l'autre les deux mers qui baignent la France s'élaborait dans les entretiens du grand roi et du grand ministre [1].

[1]. Le projet d'unir la Seine à la Loire et celle-ci à la Saône fut en partie exécuté par l'ouverture du canal de Briare; un second projet, celui de joindre l'Aude à la Garonne, demeura sans exécution. — Voy. l'ordonnance de mai 1597 sur les eaux et forêts, l'entretien des chemins publics et des rivières, etc.; les édits d'avril 1599 et de janvier 1607, pour le desséchement des marais; l'édit de mai 1599, qui crée un office de grand voyer de France; les lettres d'août 1597, établissant une fabrique de cristal à Melun; l'édit d'août 1603, pour l'établissement à Paris d'une manufacture de draps et toiles d'or,

S'il faut admirer à l'intérieur l'esprit d'ordre, de suite et de progrès qui caractérise le gouvernement de Henri IV, ses plans de politique extérieure sont peut-être encore plus dignes d'admiration. Il entreprit à la fois de préserver la France du danger continuel dont la menaçait la prépondérance de la maison d'Autriche, et de lui faire à elle-même une situation prépondérante, en reconstituant l'Europe d'après un nouveau principe, celui de l'indépendance et de l'équilibre des États. Le système de balance politique réalisé un demi-siècle plus tard par le traité de Westphalie fut une création de sa pensée; il le conçut dès l'abord sous des formes idéales qui le passionnaient, mais que son sens pratique lui faisait regarder comme secondaires, et dépendantes de ce qui, dans l'exécution, serait possible ou opportun[1]. La mort le surprit au moment où il allait partir pour commencer la guerre colossale dont le succès devait aplanir le terrain sur

---

d'argent et de soie; la déclaration du 16 novembre 1605, pour l'établissement dans tous les diocèses d'une pépinière de mûriers blancs, et l'édit de janvier 1607, qui établit dans plusieurs villes du royaume des manufactures de tapisseries. *Rec. des anc. lois françaises*, t. XV, p. 144, 212, 313, 222, 164, 283, 291 et 322. — Une assemblée de commerce, sorte d'états généraux de l'industrie, fut convoquée à Paris en 1604. Voy. *Archives curieuses de l'histoire de France*, t. XIV, p. 219 et suiv.

1. Voyez, dans les *Economies royales* de Sully le projet de formation d'une république chrétienne, t. I, p. 243, 353, 437; t. II, p. 150, 212, 220, 323, 339 et 418. Collect. Michaud, 1re série, t. XIV et XV.

lequel il voulait édifier. Le crime d'un fanatique fit descendre dans la tombe, avec le roi martyr de la liberté de conscience, de vastes desseins qui, encore secrets et seulement mesurés par la grandeur des préparatifs, tenaient, d'un bout de l'Europe à l'autre, les esprits en suspens, et remplissaient les imaginations d'une attente mystérieuse. Quand on arrive à cette triste page de notre histoire, quand on relit la fin soudaine et violente d'une si noble vie et d'une si grande destinée, il est impossible de ne pas s'arrêter ému, de ne pas ressentir, à la distance de plus de deux siècles, quelque chose de l'angoisse des contemporains, qui virent tout à coup la France tomber, par la mort d'un seul homme, de l'ordre dans le chaos, de l'énergie politique dans l'affaissement, de la liberté d'action dans les entraves qu'apporte aux États l'influence de l'étranger.

Le règne de Henri IV est une de ces époques décisives où finissent beaucoup de choses et où beaucoup de choses commencent. Placé sur la limite commune de deux grands siècles, il recueillit tous les fruits du travail social et des expériences de l'un, et jeta dans leur moule toutes les institutions que devait perfectionner l'autre[1]. La royauté, dégagée de ce que le

[1]. Voy. la Monographie politique de Henri IV, par M. de Carné, *Études sur les fondateurs de l'unité nationale en France*, t. II, p. 1 et suiv.

moyen âge avait laissé de confus dans son caractère, apparut alors clairement sous sa forme moderne, celle d'une souveraineté administrative, absolue de droit et de fait jusqu'en 1789, et, depuis, subordonnée ou associée à la souveraineté nationale. Alors se réglèrent d'une manière logique les départements ministériels, et leurs attributions s'étendirent à tout ce que réclament les besoins d'une société vraiment civilisée. Alors enfin le progrès de la nation vers l'unité s'accéléra par une plus grande concentration du pouvoir, et le progrès vers l'égalité civile par l'abaissement dans la vie de cour des hautes existences nobiliaires, et par l'élévation simultanée des différentes classes du tiers état.

Trois causes concoururent à diminuer pour la haute bourgeoisie l'intervalle qui la séparait de la noblesse : l'exercice des emplois publics, et surtout des fonctions judiciaires, continué dans les mêmes familles, et devenu pour elles comme un patrimoine par le droit de résignation[1]; l'industrie des grandes manufactures et des grandes entreprises qui créait d'immenses fortunes,

---

[1]. Le titulaire d'un office de judicature ou de finance pouvait le résigner à une personne de sa famille ou à toute autre personne capable de le remplir. Il fallait que la résignation eût lieu quarante jours au moins avant la mort du titulaire, sans quoi elle était nulle, et la charge retournait aux mains du roi. Henri IV exempta de cette gêne tous les officiers; il leur concéda la propriété héréditaire de leurs charges, moyennant un droit annuel équivalant au soixantième de la valeur de chaque office.

et ce pouvoir de la pensée que la renaissance des lettres avait fondé au profit des esprits actifs. En outre, la masse entière de la population urbaine avait été remuée profondément par les idées et par les troubles du siècle; des hommes de tout rang et de toute profession s'étaient rapprochés les uns des autres dans la fraternité d'une même croyance et sous le drapeau d'un même parti. La Ligue surtout avait associé étroitement et jeté pêle-mêle dans ses conseils l'artisan et le magistrat, le petit marchand et le grand seigneur; l'union dissoute, les conciliabules fermés, il en resta quelque chose dans l'âme de ceux qui retournèrent alors à la vie de boutique ou d'atelier : un sentiment de force et de dignité personnelle qu'ils transmirent à leurs enfants.

Quant à la population des campagnes, elle paraît, au xvi siècle, généralement affranchie de la rude et humiliante condition du servage; ses obligations envers les propriétaires du sol s'étaient fixées et modérées de plus en plus, et, dès la fin du xv siècle, son admission à une part de droits politiques avait marqué par un signe frappant le progrès accompli dans sa condition civile. Dès lors en effet, à chaque convocation d'états généraux, il y eut des assemblées primaires, composées des habitants de toutes les paroisses, et concourant, par leurs délégués, à la formation des cahiers et à l'élection des députés du tiers état. Les délégués de chaque paroisse dressaient le cahier de ses doléances et le portaient au chef-lieu du bailliage cantonal ; là, réunis aux délégués du chef-lieu ils élisaient des personnes chargées de fondre en un seul cahier les doléances des paroisses et de les porter à la ville siége du bailliage supérieur, où de nouveaux délégués, élus de la même manière et réunis aux mandataires de la ville, rédigeaient, par une nouvelle compilation, le cahier provincial de l'ordre plébéien, et nommaient ses représentants aux états généraux[1]. Cette innovation, qui date de l'assemblée de 1484, fit désormais un seul corps politique de toutes les classes du tiers état, et mit fin à la tutelle officieuse que les députés des bonnes villes avaient exercée jusque-là en faveur des gens du plat pays[2]. Ceux-ci se trouvèrent en possession du droit de parler pour eux-mêmes, et c'est d'eux que venaient directement les remontrances qui les concernent dans les cahiers de 1484, 1560, 1576 et 1588[3].

Pour revenir à la bourgeoisie, ce noyau du tiers état, sa condition, si on l'observe depuis le XIV° siècle, présente la singularité de deux mouvements contraires, l'un de progrès, l'autre de décadence. Pendant que les

---

[1]. Voy. l'*Hist. des états génér.*, par M. Thibaudeau, t. I, p. 282, et t. II, p. 14 et suiv.

[2]. Voy. plus haut, chap. II, p. 33, et chap. III, p. 60.

[3]. On trouvera ci-après, Appendice III, un cahier de village dressé en 1576.

emplois judiciaires et administratifs, le commerce, l'industrie, la science, les lettres, les beaux-arts, les professions libérales et les professions lucratives l'élevaient en considération, et créaient pour elle, sous mille formes, des positions importantes, ce qui dans l'origine avait fait sa force et son lustre, la liberté municipale, déclinait rapidement. La législation du xve siècle avait enlevé aux magistrats des villes l'autorité militaire, celle du xvie leur enleva la juridiction civile, restreignit leur juridiction criminelle, et soumit à un contrôle de plus en plus rigoureux leur administration financière. Le privilége de communauté libre et quasi-souveraine, qui avait protégé la renaissance et les premiers développements de l'ordre civil, fut traité de la même manière que les priviléges féodaux, et passa comme eux sous le niveau du pouvoir royal, dont chaque envahissement était alors un pas vers la civilisation et vers l'unité nationale. Mais la noblesse perdait, et ses pertes étaient irréparables; la bourgeoisie perdait, et ses pertes n'étaient qu'apparentes; si on lui fermait le chemin battu, de nouvelles et plus larges voies s'ouvraient aussitôt devant elle. L'élévation continue du tiers état est le fait dominant et comme la loi de notre histoire. Cette loi providentielle s'est exécutée plus d'une fois à l'insu de ceux qui en étaient les agents, à l'insu ou même avec les regrets de ceux qui devaient en recueillir le fruit. Les uns pensaient ne travailler que pour eux-mêmes, les autres, s'attachant au souvenir des garanties détruites ou éludées par le pouvoir, croyaient reculer pendant qu'ils avançaient toujours. Ainsi a marché le tiers état depuis son avénement jusqu'aux dernières années du xviiie siècle; vint alors un jour où l'on put dire qu'il n'était rien dans l'ordre politique[1], et, le lendemain de ce jour, ses représentants aux états généraux, se déclarant investis de la souveraineté nationale, abolissaient le régime des ordres, et fondaient en France l'unité sociale, l'égalité civile et la liberté constitutionnelle.

1. Voy. le célèbre pamphlet de Sieyès : *Qu'est-ce que le tiers état?*

CHAPITRE VII.

LES ÉTATS GÉNÉRAUX DE 1614.

SOMMAIRE : Hérédité des offices. — Elle est un moyen de force pour le tiers état. — États généraux de 1614. — Ombrages mutuels et dissensions des ordres. — La noblesse et le clergé unis contre le tiers état. — Discours de Savaron et de de Mesmes, orateurs du tiers. — Discours du baron de Senecey, orateur de la noblesse. — Proposition du tiers état sur l'indépendance de la couronne. — Demandes qu'il exprime dans son cahier. — Cahier de la noblesse. — Rivalité haineuse des deux ordres. — Clôture des états.

PARMI les mesures fiscales qu'une impérieuse nécessité suggéra au gouvernement de Henri IV, il en est une qui eut pour le présent et dans la suite de graves conséquences ; c'est le droit annuel mis sur tous les offices de judicature et de finance, et vulgairement nommé la *paulette*[1]. Au moyen de cet impôt, les magistrats des cours souveraines et les officiers royaux de tout grade obtinrent la jouissance de leurs charges en propriété héréditaire. Le premier résultat de cette innovation fut

---

1. Du nom du traitant Paulet, qui en prit la ferme ; ce droit était d'un soixantième de la finance à laquelle on évaluait l'office. Voyez plus haut, chap. VI, p. 189, note 1.

d'élever à des taux inconnus jusqu'alors la valeur vénale des offices; le second fut d'attirer sur les fonctionnaires civils un nouveau degré de considération, celui qui s'attache aux avantages de l'hérédité. Moins de dix ans après, on voyait des passions et des intérêts de classes soulevés et mis aux prises par les effets de ce simple expédient financier. Le haut prix des charges en écartait la noblesse, dont une partie était pauvre, et dont l'autre était grevée de substitutions, et cela arrivait au moment même où, plus éclairés, les nobles comprenaient la faute que leurs aïeux avaient faite en s'éloignant des offices par aversion pour l'étude, et en les abandonnant au tiers état. De là, entre les deux ordres, de nouvelles causes d'ombrage et de rivalité, l'un s'irritant de voir l'autre grandir d'une façon imprévue dans des positions qu'il regrettait d'avoir autrefois dédaignées; celui-ci commençant à puiser, dans le droit héréditaire qui élevait des familles de robe à côté des familles d'épée, l'esprit d'indépendance et de fierté, la haute opinion de soi-même, qui étaient auparavant le propre des gentilshommes.

Quelque remarquable qu'eût été dans le cours du XVIe siècle le progrès des classes bourgeoises, il avait pu s'opérer sans querelle d'amour-propre ou d'intérêt entre la noblesse et la roture; la grande lutte religieuse dominait et atténuait toutes les rivalités sociales. Aucun procédé malveillant des deux ordres l'un envers l'autre ne parut aux états généraux de 1576 et de 1588. Mais après l'apaisement des passions soulevées par la dualité de croyance et de culte, d'autres passions assoupies au fond des cœurs se réveillèrent ; et ainsi, par la force des choses, le premier quart du xviie siècle se trouva marqué pour recueillir et mettre au jour, avec les griefs récents, toute l'antipathie amassée de longue main entre le second ordre et le troisième. Cette collision éclata en 1614, au sein des états convoqués, à la majorité de Louis XIII, pour chercher un remède à ce qu'avaient produit de dilapidations et d'anarchie les quatre ans de régence écoulés depuis le dernier règne [1].

Ce fut le 14 octobre que l'assemblée se réunit en trois chambres distinctes au couvent des Augustins de Paris; elle comptait quatre cent soixante-quatre députés, dont cent quarante du clergé, cent trente-deux de la noblesse, et cent quatre-vingt-douze du tiers état. Parmi ces derniers, les membres du corps judiciaire et les autres officiers royaux dominaient par le nombre et par l'influence [2]. Dès la séance d'ouverture, on put voir entre les deux ordres laïques des signes de jalousie et d'hostilité; le tiers état s'émut pour la première fois des

---

1. Voy. le Rapport de mon frère Amédée Thierry sur le concours du prix d'histoire, décerné en 1844 par l'Académie des sciences morales et politiques, Mém. de l'Acad., t. V, p. 826.
2. Voyez la liste donnée ci-après, Appendice II.

différences du cérémonial à son égard[1]; l'orateur de la noblesse s'écria dans sa harangue : « Elle reprendra sa « première splendeur cette noblesse tant abaissée main- « tenant par quelques-uns de l'ordre inférieur sous pré- « texte de quelques charges ; ils verront tantôt la diffé- « rence qu'il y a d'eux à nous[2] ». La même affectation de morgue d'une part, la même susceptibilité de l'autre, accompagnèrent presque toutes les communications de la chambre noble avec la chambre bourgeoise.

Quand il s'agit d'établir un ordre pour les travaux, le clergé et la noblesse s'accordèrent ensemble, mais le tiers état, par défiance de ce qui venait d'eux, s'isola et fit tomber leur plan, quoique bon. Peu après, la noblesse tenta une agression contre la haute bourgeoisie; elle résolut de demander au roi la surséance, et par suite la suppression du droit annuel dont le bail allait finir, et elle obtint pour cette requête l'assentiment du clergé. La proposition des deux ordres fut adressée au tiers état, qu'elle mit dans l'alternative, ou de se joindre à eux et de livrer ainsi les premiers de ses membres à la jalousie de leurs rivaux, ou, s'il refusait son adhé-

---

1. « Je remarquai que mondit sieur le chancelier, parlant en sa harangue à Messieurs du clergé et de la noblesse, mettoit la main à son bonnet carré, et se découvroit, ce qu'il ne fit point lorsqu'il parloit au tiers état. » (Relation des états généraux de 1614, par Florimond Rapine, député du tiers état de Nivernais, *Des états généraux*, etc., t. XVI, p. 102.)

2. *Mercure françois*, 3ᵉ continuation, t. III, année 1614, p. 32.

sion, d'encourir le blâme de défendre par égoïsme un privilége qui blessait la raison publique, et ajoutait un nouvel abus à la vénalité des charges.

Le tiers état fit preuve d'abnégation. Il adhéra, contre son intérêt, à la demande de suspension de la taxe moyennant laquelle les offices étaient héréditaires; et pour que cette demande eût toute sa portée logique, il la compléta par celle de l'abolition de la vénalité[1]. Mais exigeant des deux autres ordres sacrifice pour sacrifice, il les requit de solliciter conjointement avec lui la surséance des pensions, dont le chiffre avait doublé en moins de quatre ans[2], et la réduction des tailles devenues accablantes pour le peuple. Sa réponse présentait comme connexes les trois propositions suivantes : supplier le roi, 1° de remettre pour l'année courante un quart de la taille, 2° de suspendre la perception du

---

1. « En quelle estime nous auront nos provinces, quand elles oïront que d'un courage viril nous aurons méprisé notre propre intérêt, demandant que les charges que nous possédons héréditairement soient vouées au public, aux plus capables et estimés, et non retenues par ceux qui ont le plus de biens, de richesses et de crédit!... Alors nous contraindrons les médisans à prendre autre confiance de nous, qu'ils n'ont pas, eux qui nous ont estimés être du tout contraires à la révocation de l'inique parti de la paulette. D'autant que la plupart de cette compagnie possède les charges plus relevées et honorables du royaume, d'autant plus nous devons nous porter, par la liberté et sincérité des états et l'obligation de nos consciences, à l'abolition de ce droit qui fomente l'ignorance, ferme la porte à la vertu et à la doctrine. » (Discours du lieutenant général de Saintes, Relation des états de 1614 par Florimond Rapine, p. 167.)

2. Depuis la mort de Henri IV.

droit annuel, et d'ordonner que les offices ne soient plus vénaux, 3° de surseoir au paiement de toutes les pensions accordées sur le trésor ou sur le domaine. La noblesse, pour qui les pensions de cour étaient un supplément de patrimoine, fut ainsi frappée par représailles ; mais, loin de se montrer généreuse comme ses adversaires, elle demanda que les propositions fussent disjointes, qu'on s'occupât uniquement du droit annuel, et qu'on remît à la discussion des cahiers l'affaire des pensions et celle des tailles. Le clergé fit la même demande, entourée de ménagements et de paroles captieuses qui n'eurent pas plus de succès auprès du tiers état que la franchise égoïste des gentilshommes[1]. Ayant délibéré de nouveau, la chambre du tiers décida qu'elle ne séparerait point ses propositions l'une de l'autre, et elle fit porter ce refus par l'un de ses membres les plus considérables, Jean Savaron, lieutenant général de la sénéchaussée d'Auvergne.

Cet homme d'un grand savoir et d'un caractère énergique parla deux fois devant le clergé, et termina ainsi

---

1. Quelque belles paroles qu'il pût prononcer (l'archevêque d'Aix), si ne put-il jamais faire départir notre compagnie de sa résolution de demander conjointement lesdites propositions, parce qu'on voyoit clairement qu'il y avoit de l'artifice, et que le clergé et la noblesse s'entendoient à la ruine des officiers et à la continuation de la charge et oppression du pauvre peuple, et ne vouloient point qu'on demandât le retranchement de leurs pensions, tant ils faisoient marcher leurs intérêts avant tout. (Relation de Flor. Rapine, p. 182.)

son second discours : « Quand vous vous buttez à l'ex-
« tinction du droit annuel, ne donnez vous pas à con-
« noître que votre intention n'est autre que d'attaquer
« les officiers qui possèdent les charges dans le
« royaume, puisque vous supprimez ce que vous de-
« vriez demander avec plus d'instance, à savoir l'aboli-
« tion des pensions qui tirent bien d'autres conséquen-
« ces que le droit annuel ? Vous voulez ôter des coffres
« du roi seize cent mille livres qui lui reviennent par
« chacun an de la paulette, et voulez surcharger de
« cinq millions l'état que le roi paye tous les ans pour
« acheter à deniers comptants la fidélité de ses sujets.
« Quel bien, quelle utilité peut produire au royaume
« l'abolition de la paulette, si vous supportez la véna-
« lité des offices qui cause seule le déréglement en la
« justice?.... C'est Messieurs, cette maudite racine qu'il
« faut arracher, c'est ce monstre qu'il faut combattre
« que la vénalité des offices qui éloigne et recule des
« charges les personnes de mérite et de savoir, procu-
« rant l'avancement de ceux qui, sans vertu bien sou-
« vent, se produisent sur le théâtre et le tribunal de la
« justice par la profusion d'un prix déréglé qui fait
« perdre l'espérance même d'y pouvoir atteindre à ceux
« que Dieu a institués en une honnête médiocrité. Par
« ainsi, Messieurs, nous vous supplions humblement
« de ne nous refuser en si saintes demandes l'union de
« votre ordre ; c'est pour le peuple que nous travail-

« lons, c'est pour le bien du roi que nous nous portons, « c'est contre nos propres intérêts que nous combat- « tons[1]. »

Devant la noblesse, Savaron s'exprima d'un ton haut et fier, et, sous ses arguments, il y eut de l'ironie et des menaces. Il dit que ce n'était point le droit annuel qui fermait aux gentilshommes l'accès des charges, mais leur peu d'aptitude pour elles, et la vénalité des offices; que ce qu'ils devaient demander plutôt que l'abolition de ce droit c'était celle de la vénalité; que, du reste, la surséance de la paulette, la réduction des tailles et la suppression des pensions ne pouvaient être disjointes; que l'abus des pensions était devenu tel que le roi ne trouvait plus de serviteurs qu'en faisant des pensionnaires, ce qui allait à ruiner le trésor, à fouler et opprimer le peuple[2]; et il ajouta en finissant : « Rentrez, Messieurs, dans le mérite de vos prédéces- « seurs, et les portes vous seront ouvertes aux honneurs « et aux charges. L'histoire nous apprend que les Ro- « mains mirent tant d'impositions sur les Français[3], « que ces derniers enfin secouèrent le joug de leur « obéissance, et par là jetèrent les premiers fonde- « ments de la monarchie. Le peuple est si chargé de

---

1. Relation de Flor. Rapine, p. 192.
2. Relation de Flor. Rapine, p. 179.
3. C'est-à-dire, les Franks. Le soin de distinguer ces deux noms est une précaution de la science moderne.

« tailles, qu'il est à craindre qu'il n'en arrive pareille
« chose ; Dieu veuille que je sois mauvais prophète[1] ! »

La noblesse ne répondit que par des murmures et des invectives à l'orateur du tiers état ; le clergé avait loué son message en lui refusant tout concours ; resté seul pour soutenir ses propositions, le tiers résolut de les présenter au roi. Il en fit le premier article d'un mémoire qui contenait sur d'autres points des demandes de réforme, et il envoya au Louvre, avec une députation de douze membres, Savaron chargé encore une fois de porter la parole. L'homme qui avait donné aux ordres privilégiés des leçons de justice et de prudence fut, devant la royauté, l'avocat ému et courageux du pauvre peuple : « Que diriez-vous, Sire, si vous aviez
« vu dans vos pays de Guyenne et d'Auvergne, les
« hommes paître l'herbe à la manière des bêtes ? Cette
« nouveauté et misère inouïe en votre État ne produi-
« roit-elle pas dans votre âme royale un désir digne
« de Votre Majesté, pour subvenir à une calamité si
« grande ? Et cependant, cela est tellement véritable,
« que je confisque à Votre Majesté mon bien et mes
« offices si je suis convaincu de mensonge[2]. »

C'est de là que partit Savaron pour demander, avec la réduction des tailles, le retranchement de tous les

---

1. *Procès-verbal et cahier de la noblesse ès états de l'an 1615*, ms. de la Bibliothèque impériale, fonds de Brienne, n° 283, fol. 52 v°.
2. *Relation de Florimond Rapine*, p. 198.

abus dénoncés dans le mémoire du tiers état, et pour traiter de nouveau, avec une franchise mordante, les points d'où provenait le désaccord entre le tiers et les deux autres ordres : « Vos officiers, Sire, secondant
« l'intention du clergé et de la noblesse, se sont portés
« à requérir de Votre Majesté la surséance du droit an-
« nuel qui a causé un prix si excessif ès offices de votre
« royaume, qu'il est malaisé qu'autres y soient jamais
« reçus que ceux qui auront plus de biens et de ri-
« chesses, et bien souvent moins de mérite, suffisance
« et capacité : considération à vrai dire très-plausible,
« mais qui semble être excogitée pour donner une at-
« teinte particulière à vos officiers, et non à dessein
« de procurer le bien de votre royaume. Car, à quel
« sujet demander l'abolition de la paulette, si Votre
« Majesté ne supprime de tout point la vénalité des
« offices?.... Ce n'est pas le droit annuel qui a donné
« sujet à la noblesse de se priver et retrancher des
« honneurs de judicature, mais l'opinion en laquelle
« elle a été depuis longues années que la science et l'é-
« tude affoiblissoit le courage, et rendoit la générosité
« lâche et poltronne..... On vous demande, Sire, que
« vous abolissiez la paulette, que vous retranchiez de
« vos coffres seize cent mille livres que vos officiers
« vous payent tous les ans, et l'on ne parle point que
« vous supprimiez l'excès des pensions, qui sont tel-
« lement effrénées, qu'il y a de grands et puissants

« royaumes qui n'ont pas tant de revenu que celui que
« vous donnez à vos sujets pour acheter leur fidélité....
« Quelle pitié qu'il faille que Votre Majesté fournisse,
« par chacun an, cinq millions six cent soixante
« mille livres à quoi se monte l'état des pensions qui
« sortent de vos coffres! Si cette somme étoit employée
« au soulagement de vos peuples, n'auroient-ils pas de
« quoi bénir vos royales vertus ? Et, cependant, l'on
« ne parle rien moins que de cela, l'on en remet la
« modération aux cahiers, et veut-on à présent que
« Votre Majesté surseoye les quittances de la paulette.
« Le tiers état accorde l'un, et demande très-instam-
« ment l'autre [1]. »

Cette harangue fut un nouveau sujet d'irritation pour la noblesse, qui en éprouva un tel dépit, qu'elle résolut de se plaindre au roi. Elle pria le clergé de se joindre à elle; mais celui-ci, se portant médiateur, envoya l'un de ses membres vers l'assemblée du tiers état lui exposer les griefs de la noblesse, et l'inviter, pour le bien de la paix, à faire quelque satisfaction. Quand le député eut parlé, Savaron se leva et dit fièrement : Que ni de fait, ni de volonté, ni de paroles, il n'avait offensé messieurs de la noblesse; que, du reste, avant de servir le roi comme officier de justice, il avait porté les armes, de sorte qu'il avait moyen de

---

[1]. Relation de Florimond Rapine, p. 199 et suiv.

répondre à tout le monde en l'une et en l'autre profession[1]. Afin d'éviter une rupture qui eût rendu impossible tout le travail des états, le tiers, acceptant la médiation qui lui était offerte, consentit à faire porter à la noblesse des paroles d'accommodement; et, pour que toute cause d'aigreur ou de défiance fût écartée, il choisit un nouvel orateur, le lieutenant civil de Mesmes. De Mesmes eut pour mission de déclarer que ni le tiers état en général, ni aucun de ses membres en particulier, n'avait eu envers l'ordre de la noblesse aucune intention offensante. Il prit un langage à la fois digne et pacifique; mais le terrain était si brûlant, qu'au lieu d'apaiser la querelle, son discours l'envenima. Il dit que les trois ordres étaient trois frères, enfants de leur mère commune la France; que le clergé était l'aîné, la noblesse le puîné, et le tiers état le cadet; que le tiers état avait toujours reconnu la noblesse comme élevée de quelque degré au-dessus de lui, mais qu'aussi la noblesse devait reconnaître le tiers état comme son frère, et ne pas le mépriser au point de ne le compter pour rien; qu'il se trouvait souvent dans les familles que les aînés ruinaient les maisons, et que les cadets les relevaient[2]. Non-seulement ces dernières paroles, mais la comparaison des trois ordres avec trois frères, et l'idée

---

1. Relation de Florimond Rapine, p. 207.
2. Relation de Florimond Rapine, p. 223.

d'une telle parenté entre le tiers état et la noblesse, excitèrent chez celle-ci un orage de mécontentement. L'assemblée, en tumulte, fit des reproches aux députés ecclésiastiques présents à la séance, se plaignant que l'envoyé du tiers état, venu sous leur garantie, eût apporté, au lieu de réparations, de nouvelles injures plus graves que les premières. Après de longs débats sur ce qu'il convenait de faire, il fut résolu qu'on irait sur-le-champ porter plainte au roi[1].

L'audience demandée ne fut obtenue qu'après deux jours; la noblesse en corps s'y présenta. Son orateur, le baron de Senecey, termina un exorde verbeux par cette définition du tiers état : « Ordre composé du « peuple des villes et des champs : ces derniers quasy « tous hommagers et justiciables des deux premiers « ordres; ceux des villes, bourgeois, marchands arti-« sans, et quelques officiers; » et il continua : « Ce « sont ceux-ci qui, méconnoissant leur condition, sans « l'aveu de ceux qu'ils représentent, veulent se com-« parer à nous. J'ai honte, Sire, de vous dire les « termes qui de nouveau nous ont offensés; ils com-« parent votre État à une famille composée de trois « frères; ils disent l'ordre ecclésiastique être l'aîné; « le nôtre le puîné, et eux les cadets, et qu'il advient

---

[1]. *Procès-verbal et cahier de la noblesse ès états de l'an* 1615, ms. de la Bibliothèque impériale, fonds de Brienne, n° 283, fol. 64 v°. — Relation de Florimond Rapine, p. 226.

« souvent que les maisons ruinées par les aînés sont
« relevées par les cadets. En quelle misérable condi-
« tion sommes-nous tombés, si cette parole est véri-
« table!... Et, non contents de se dire nos frères, ils
« s'attribuent la restauration de l'État; à quoi comme
« la France sait assez qu'ils n'ont aucunement parti-
« cipé, aussi chacun connoît qu'ils ne peuvent en
« aucune façon se comparer à nous, et seroit insup-
« portable une entreprise si mal fondée. Rendez-en,
« Sire, le jugement, et, par une déclaration pleine de
« justice, faites-les mettre en leur devoir[1]. » A cet
étrange discours, la foule des députés nobles qui ac-
compagnaient l'orateur fit succéder, en se retirant,
des marques d'adhésion unanime et des mots tels que
ceux-ci : « Nous ne voulons pas que des fils de cor-
« donniers et de savetiers nous appellent frères; il y a,
« de nous à eux, autant de différence qu'entre le maî-
« tre et le valet[2]. »

Le tiers état reçut avec un grand calme la nouvelle
de cette audience et de ces propos; il décida que son
orateur serait non-seulement avoué, mais remercié;
qu'on n'irait point chez le roi pour récriminer contre
la noblesse, et qu'on passerait au travail des cahiers
sans s'arrêter à de pareilles disputes[3]. Alors le clergé

---

[1]. *Procès-verbal et cahier de la noblesse*, ms. de la Bibliothèque impériale, fonds de Brienne, n° 283, fol. 63 v°.
[2]. Relation de Flor. Rapine, p. 228. — [3]. Ibid.

vint de nouveau s'entremettre pour la réconciliation, demandant que des avances fussent faites par le tiers état; le tiers répondit que, cette fois comme la première, il n'y avait eu de sa part aucune intention blessante; que MM. du clergé pouvaient eux-mêmes le faire entendre à la noblesse, à laquelle il ne voulait donner aucune autre satisfaction, désirant qu'on le laissât en paix travailler à son cahier, et s'occuper d'affaires plus importantes [1]. Mais la brouillerie des deux ordres tenait tout en suspens; le gouvernement, sans se porter juge, redoubla d'instances pour la paix; il vint de la part du roi un commandement au tiers état de faire quelque démarche qui pût contenter la noblesse; et plusieurs jours se passèrent sans que cet ordre fût obéi.

Pendant ce temps, le mémoire contenant les demandes du tiers passa à l'examen du conseil. La noblesse et le clergé en appuyèrent tous les articles, hors celui qui était l'objet de la dissidence, et, quant à celui-là, il fut promis par le premier ministre que le chiffre des pensions serait annuellement réduit d'un quart, et que les plus inutiles seraient supprimées [2]. Ce concours et cette victoire ouvrirent les voies au raccommodement. Le tiers état fit remercier les deux premiers ordres de leur coopération bienveillante; ses

---

[1]. Relation de Flor. Rapine, p. 231.
[2]. Ibid., p. 242.

envoyés auprès de la noblesse ne désavouèrent que l'intention d'offense, et on leur répondit convenablement[1]. Ainsi fut terminé ce différend, d'où ne pouvait sortir aucun résultat politique, mais qui est remarquable, parce que le tiers état y eut le beau rôle, celui du désintéressement et de la dignité, et que là se montra au grand jour, en face de l'orgueil nobiliaire, un orgueil plébéien nourri au sein de l'étude et des professions qui s'exercent par le travail intellectuel.

Une querelle bien plus grave, et sans aucun mélange d'intérêts privés, survint presque aussitôt, et divisa de même les trois ordres, mettant d'un côté le tiers état, et de l'autre le clergé et la noblesse. Elle eut pour sujet le principe de l'indépendance de la couronne vis-à-vis de l'Église, principe qu'avaient proclamé trois cent douze ans auparavant les représentants de la bourgeoisie[2]. En compilant son cahier général sur les cahiers provinciaux, le tiers état prit dans le cahier de l'Ile-de-France, et plaça en tête de tous les chapitres un article contenant ce qui suit : « Le roi sera supplié de faire
« arrêter en l'assmblée des États, pour loi fondamentale
« du royaume qui soit inviolable et notoire à tous, que,
« comme il est reconnu souverain en son état, ne
« tenant sa couronne que de Dieu seul, il n'y a puis-
« sance en terre, quelle qu'elle soit, spirituelle ou tem-

1. Ibid., p. 246-248.
2. Voy. plus haut, chap. II, p. 47 et 48.

« porelle, qui ait aucun droit sur son royaume pour en
« priver les personnes sacrées de nos rois, ni dispenser
« ou absoudre leurs sujets de la fidélité et obéissance
« qu'ils lui doivent, pour quelque cause ou prétexte
« que ce soit. Tous les sujets, de quelque qualité et
« condition qu'ils soient, tiendront cette loi pour sainte
« et véritable, comme conforme à la parole de Dieu,
« sans distinction, équivoque ou limitation quelconque,
« laquelle sera jurée et signée par tous les députés des
« états, et dorénavant par tous les bénéficiers et offi-
« ciers du royaume…. Tous précepteurs, régents,
« docteurs et prédicateurs seront tenus de l'enseigner
« et publier [1]. »

Ces fermes paroles, dont le sens était profondément national sous une couleur toute monarchique, consacraient le droit de l'État dans celui de la royauté, et déclaraient l'affranchissement de la société civile. Au seul bruit d'une pareille résolution, le clergé fut en alarme ; il fit demander au tiers état et n'obtint de lui qu'avec peine communication de l'article qui, en même temps, fut communiqué à la noblesse. Celle-ci, en délaissant la cause commune des laïques et de l'État, rendit complaisance pour complaisance à la chambre ecclésiastique ; mais les démarches collectives des deux premiers ordres furent inutiles auprès du tiers ; il ne

---

[1]. Relation de Flor. Rapine, p. 285.

voulut ni retirer ni modifier son article, et repoussa comme elle le méritait la proposition de s'en tenir à une demande de publication du décret du concile de Constance contre la doctrine du tyrannicide[1]. Il s'agissait là de la grande question posée dans la guerre de la Ligue entre les deux principes de la royauté légitime par son propre droit, et de la royauté légitime par l'orthodoxie. Le débat de cette question, que le règne de Henri IV n'avait point résolue [2] et à laquelle sa fin tragique donnait un intérêt sombre et pénétrant, fut, par une sorte de coup d'État, enlevé à la discussion des ordres, et évoqué au conseil, ou plutôt, à la personne du roi.

Sur l'invitation qui lui en fut faite, le tiers état remit au roi le premier article de son cahier, et, quelques jours après, le président de la chambre et les douze présidents des bureaux furent mandés au Louvre. Quoique Louis XIII fût majeur, la reine mère prit la parole, et dit à la députation « que l'article concernant la souveraineté du roi et la sûreté de sa personne ayant été évoqué à lui, il n'était plus besoin de le remettre au cahier, que le roi le regardait comme présenté et

---

[1]. Voyez, dans la relation de Flor. Rapine (*Des états généraux*, etc., t. XVI, 2e partie, p. 112-164), le discours du cardinal du Perron, orateur du clergé, et la réplique de Robert Miron, président du tiers état.

[2]. Henri IV n'avait régné qu'en vertu d'une transaction avec ses sujets catholiques.

reçu, et qu'il en déciderait au contentement du tiers état¹ ». Cette violence faite à la liberté de l'assemblée y excita un grand tumulte; elle comprit ce que signifiait et à quoi devait aboutir la radiation qui lui était prescrite. Durant trois jours, elle discuta si elle se conformerait aux ordres de la reine. Il y eut deux opinions : l'une qui voulait que l'article fût maintenu dans le cahier, et qu'on protestât contre les personnes qui circonvenaient le roi et forçaient sa volonté; l'autre qui voulait qu'on se soumît en faisant de simples remontrances. La première avait pour elle la majorité numérique; mais elle ne prévalut point, parce que le vote eut lieu par provinces et non par bailliages². Cent vingt députés, à la tête desquels étaient Savaron et de Mesmes, se déclarèrent opposants contre la résolution de l'assemblée, comme prise par le moindre nombre. Ils demandaient à grands cris que leur opposition fût reçue, et qu'il leur en fût donné acte. Le bruit et la confusion remplirent toute une séance, et, de guerre lasse, on s'accorda pour un moyen terme; on convint que le texte de l'article ne serait point inséré dans le cahier général, mais que sa place y resterait formelle-

1. Relation de Flor. Rapine, 2ᵉ partie, p. 194.
2. Les provinces étaient très-inégales en nombre de représentants; mais le vote par bailliages, qui, dans cette occasion, fut réclamé inutilement, répondait presque au vote par tête. — Voy. la relation de Flor. Rapine, 2ᵉ partie, p. 197 et suiv.

ment réservée [1]. En effet, sur les copies authentiques du cahier, à la première page et après le titre : *des Lois fondamentales de l'État*, il y eut un espace vide et cette note : « Le premier article, extrait du procès-« verbal de la chambre du tiers état, a été présenté « au roi par avance du présent cahier, et par com-« mandement de Sa Majesté, qui a promis de le ré-« pondre. »

Cette réponse ne fut pas donnée, et la faiblesse d'une reine que des étrangers gouvernaient fit ajourner la question d'indépendance pour la couronne et le pays. Ce ne fut qu'au bout de soixante-sept ans que les droits de l'État, proclamés cette fois dans une assemblée d'évêques, furent garantis par un acte solennel, obligatoire pour tout le clergé de France. Mais la célèbre déclaration de 1682 n'est, dans sa partie fondamentale, qu'une reproduction presque textuelle de l'article du cahier de 1615, et c'est au tiers état que revient ici l'honneur de l'initiative [2]. Tout ce qu'il

---

[1]. Relation de Flor. Rapine, p. 205-207.
[2]. Nous déclarons, en conséquence, que les rois et les souverains ne sont soumis à aucune puissance ecclésiastique, par l'ordre de Dieu, dans les choses temporelles; qu'ils ne peuvent être déposés ni directement ni indirectement par l'autorité des chefs de l'Église; que leurs sujets ne peuvent être dispensés de la soumission et de l'obéissance qu'ils leur doivent, ni absous du serment de fidélité; et que cette doctrine, nécessaire pour la tranquillité publique, et non moins avantageuse à l'Église qu'à l'État, doit être inviolablement suivie comme conforme à la parole de Dieu, à la tradition des saints

y avait de fort et d'éclairé dans l'opinion publique du temps lui rendit hommage et le vengea de sa défaite. Pendant que les ordres privilégiés recevaient de la cour de Rome des brefs de félicitation [1], à Paris, des milliers de bouches répétaient ce quatrain, composé pour la circonstance, et qu'aujourd'hui l'on peut dire prophétique :

> O noblesse, ô clergé, les aînés de la France,
> Puisque l'honneur du roi si mal vous maintenez,
> Puisque le tiers état en ce point vous devance,
> Il faut que vos cadets deviennent vos aînés [2].

A la demande de garanties pour la souveraineté et pour la sûreté du prince, le tiers joignit, dans son cahier, sous le même titre : *des Lois fondamentales de l'État*, la demande d'une convocation des états généraux tous les dix ans, et il fut le seul des trois ordres

---

Pères et aux exemples des saints. (*Déclaration du 19 mars 1682*, Manuel du droit public ecclésiastique français, par M. Dupin, p. 126.)

1. Paulus, pontifex maximus, dilectis filiis nobilibus viris ordinis nobilium regni Franciæ in comitiis generalibus. — Dilecti filii nobiles viri... mirum in modum auctus est noster erga vos paternus amor ex his, quæ venerabilis frater Robertus episcopus Montispolitiani, noster apostolicus nuncius, nuper ad nos scripsit de alacritate animi, deque studiosa voluntate qua promptos paratosque vos ordini ecclesiastico istius regni exhibuistis ad tutelam divini honoris, et deffensionem auctoritatis sanctæ apostolicæ sedis... (Procès-verbal et cahier de la noblesse, mss. de la Bibl. impériale, fonds de Brienne, n° 283, fol. 172.)

2. Mss. de la Bibl. impériale, collection Fontanieu (Pièces, lettres et négociations), p. 187.

qui exprima ce vœu. Le cahier de 1615 rappelle par le mérite et dépasse en étendue celui de 1560 [1], il a ce caractère d'abondance inspirée qui se montre aux grandes époques de notre histoire législative. Institutions politiques, civiles, ecclésiastiques, judiciaires, militaires, économiques, il embrasse tout, et, sous forme de requête, statue sur tout avec un sens et une décision admirables. On y trouve l'habileté prudente qui s'attache à ce qui est pratique et de larges tendances vers le progrès à venir, des matériaux pour une législation prochaine, et des vœux qui ne devaient être réalisés que par un ordre de choses tout nouveau. Je voudrais donner une idée complète de cette œuvre de patriotisme et de sagesse [2]; mais il faut que je me borne à l'analyse de quelques points; je choisirai parmi les demandes qui, appartenant au tiers état seul, ne se rencontrent dans le cahier d'aucun des deux autres ordres :

Que les archevêques et évêques soient nommés suivant la forme prescrite par l'ordonnance d'Orléans [3],

---

1. On y compte 659 articles formant neuf chapitres intitulés : Des lois fondamentales de l'État; de l'état de l'Église; des hôpitaux; de l'Université; de la noblesse; de la justice; des finances et domaines; des suppressions et révocations; police et marchandises.

2. Ce que je dis s'applique à l'ensemble et non à tous les articles du cahier; plusieurs d'entre eux portent la trace inévitable des préjugés qui dominaient alors, tels que : le système prohibitif, l'utilité des lois somptuaires, et la nécessité de la censure.

3. Voy. plus haut, chap. v, p. 135, 136.—Ce mode d'élection mitigée,

c'est-à-dire, sur une liste de trois candidats élus par les évêques de la province, le chapitre de la cathédrale, et vingt-quatre notables, douze de la noblesse, et douze de la bourgeoisie ; — que les crimes des ecclésiastiques soient jugés par les tribunaux ordinaires ; — que tous les curés, sous peine de saisie de leur temporel, soient tenus de porter, chaque année, au greffe des tribunaux, les registres des baptêmes, mariages et décès, paraphés à chaque page, et cotés ; — que les communautés religieuses ne puissent acquérir d'immeubles, si ce n'est pour accroître l'enclos de leurs maisons conventuelles ; — que les jésuites soient astreints aux mêmes lois civiles et politiques que les autres religieux établis en France, qu'ils se reconnaissent sujets du roi, et ne puissent avoir de provinciaux que français de naissance et élus par des jésuites français [1] ;

Que les gentilshommes et les ecclésiastiques ayant domicile ou maison dans les villes soient obligés de

---

s'il fut jamais suivi régulièrement, ne put l'être que de 1561 à 1579 ; l'ordonnance de Blois, rendue à cette dernière date, laisse au roi la faculté de nomination pure et simple. — Le cahier de la noblesse porte ce qui suit : « Que, conformément à l'ordonnance de Blois, il ne « soit admis aux bénéfices, dignités et charges ecclésiastiques, que « personnes d'âge, prud'homie, suffisance et autres qualités requi- « ses,... et qu'auxdits bénéfices les gentils hommes y soient préférés. » (Ms. de la Bibl. impériale, fonds de Brienne, n° 283, f. 247.)

1. Cahier du tiers état de 1615, art. 7, 53, 33, 62 et 41. (Ms. de la Bibl. impériale, fonds de Brienne, n° 284.

contribuer aux charges communales ; — que nul gentilhomme ou autre ne puisse exiger aucune corvée des habitants de ses domaines, s'il n'a pour cela un titre vérifié par les juges royaux ; — que défense soit faite à tous gentilshommes ou autres de contraindre personne d'aller moudre à leurs moulins, cuire à leurs fours, ou pressurer à leurs pressoirs, ni d'user d'aucun autre droit de banalité, quelque jouissance et possession qu'ils allèguent, s'ils n'ont titre reconnu valable ; — que tous les seigneurs laïcs ou ecclésiastiques soient tenus, dans un délai fixé, d'affranchir leurs mainmortables moyennant une indemnité arbitrée par les juges royaux, sinon que tous les sujets du roi, en quelque lieu qu'ils habitent, soient déclarés de plein droit capables d'acquérir, de posséder et de transmettre librement ce qu'ils possèdent [1] ;

Qu'il n'y ait plus, au-dessous des parlements, que deux degrés de juridiction ; — que les cours des aides soient réunies aux parlements ; — que les professions soumises depuis l'année 1576 au régime des maîtrises et jurandes puissent s'exercer librement ; — que tous les édits en vertu desquels on lève des deniers sur les artisans, à raison de leur industrie, soient révoqués, et que toutes lettres de maîtrise accordées comme faveurs de cour, soient déclarées nulles ; — que les

---

[1]. Cahier du tiers état, art. 532, 165, 167 et 309.

marchands et artisans, soit de métier formant corporation, soit de tout autre, ne payent aucun droit pour être reçus maîtres, lever boutique, ou toute autre chose de leur profession ; — que tous les monopoles commerciaux ou industriels concédés à des particuliers soient abolis ; — que les douanes de province à province soient supprimées, et que tous les bureaux de perception soient transférés aux frontières [1].

Il y a là comme une aspiration vers l'égalité civile, l'unité judiciaire, l'unité commerciale, et la liberté industrielle de nos jours. En même temps, le tiers état de 1615 renouvelle les protestations de 1588 et de 1576 contre l'envahissement par l'État des anciens droits municipaux. Il demande que les magistrats des villes soient nommés par élection pure, sans l'intervention et hors de la présence des officiers royaux ; que la garde des clefs des portes leur appartienne, et que partout où ils ont perdu cette prérogative, ils y soient rétablis ; enfin, que toutes les municipalités puissent, dans de certaines limites, s'imposer elles-mêmes, sans l'autorisation du gouvernement [2].

Si l'on cherche dans les cahiers des trois ordres en quoi leurs vœux s'accordent et en quoi ils diffèrent, on trouvera qu'entre le tiers état et le clergé, la dissidence est beaucoup moins grande qu'entre le tiers

---

[1]. Cahier du tiers état, art. 249, 549, 614, 615, 616, 647, 387 et 389.
[2]. Cahier du tiers état, art. 593, 594 et 528.

état et la noblesse. Le clergé, attiré d'un côté par l'esprit libéral de ses doctrines, et de l'autre par ses intérêts comme ordre privilégié, ne suit pas en politique une direction nette : tantôt ses votes sont pour le droit commun, la cause plébéienne, le dégrèvement des classes pauvres et opprimées; tantôt, lié à la cause nobiliaire, il demande le maintien de droits spéciaux et d'exemptions abusives. Dans les questions de bien-être général, d'unité administrative et de progrès économique, il montre que la tradition des réformes ne lui est pas étrangère, qu'il n'a rien d'hostile au grand mouvement qui, depuis le XIIIe siècle, poussait la France, par la main des rois unis au peuple, hors des institutions civiles du moyen âge. En un mot, ses sympathies évangéliques, jointes à ses sympathies d'origine, le rapprochent du tiers état dans tout ce qui n'affecte pas ses intérêts temporels ou l'intérêt spirituel et les prétentions de l'Église. C'est sur ce dernier point, sur les questions du pouvoir papal, des libertés gallicanes, de la tolérance religieuse, du concile de Trente et des jésuites, et presque uniquement sur elles, qu'un sérieux désaccord se rencontre dans les cahiers du tiers et de l'ordre ecclésiastique[1].

Mais, entre les deux ordres laïques, la divergence est complète; c'est un antagonisme qui ne se relâche

[1]. Les concessions faites là-dessus par la noblesse furent ce qui lui gagna l'alliance du clergé dans sa querelle avec le tiers état.

qu'à de rares intervalles, et qui, vu du point où nous sommes placés aujourd'hui, présente dans les idées, les mœurs et les intérêts, la lutte du passé et de l'avenir. Le cahier du tiers état de 1615 est un vaste programme de réformes dont les unes furent exécutées par les grands ministres du xviie siècle, et dont les autres se sont fait attendre jusqu'à 1789; le cahier de la noblesse, dans sa partie essentielle, n'est qu'une requête en faveur de tout ce qui périssait ou était destiné à périr par le progrès du temps et de la raison. Ce sont des choses déjà dites pour la plupart aux précédents états généraux, mais accompagnées, cette fois, d'un emportement de haine jalouse contre les officiers royaux, et, en général, contre la classe supérieure du tiers état [1]. La noblesse ne se borne pas à défendre ce

1. Sa Majesté n'aura, s'il lui plaist, aucun égard à tous les articles qui lui seront présentés dans les cahiers du tiers état, au préjudice des justices des gentilshommes,... attendu que ladite chambre s'étant trouvée composée pour la plus grande partie de lieutenants généraux et officiers aux bailliages, leur principal dessein n'a été que d'accroître leur autorité et augmenter leur profit au préjudice de ce que la noblesse a si dignement mérité. — Que Votre Majesté, considérant la désolation du pauvre peuple des champs,..... duquel la misère est la ruine du clergé et de la noblesse, ordonne qu'à l'avenir il ne soit permis aux gens du tiers état de pouvoir faire imposer aucuns deniers pour quelque cause que ce soit, excepté ceux de Votre Majesté, sans le consentement du clergé et de la noblesse demeurant dans l'étendue du ressort où telle levée auroit à se faire. — Que tous droits et privilèges prétendus par les habitants des villes de chasser aux terres de Votre Majesté et des seigneuries voisines de leur ville soient révoqués et cassés, et défense à toutes personnes roturières

qui lui restait de priviléges et de pouvoir, elle veut rompre les traditions administratives de la royauté française, replacer l'homme d'épée sur le banc du juge [1], et supplanter le tiers état dans les cours souveraines et dans tous les postes honorables. Non-seulement elle revendique les emplois de la guerre et de la cour, mais elle demande que les parlements se remplissent de gentilshommes, et qu'il y ait pour elle des places réservées à tous les degrés de la hiérarchie civile, depuis les hautes charges de l'État jusqu'aux fonctions municipales [2]. En outre, afin de s'ouvrir à

et non nobles de porter harquebuses ni pistolets, ni avoir chiens à chasser, ni autres qui n'ayent les jarrets coupés. — Que, pour régler le grand désordre qui est aujourd'hui parmi le tiers état qui usurpe la qualité et les habits des damoiselles, Votre Majesté est très-humblement suppliée que dorénavant il leur soit défendu d'en user ainsi, à peine de mille écus d'amende. — ...... Prescrire à chacun état tel habit que par l'accoutrement on puisse faire distinction de la qualité des personnes, et que le velours et satin soit défendu, si ce n'est aux gentilshommes. (Cahier de la noblesse de 1615, fol. 233, 254, 229, 262 et 256.)

1. Voyez, dans le cahier de la noblesse, l'article relatif à *l'état des baillis et sénéchaux*, fol. 234.

2. Que tous les prévôts des maréchaux, vice-baillis et vice-sénéchaux soient gentilshommes d'extraction, et qu'il soit enjoint à ceux qui ne seront de cette qualité de s'en défaire dans trois mois, à faute de quoi la charge sera déclarée vacante et impétrable. — Que les grand's maîtrises et maîtrises particulières des eaux et forêts ne soient données qu'à gentilshommes d'extraction. — Que le premier consul ou major des villes et bastilles sera pris du corps de la noblesse, à peine de nullité de l'élection qui pourroit être faite au contraire. — Que les deux trésoriers de France qui demeureront selon la suppression qui en est demandée, l'un soit gentilhomme de race, et ne

elle-même les sources de richesse où la bourgeoisie seule puisait, elle demande de pouvoir faire le grand trafic sans déroger. C'était dans les idées une sorte de progrès, mais le tiers état, par esprit de monopole, réclame contre cette requête; il veut que le commerce reste interdit aux gentilshommes, et le soit formellement à tous les privilégiés[1]. Ainsi l'on opposait privilége à privilége, et, au lieu de la liberté d'une part et de l'autre, on voulait la compensation pour chacun.

Cette rivalité passionnée, qui donne tant d'intérêt à l'histoire des états généraux de 1614, fut pour eux une cause d'impuissance. La coalition des deux premiers ordres contre le troisième, et les ressentiments qui en furent la suite, empêchèrent ou énervèrent toute résolution commune, et rendirent nulle l'action de l'assemblée sur la marche et l'esprit du gouvernement. Du reste, quand bien même la cour du jeune roi aurait eu quelque amour du bien public, l'incompatibilité de

---

puisse être d'autre qualité. — Que nul ne puisse être pourvu d'état de bailli ou sénéchal qui ne soit de robe courte gentilhomme de nom et d'armes. — ..... Remplissant vos cours souveraines de gentilshommes de race comme elles étoient anciennement, et pour le moins que le tiers des offices leur soit affecté. — ..... Et d'autant qu'en vain on demanderoit qu'il plût à Votre Majesté accorder la préférence aux nobles pour les charges des compagnies souveraines de votre royaume... — Qu'en tout corps de justice ou de finance le tiers des juges et officiers soient gentilshommes. (Cahier de la noblesse, ibid., fol. 229, 232, 233, 234, 278 et 229.)

1. Voy. le cahier du tiers état, art. 164, et le cahier de la noblesse, fol. 232.

vœux entre les ordres l'eût contrainte à rester inerte, car le choix d'une direction précise était trop difficile et trop hasardeux pour elle. Il eût fallu, pour tirer la lumière de ce chaos d'idées, un roi digne de ce nom, ou un grand ministre. Loin de chercher sincèrement une meilleure voie, la cour de Louis XIII n'eut à cœur que de profiter de la mésintelligence des états pour le maintien des abus et la continuation du désordre. De crainte qu'il ne survînt une circonstance qui fît sentir à l'assemblée la nécessité du bon accord, elle pressa de tout son pouvoir la remise des cahiers, promettant d'y répondre avant que le congé de départ fût donné aux députés. Ceux-ci demandèrent qu'on leur reconnût le droit de rester réunis en corps d'états jusqu'à ce qu'ils eussent reçu la réponse du roi à leurs cahiers. C'était poser la question, encore indécise après trois siècles, du pouvoir des états généraux; la cour répondit d'une façon évasive, et, le 23 février 1615, quatre mois après l'ouverture des états, les cahiers des trois ordres furent présentés au roi, en séance solennelle, dans la grande salle de l'hôtel de Bourbon [1].

Le lendemain, les députés du tiers état se rendirent au couvent des Augustins, lieu ordinaire de leurs séances; ils trouvèrent la salle démeublée de bancs et de tapisseries, et leur président annonça que le roi et

---

[1]. Voy. la relation de Flor. Rapine, IIIe part., *Des états généraux*, etc., t. XVII, p. 75 et suiv.

le chancelier lui avaient fait défense de tenir désormais aucune assemblée. Plus étonnés qu'ils n'auraient dû l'être, ils se répandirent en plaintes et en invectives contre le ministre et la cour; ils s'accusaient eux-mêmes d'indolence et de faiblesse dans l'exécution de leur mandat; ils se reprochaient d'avoir été quatre mois comme assoupis, au lieu de tenir tête au pouvoir et d'agir résolument contre ceux qui pillaient et ruinaient le royaume. Un témoin et acteur de cette scène l'a décrite avec des expressions pleines de tristesse et de colère patriotique : « L'un, dit-il, se frappe « la poitrine, avouant sa lâcheté, et voudrait chère- « ment racheter un voyage si infructueux, si perni- « cieux à l'État et dommageable au royaume d'un « jeune prince duquel il craint la censure, quand l'âge « lui aura donné une parfaite connaissance des dés- « ordres que les états n'ont pas retranchés, mais accrus, « fomentés et approuvés. L'autre minute son retour, « abhorre le séjour de Paris, désire sa maison, voir « sa femme et ses amis, pour noyer dans la douceur « de si tendres gages la mémoire de la douleur que sa « liberté mourante lui cause..... Quoi, disions-nous, « quelle honte, quelle confusion à toute la France, « de voir ceux qui la représentent en si peu d'estime « et si ravilis, qu'on ignore s'ils sont Français, tant « s'en faut qu'on les reconnaisse pour députés!... « Sommes-nous autres que ceux qui entrèrent hier

« dans la salle de Bourbon [1] ? » Cette question, qui était la question même de la souveraineté nationale, revint pour une autre assemblée cent soixante-quatorze ans plus tard, et alors une voix répondit : « Nous sommes « aujourd'hui ce que nous étions hier, délibérons [2]. »

Mais rien n'était mûr en 1615 pour les choses que fit le tiers état de 1789 ; les députés, à qui toute délibération était interdite, restèrent sous le poids de leur découragement. Chaque jour, suivant le récit de l'un d'entre eux [3], ils allaient battre le pavé du cloître des Augustins, pour se voir et apprendre ce qu'on voulait faire d'eux. Ils se demandaient l'un à l'autre des nouvelles de la cour. Ce qu'ils souhaitaient d'elle, c'était d'être congédiés ; et tous en cherchaient le moyen, pressés qu'ils étaient de quitter une ville où ils se trouvaient, dit le même récit, errants et oisifs, sans affaires, ni publiques, ni privées [4]. Le sentiment de leur devoir les tira de cette langueur. Ils songèrent que le conseil du roi étant à l'œuvre pour la préparation des réponses à faire aux cahiers, s'il arrivait que quelque décision y fût prise au détriment du peuple, on ne manquerait pas de rejeter le mal sur leur impatience de partir, et que d'ailleurs la noblesse et le clergé

---

[1]. Relation de Flor. Rapine, IIIe partie, p. 119.
[2]. C'est ce mot de Sieyès qui amena le serment du Jeu de Paume.
[3]. Flor. Rapine, député du tiers état du Nivernais.
[4]. Relation de Flor. Rapine, IIIe partie, p. 119.

profiteraient de leur absence pour obtenir, à force de sollicitations, toutes sortes d'avantages. Par ce double motif, les députés du tiers état résolurent de ne demander aucun congé séparément, et d'attendre, pour se retirer, que le conseil eût décidé sur les points essentiels[1]. Ils restèrent donc, et se réunirent plusieurs fois en différents lieux, soutenant avec une certaine vigueur, contre le premier ministre, leur qualité de députés. Enfin, le 24 mars, les présidents des trois ordres furent mandés au Louvre. On leur dit que la multitude des articles contenus dans les cahiers ne permettait pas au roi d'y répondre aussi vite qu'il l'eût désiré, mais que, pour donner aux états une marque de sa bonne volonté, il accueillait d'avance leurs principales demandes, et leur faisait savoir qu'il avait résolu d'abolir la vénalité des charges, de réduire les pensions, et d'établir une chambre de justice contre les malversations des financiers ; qu'on pourvoirait à tout le reste le plus tôt possible, et que les députés pouvaient partir.

Ces trois points des cahiers étaient choisis avec adresse comme touchant à la fois aux passions des trois ordres. La noblesse voyait dans l'abolition de l'hérédité et de la vénalité des offices un grand intérêt pour elle-même ; le tiers état voyait un grand intérêt

---

1. Relation de Flor. Rapine, IIIe partie, p. 119.

pour le peuple dans le retranchement des pensions, et l'assemblée avait été unanime pour maudire les financiers et réclamer l'établissement d'une juridiction spéciale contre leurs gains illicites[1]. On pouvait même dire que la suppression de la paulette et de la vénalité était une demande commune des états, bien que chaque ordre eût fait cette demande par des motifs différents ; la noblesse, pour son propre avantage[2], le clergé, par sympathie pour la noblesse, et le tiers état en vue du bien public contre son intérêt particulier. Et quant à l'article des pensions qui avait fait éclater la division entre le tiers et les deux autres ordres, les trois cahiers en étaient venus à cet égard à un accord,

---

1. Voy. l'*Histoire de France* de M. Henri Martin, t. XII, p. 251 et suiv.

2. Elle-même a soin de le rappeler dans les articles de son cahier : « L'expérience fait connaître combien est pernicieux l'établissement « du droit annuel appelé *paulette*, qui rend tant les charges de judi- « cature que toutes autres héréditaires,..... et ôte à Votre Majesté le « moyen de pouvoir choisir les officiers, et l'espérance aux gen- « tilshommes d'y parvenir jamais..... Partant, Votre Majesté est très- « humblement suppliée de retrancher entièrement la vénalité de tou- « tes sortes d'offices..... C'est le seul moyen de rendre votre État plus « illustre et plus florissant, Votre Majesté bien servie, et vos peuples « consolés par le choix qu'elle fera de personnes capables. De ce « bien en réussira un particulièrement à l'avantage de votre no- « blesse, désireuse de vous rendre autant de témoignages de sa fidé- « lité dans l'exercice de la justice, qu'elle fait dans vos armées aux « occasions qui s'en présentent. Elle vous en supplie très-humble- « ment, Sire. » (Cahier de la noblesse de 1615, ms. de la Bibliothèque impériale, fonds de Brienne, n° 283, fol. 238 et 239.)

plus franc, il est vrai, du côté du clergé que du côté de la noblesse[1]. Ainsi, par une circonstance bizarre, sous des votes conformes, il y avait des passions contraires, et les promesses du roi satisfaisaient du même coup des désirs généreux et des intentions égoïstes. Ces promesses, la seule bonne nouvelle que les membres des états eussent à emporter dans leurs provinces, ne furent jamais tenues, et la réponse aux cahiers par une ordonnance royale n'arriva qu'après quinze ans.

Telle fut la fin des états généraux convoqués en 1614 et dissous en 1615. Ils font époque dans notre histoire nationale, comme fermant la série des grandes assemblées tenues sous la monarchie ancienne; ils font époque dans l'histoire du tiers état dont ils signalèrent, au commencement du xviie siècle, l'importance croissante, les passions, les lumières, la puissance morale et l'impuissance politique. Leur réunion n'aboutit qu'à un antagonisme stérile; et, avec eux, cessa d'agir et de vivre ce vieux système représentatif qui s'était mêlé à la monarchie, sans règles ni conditions précises, et, où la bourgeoisie avait pris place, non par droit, non par conquête, mais à l'appel du pouvoir royal. Entrée aux états du royaume sans lutte, sans cette fougue de désir et de travail qui l'avait conduite

---

[1]. Voy. le cahier du tiers état, art. 491 et 492; celui du clergé, art. 158; et celui de la noblesse, fol. 214 v°. Ms. de la Biblioth. impériale, fonds de Brienne, n°s 282, 283 et 284.

à l'affranchissement des communes, elle y était venue, en général, avec plus de défiance que de joie, parfois hardie, souvent contrainte, toujours apportant avec elle une masse d'idées neuves, qui, de son cahier de doléances, passaient, plus ou moins promptement, plus ou moins complétement, dans les ordonnances des rois. A cette initiative, dont le fruit était lent et incertain, se bornait le rôle effectif du tiers état dans les assemblées nationales; toute action immédiate lui était rendue impossible par la double action contraire ou divergente des ordres privilégiés. C'est ce qu'on vit plus clairement que jamais aux états de 1615, et il semble que l'ordre plébéien, frappé d'une telle expérience, ait dès lors fait peu de cas de ses droits politiques.

Cent soixante-quatorze ans s'écoulèrent sans que les états généraux fussent une seule fois réunis par la couronne, et sans que l'opinion publique usât de ce qu'elle avait de forces pour amener cette réunion[1]. Espérant tout de ce pouvoir qui avait tiré du peuple et mis en œuvre par des mains plébéiennes les éléments de l'or-

---

[1]. Durant les troubles de la Fronde, les états généraux furent convoqués à deux reprises, d'abord spontanément par la cour en lutte avec la bourgeoisie, ensuite sur les instances de la noblesse unie au clergé. Des philanthropes, joints au parti aristocratique, les réclamèrent au déclin du règne de Louis XIV. Le régent y songea pour étayer son pouvoir; et il n'en fut point question pendant le règne de Louis XV.

dre civil moderne, l'opinion se donna, un siècle et demi, sans réserve à la royauté. Elle embrassa la monarchie pure, symbole d'unité sociale, jusqu'à ce que cette unité, dont le peuple sentait profondément le besoin, apparut aux esprits sous de meilleures formes.

CHAPITRE VIII

LE PARLEMENT SOUS LOUIS XIII, LE MINISTÈRE DE RICHELIEU, LA FRONDE.

Sommaire : Importance nouvelle du parlement. — Sa popularité, son intervention dans les affaires d'État. — Remontrances du 22 mai 1615, soulèvement de la haute noblesse. — Ministère du cardinal de Richelieu, sa politique intérieure. — Assemblée des notables de 1626. — Démolition des châteaux-forts. — Ordonnance de janvier 1629. — Politique extérieure de Richelieu. — Impopularité du grand ministre. — Réaction du tiers état contre la dictature ministérielle. — Coalition de la haute magistrature, la Fronde. — Acte politique délibéré par les quatre cours souveraines. — Journée des barricades. — Pouvoir dictatorial du parlement. — Il fait sa paix avec la cour. — La Fronde des princes, son caractère. — Triomphe du principe de la monarchie sans limites. — Développements de l'esprit français. — Progrès des lumières et de la politesse. — Influence de la bourgeoisie lettrée.

Ici commence une nouvelle phase de l'histoire du tiers état; le vide que laisse dans cette histoire la disparition des états généraux se trouve rempli par les tentatives d'intervention directe du parlement de Paris dans les affaires du royaume. Ce corps judiciaire, appelé dans certains cas par la royauté à jouer un rôle politique, se prévalut, dès le XVIe siècle, de cet usage pour soutenir qu'il représentait les états, qu'il avait, en leur absence, le même pouvoir qu'eux[1]; et, quand l'issue de leur dernière assemblée eut trompé toutes les espérances de réforme, l'attente publique se tourna vers lui pour ne plus s'en détacher qu'au jour où devait finir l'ancien régime. Recruté depuis plus de trois siècles dans l'élite des classes roturières, placé au premier rang des dignitaires du royaume, donnant l'exemple de l'intégrité et de toutes les vertus civiques, honoré pour son patriotisme, son lustre, ses richesses, son orgueil même, le parlement avait tout ce qu'il fallait pour attirer les sympathies et la confiance du tiers état. Sans examiner si ses prétentions au rôle d'arbitre de la législation et de modérateur du pouvoir royal étaient fondées sur de véritables titres[2], on l'aimait

---

[1]. Le parlement disait de lui-même qu'il était *les états généraux au petit pied.*

[2]. Dans ses remontrances à Louis XIII (1615), le parlement se vante de tenir la place *du conseil des princes et barons, qui de toute ancienneté étaient près de la personne des rois, voire avec l'état*, et il ajoute : « Pour marque de ce, les princes et pairs de « France y ont toujours eu séance et voix délibérative, et aussi y ont « été vérifiés les lois, ordonnances et édits, créations d'offices, traités « de paix et autres plus importantes affaires du royaume et dont let- « tres patentes lui sont envoyées pour, en toute liberté, les mettre en « délibération, en examiner le mérite, y apporter modification rai- « sonnable, voire même que ce qui est accordé par nos états géné- « raux doit être vérifié en votre cour, où est le lieu de votre trône « royal et le lit de votre justice souveraine. » (*Des états généraux*, etc., t. XVII, IIe partie, p. 142.)

pour son esprit de résistance à l'ambition des favoris et des ministres, pour son hostilité perpétuelle contre la noblesse, pour son zèle à maintenir les traditions nationales, à garantir l'État de toute influence étrangère, et à conserver intactes les libertés de l'église gallicane. On lui donnait les noms de corps auguste, de sénat auguste, de tuteur des rois, de père de l'État, et l'on regardait ses droits et son pouvoir comme aussi sacrés, aussi incontestables que les droits mêmes et le pouvoir de la couronne.

Ce qu'il y avait d'aristocratique dans l'existence faite aux cours de judicature par l'hérédité des charges, loin de diminuer leur crédit auprès des classes moyenne et inférieure de la nation, n'était aux yeux de celles-ci qu'une force de plus pour la défense des droits et des intérêts de tous. Cette puissance effective et permanente, transmise du père au fils, conservée intacte par l'esprit de corps joint à l'esprit de famille, paraissait pour la cause des faibles et des opprimés une protection plus solide que les prérogatives incertaines et temporaires des états généraux. En réalité, l'esprit politique des compagnies judiciaires était moins large et moins désintéressé que celui dont se montraient animés, dans l'exercice de leurs pouvoirs, les représentants élus du tiers état[1]. Si le parlement tenait de

---

[1]. On en vit un exemple en 1615 à propos du droit annuel d'où provenait l'hérédité des charges. La chambre du tiers état en avait de-

ces derniers sous de certains rapports, il en différait sous d'autres; son opposition la plus courageuse était parfois égoïste, il avait quelques-uns des vices de la noblesse à laquelle il confinait. Mais, malgré ses travers et ses faiblesses, ceux qui souffraient des abus ne se lassaient point de croire à lui et de compter sur lui. Il semble qu'au fond des consciences populaires une voix se fît entendre qui disait : Ce sont nos gens, ils ne sauraient vouloir que le bien du peuple.

Les faits restèrent, dans toute occasion, fort au-dessous des espérances, et il n'en pouvait être autrement. Si les cours souveraines avaient le mérite de

---

mandé l'abolition, quoique la plupart de ses membres fussent officiers de judicature. Le parlement, dès que les cahiers eurent été remis au roi, s'assembla pour protester contre cette réforme, et pour dénoncer en même temps les abus de l'administration, faisant ainsi un mélange bizarre de l'intérêt public et de son intérêt particulier. « Le lundi « neuvième jour du dit mois de mars, il y eut un grand contraste « dans le parlement pour raison de la paulette et de plusieurs autres « affaires d'importance auxquelles ce grand et auguste corps vouloit « pourvoir..... Ils firent réponse qu'ils venoient prendre leurs places « pour aviser aux affaires, non pas pour le seul sujet de la paulette, « mais du royaume, qui étoit régi et gouverné à la volonté de deux « ou trois ministres d'état qui bouleversoient les règles et loix de la « monarchie..... Les voici donc aux opinions, qui ne regardent plus « particulièrement le bien universel de l'État (comme ce qui s'étoit « dit le jour précédent sembloit le promettre); les plus zélés alloient « au bien public, les autres portoient leurs coups et leurs flèches au « seul intérêt particulier des officiers, pour empêcher l'extinction du « droit annuel, sous la foi duquel plusieurs s'étoient flattés d'être « dedans les charges, comme dans un bien héréditaire et patrimo-« nial. » (Relation de Flor. Rapine, IIIe partie, p. 130, 131 et 137.)

parler haut, leur parole manquait de sanction. Instituées par les rois pour administrer la justice, elles n'avaient pas même l'ombre de ce mandat national qui, donné ou présumé, confère, dans telle ou telle mesure, le droit d'agir contre la volonté du monarque. Dès que venait le moment de faire succéder l'action aux remontrances, d'opposer des moyens de contrainte à l'obstination du pouvoir, le parlement se trouvait sans titre et sans force; il devait s'arrêter ou recourir à des auxiliaires plus puissants que lui, aux princes du sang, aux factieux de la cour, à l'aristocratie mécontente. Quand il avait refusé au nom de l'intérêt public l'enregistrement d'un édit ou la suppression d'un arrêt, et conservé une attitude libre et fière malgré l'exil ou l'emprisonnement de ses membres, son rôle était fini, à moins qu'il n'eût fait alliance avec des ambitions étrangères à la cause du peuple et au bien du royaume. Ainsi les plus solennelles manifestations de patriotisme et d'indépendance n'aboutissaient qu'à des procédures sans issue, ou à la guerre civile pour l'intérêt et les passions des grands. De nobles commencements et des suites mesquines ou détestables, le courage civique réduit, par le sentiment de son impuissance, à se mettre au service des intrigues et des factions nobiliaires, telle est, en somme, l'histoire des tentatives politiques du parlement. La première de toutes, qui fut, sinon la plus éclatante, au moins une des plus hardies, présenta ce caractère qu'on retrouve sur une plus grande échelle et avec de nombreuses complications dans les événements de la Fronde.

Le 28 mars 1615, quatre jours après la dissolution des états généraux, le parlement, toutes les chambres assemblées, rendit un arrêt qui invitait les princes, ducs, pairs et officiers de la couronne, *ayant séance et voix délibérative en la cour*, à s'y rendre, pour aviser sur les choses qui seraient proposées pour le service du roi, le bien de l'État et le soulagement du peuple. Cette convocation faite sans commandement royal était un acte inouï jusqu'alors ; elle excita dans le public une grande attente, l'espérance de voir s'exécuter par les compagnies souveraines ce qu'on s'était vainement promis de la réunion des états[1]. Le conseil du roi s'en

---

[1]. Messieurs du parlement se rassemblèrent pour continuer le reste de leur opinion, afin d'arrêter quelque chose sur ce qui étoit à faire et mis en délibération entre eux. Toute la France avoit les yeux arrêtés sur ce grand aréopage, et étoit aux écoutes pour apprendre avec applaudissement ce que produiroit le conclave du premier sénat de l'Europe, en un temps si désespéré et corrompu auquel on croyoit qu'il suppléeroit au défaut de la foiblesse et pusillanimité des états qui n'avoient parlé que par truchement et par l'ordre et suivant la volonté de ceux qui n'avoient désiré des députés que l'approbation et confirmation de ce qui avoit été géré et manié dans l'État depuis la mort du défunt roi..... Je prie Dieu qu'il illumine leurs entendements des rayons de son Saint-Esprit, enflamme et renforce leurs courages pour faire produire plus de bien au pauvre peuple que les états n'ont pas fait. (Relation de Flor. Rapine, IIIe partie, p. 141 et 143.) Ces paroles, écrites à propos d'une assemblée de toutes les chambres anté-

émut comme d'une nouveauté menaçante, et, cassant l'arrêt du parlement par un contre-arrêt, il lui défendit de passer outre, et, aux princes et pairs, de se rendre à son invitation. Le parlement obéit; mais aussitôt il se mit en devoir de rédiger des remontrances; un nouvel arrêt du conseil lui ordonna de s'arrêter; cette fois il n'obéit point et continua la rédaction commencée. Les remontrances prêtes, le parlement demanda audience pour qu'elles fussent lues devant le roi, et sa ténacité, soutenue par l'opinion publique, intimida les ministres; durant près d'un mois ils négocièrent pour que cette lecture n'eût pas lieu; mais le parlement fut inébranlable, et sa persévérance l'emporta. Le 22 mai, il eut audience au Louvre, et fit entendre au roi, en conseil, ces remontrances, dont voici quelques passages :

« Sire, cette assemblée des grands de votre royaume
« n'a été proposée en votre cour de parlement que
« sous le bon plaisir de Votre Majesté, pour lui repré-
« senter au vrai, par l'avis de ceux qui en doivent avoir
« le plus de connoissance, le désordre qui s'augmente
« et multiplie de jour en jour, étant du devoir des offi-
« ciers de votre couronne, en telles occasions, vous
« toucher le mal, afin d'en atteindre le remède par le
« moyen de votre prudence et autorité royale, ce qui

rieures au 28 mars, sont à plus forte raison applicables à la décision de ce jour.

« n'est, Sire, ni sans exemple ni sans raison.... Ceux
« qui veulent affoiblir et déprimer l'autorité de cette
« compagnie s'efforcent de lui ôter la liberté que vos
« prédécesseurs lui avoient perpétuellement accordée
« de vous remontrer fidèlement ce qu'elle jugeroit utile
« pour le bien de votre État. Nous osons dire à Votre
« Majesté que c'est un mauvais conseil qu'on lui donne
« de commencer l'année de sa majorité par tant de
« commandements de puissance absolue, et de l'ac-
« coutumer à des actions dont les bons rois comme
« vous, Sire, n'usent jamais que fort rarement[1]. »

Après avoir présenté à sa manière les faits de son histoire, dit qu'il tenait la place du conseil des grands barons de France, et qu'à ce titre il était de tout temps intervenu dans les affaires publiques, le parlement proposait un cahier de réformes à l'instar de ceux des états généraux. Il demandait au roi de reprendre à l'intérieur et à l'extérieur les errements politiques de son père, d'entretenir les mêmes alliances et de pratiquer les mêmes règles de gouvernement, de pourvoir à ce que sa souveraineté fût garantie contre les doctrines ultramontaines, et à ce que l'intérêt étranger ne s'insinuât par aucune voie dans la gestion des affaires d'État. Il passait en revue tous les désordres de l'administration : la ruine des finances, les prodi-

---

[1]. Des états généraux, etc., t. XVII, 2e partie, p. 141-144.

galités, les dons excessifs et les pensions de faveur, les entraves mises à la justice par la cour et la haute noblesse, la connivence des officiers royaux avec les traitants, et l'avidité insatiable des ministres. Il montrait en perspective le soulèvement du peuple réduit au désespoir, et concluait par ces mots d'une fierté calme : « Sire, nous supplions très-humblement Votre
« Majesté de nous permettre l'exécution si nécessaire
« de l'arrêt du mois de mars dernier.... Et au cas que
« ces remontrances, par les mauvais conseils et arti-
« fices de ceux qui y sont intéressés, ne puissent avoir
« lieu et l'arrêt être exécuté, Votre Majesté trouvera
« bon, s'il lui plaît, que les officiers de son parlement
« fassent cette protestation solennelle, que, pour la
« décharge de leurs consciences envers Dieu et les
« hommes, pour le bien de votre service et la conser-
« vation de l'État, ils seront obligés de nommer ci-
« après en toute liberté les auteurs de tous ces désor-
« dres, et faire voir au public leurs déportements[1]. »

Le lendemain, 23 mai, un arrêt du conseil ordonna de biffer ces remontrances des registres du parlement, et défendit à la compagnie de s'entremettre des affaires d'État sans l'ordre du roi. Le parlement demanda une nouvelle audience, elle lui fut refusée, et des ordres réitérés lui enjoignirent d'exécuter l'arrêt du conseil.

---

1. Ibid., p. 172 et suiv.

Il résista, employant avec art tous les moyens dilatoires que sa procédure lui fournissait; mais, tandis qu'il soutenait pied à pied la lutte légale, ceux qu'il avait convoqués à ses délibérations quittaient Paris et préparaient tout pour une prise d'armes. Le prince de Condé, le duc de Vendôme, les ducs de Bouillon, de Mayenne, de Longueville et d'autres grands seigneurs soulevèrent les provinces dont ils avaient le gouvernement, publièrent un manifeste contre la cour, et levèrent des soldats au nom du jeune roi, violenté, disaient-ils, par ses ministres. Profitant des inquiétudes causées par les complaisances du gouvernement pour la cour de Rome, et par ses liaisons avec l'Espagne, ils entraînèrent dans leur parti les chefs des calvinistes[1], et la cause de la religion réformée, une fois associée à celle de la rébellion aristocratique, resta compromise par cette alliance. Ainsi commença pour les protestants la série de fautes et de malheurs qui, terminée par la révolte et le siége de la Rochelle, leur fit perdre successivement toutes les garanties politiques et militaires dont les avait dotés l'édit de Nantes[2].

1. Les ducs de Rohan, de Soubise et de la Trémouille, et même le duc de Sully.
2. ...... Voulant donner tout le contentement qu'il lui est possible à ses sujets de la religion prétendue réformée, sur les demandes et requêtes qui lui ont été faites de leur part, pour ce qu'ils ont estimé leur être nécessaire, tant pour la liberté de leurs consciences que pour l'assurance de leurs personnes, fortunes et biens,..... Sa dite Majesté, outre ce qui est contenu en l'édit qu'elle a nouvellement

La guerre civile, dont les remontrances du parlement étaient le prétexte, se termina sans autre fait d'armes que des marches de troupes, et de grands pillages commis par les soldats des princes révoltés. Dans le traité de paix conclu à Loudun [1] et publié sous la forme d'un édit, il fut statué que l'arrêt de suppression des remontrances demeurerait sans effet, que les droits des cours souveraines seraient fixés par un accord entre le conseil du roi et le parlement, que le roi répondrait sous trois mois aux cahiers des états généraux, et dans le même délai au fameux article du tiers état sur l'indépendance de la couronne [2]. Mais toutes ces stipulations d'intérêt public restèrent en paroles, il n'y

---

résolu,... leur a accordé et promis que toutes les places, villes et châteaux qu'ils tenoient jusqu'à la fin du mois d'août dernier esquelles y aura garnisons, par l'état qui en sera dressé et signé par sa Majesté, demeureront en leur garde sous l'autorité et obéissance de Sadite Majesté, par l'espace de huit ans, à compter du jour de la publication dudit édit. Et pour les autres qu'ils tiennent, où il n'y aura point de garnisons, n'y sera point altéré ni innové..... Et ce terme desdites huit années expiré, combien que Sa Majesté soit quitte de la promesse pour le regard desdites villes, et eux obligés de les lui remettre, toutefois elle leur a encore accordé et promis que si esdites villes elle continue après ledit temps d'y tenir garnisons ou y laisser un gouverneur pour commander, qu'elle n'en dépossédera point celui qui s'en trouvera pourvu pour y en mettre un autre. (Articles annexés à l'édit de Nantes, Dumont, *Corps diplomatique*, t. V, 1re partie, p. 557 et 558.)

1. Le 6 mai 1616.

2. Voy. l'édit donné à Blois, au mois de mai 1616, *Rec. des anc. lois françaises*, t. XVI, p. 83.

eut d'exécuté que les clauses secrètes qui accordaient aux chefs de la révolte des places de sûreté, des honneurs et six millions à partager entre eux. Ainsi satisfaits, les mécontents se réconcilièrent avec leurs ennemis de la cour, et les choses reprirent le même train de désordre et d'anarchie qu'auparavant. Le pouvoir divisé et annulé par les cabales qui se le disputaient ; une sorte de complot pour ramener la France en arrière au delà du règne de Henri IV; des tentatives qui faisaient dire aux uns avec une joie folle, aux autres avec une profonde affliction, que le temps des rois était passé et que celui des grands était venu [1], la menace toujours présente d'une dissolution administrative et d'un démembrement du royaume par les intrigues des ambitieux unies à celles de l'étranger : voilà le spectacle qu'offrit, au milieu de ses variations, le gouvernement de Louis XIII, jusqu'au jour où un homme d'État marqué dans les destinées de la France pour reprendre et achever l'œuvre politique de Henri le Grand, après s'être glissé au pouvoir à l'ombre d'un patronage, s'empara de la direction des affaires de haute lutte, par le droit du génie [2].

Le cardinal de Richelieu fut moins un ministre, dans le sens exact de ce mot, qu'un fondé de pouvoir

---

1. Mémoires de Sully, collect. Michaud, 2e série, t. II. p. 388.
2. 1624.

universel de la royauté. Sa prépondérance au conseil suspendit l'exercice de la puissance héréditaire, sans que la monarchie cessât d'exister, et il semble que cela ait eu lieu pour que le progrès social, arrêté violemment depuis le dernier règne, reprît sa marche par l'impulsion d'une sorte de dictateur dont l'esprit fût libre des influences qu'exerce sur les personnes royales l'intérêt de famille et de dynastie. Par un étrange concours de circonstances, il se trouva que le prince faible, dont la destinée devait être de prêter son nom au règne du grand ministre, avait dans son caractère, ses instincts, ses qualités bonnes ou mauvaises, tout ce qui peut répondre aux conditions d'un pareil rôle. Louis XIII, âme sans ressort mais non sans intelligence, ne pouvait se passer d'un maître; après en avoir accepté et quitté plusieurs, il prit et garda celui qu'il reconnut capable de mener la France au but que lui-même entrevoyait, et où il aspirait vaguement dans ses rêveries mélancoliques. On dirait qu'obsédé par la pensée des grandes choses qu'avait faites et voulues son père, il se sentit sous le poids d'immenses devoirs qu'il ne pouvait remplir que par le sacrifice de sa liberté d'homme et de roi. Souffrant parfois de ce joug, il était tenté de s'en affranchir, et aussitôt il venait le reprendre, vaincu par la conscience qu'il avait du bien public et par son admiration pour le génie dont les plans magnifiques promettaient l'ordre et la prospérité au dedans, la force et la gloire au dehors [1].

Dans ses tentatives d'innovation, Richelieu, simple ministre, dépassa de beaucoup en hardiesse le grand roi qui l'avait précédé. Il entreprit d'accélérer si fort le mouvement vers l'unité et l'égalité civiles, et de le porter si loin que, désormais, il fût impossible de rétrograder. Après le règne de Philippe le Bel, la royauté avait reculé dans sa tâche révolutionnaire et fléchi sous une réaction de l'aristocratie féodale; après Charles V, il s'était fait de même un retour en arrière; l'œuvre de Louis XI avait été près de s'abîmer dans les troubles du XVIe siècle, et celle de Henri IV se trouvait compromise par quinze ans de désordre et de faiblesse. Pour qu'elle ne pérît pas, il fallait trois choses : que la haute noblesse fût définitivement contrainte à l'obéissance au roi et à la loi, que le protestantisme cessât d'être un parti armé dans l'État, que la France pût choisir ses alliés librement dans son intérêt et dans celui de l'indépendance européenne. C'est à ce triple objet que le ministre-roi employa sa puissance d'esprit, son infatigable activité, des passions ardentes et une force d'âme héroïque [2].

---

1. Voy. le *Testament politique* du cardinal de Richelieu.

2. Lorsque Votre Majesté se résolut de me donner en même temps et l'entrée de ses conseils et grande part en sa confiance pour la direction de ses affaires, je puis dire avec vérité que les huguenots partageoient l'État avec elle; que les grands se conduisoient comme s'ils n'eussent pas été ses sujets, et les plus puissants gouverneurs

Sa vie de tous les jours fut une lutte acharnée contre les grands, la famille royale, les cours souveraines, tout ce qu'il y avait de hautes existences et de corps constitués dans le pays. Pour tout réduire au même niveau de soumission et d'ordre, il éleva la royauté au-dessus des liens de famille et du lien des précédents; il l'isola dans sa sphère comme une pure idée, l'idée vivante du salut public et de l'intérêt national[1].

Des hauteurs de ce principe, il fit descendre dans l'exercice de l'autorité suprême une logique impassible et des rigueurs impitoyables. Il fut sans merci comme il était sans crainte, et mit sous ses pieds le respect des formes et des traditions judiciaires. Il fit prononcer des sentences de mort par des commis-

des provinces comme s'ils eussent été souverains en leurs charges..... Je puis encore dire que les alliances étrangères étoient méprisées; les intérêts particuliers préférez aux publics; en un mot, la dignité de la majesté royale étoit tellement ravallée et si différente de ce qu'elle devoit être, par le défaut de ceux qui avoient lors la principale conduite de nos affaires, qu'il étoit presque impossible de la reconnoître. (Testament politique de Richelieu, 1re partie, p. 5, *Amsterdam*, 1788.)

1. Les intérêts publics doivent être l'unique fin du prince et de ses conseillers. (Ibid., 2e partie, p. 222.) — Croire que, pour être fils ou frère du roi ou prince du sang, on puisse impunément troubler le royaume, c'est se tromper. Il est plus raisonnable d'assurer le royaume et la royauté que d'avoir égard à leurs qualités..... Les fils, frères et autres parents des rois sont sujets aux lois comme les autres, et principalement quand il est question du crime de lèse-majesté. (Mém. du cardinal de Richelieu, collect. Michaud, 2e série, t. VIII, p. 407.)

saires de son choix, frappa, jusque sur les marches
du trône, les ennemis de la chose publique, ennemis
en même temps de sa fortune, et confondit ces haines
personnelles avec la vindicte de l'État. Nul ne peut
dire s'il y eut ou non du mensonge dans la sécurité
de conscience qu'il fit voir à ses derniers moments[1];
Dieu seul a connu le fond de sa pensée. Nous qui
avons recueilli le fruit lointain de ses veilles et de son
dévouement patriotique, nous ne pouvons que nous
incliner devant cet homme de révolution par qui ont
été préparées les voies de la société nouvelle. Mais
quelque chose de triste demeure attaché à sa gloire;
il a tout sacrifié au succès de son entreprise; il a
étouffé en lui-même et refoulé dans de nobles âmes
les principes éternels de la morale et de l'humanité[2].
A la vue des grandes choses qu'il a faites, on l'admire

---

1. Le curé lui demandant s'il ne pardonnoit point à ses ennemis, il répondit qu'il n'en avoit point que ceux de l'État. (Mém. de Montglat, collect. Michaud, 3ᵉ série, t. V, p. 133.) — Voy. aussi mém. de Montchal, Rotterdam, 1718, p. 268.

2. Le cardinal de Richelieu a fait des crimes de ce qui faisoit dans le siècle passé les vertus des Miron, des Harlay, des Marillac, des Pibrac et des Faye. Ces martyrs de l'Estat, qui, par leurs bonnes et saintes maximes, ont plus dissipé de factions que l'or d'Espagne et d'Angleterre n'en a faict naistre, ont esté les défenseurs de la doctrine pour la conservation de laquelle le cardinal de Richelieu confina M. le président Barillon à Amboise, et c'est lui qui a commencé à punir les magistrats pour avoir advancé des vérités pour lesquelles leur serment les oblige d'exposer leur propre vie. (Mém. du card. de Retz, collect. Michaud et Poujoulat, p. 50.)

avec gratitude, on voudrait, on ne saurait l'aimer.

Les novateurs les plus intrépides sentent qu'ils ont besoin de l'opinion; avant d'exécuter ses plans politiques, Richelieu voulut les soumettre à l'épreuve d'un débat solennel, pour qu'ils lui revinssent confirmés par une sorte d'adhésion nationale. Il ne pouvait songer aux états généraux; membre de ceux de 1614, il les avait vus à l'œuvre, et, d'ailleurs, son génie absolu répugnait à ces grandes réunions; l'appui moral qu'il désirait, il le chercha dans une assemblée de notables. Il convoqua au mois de novembre 1626 cinquante-cinq personnes de son choix : douze membres du clergé, quatorze de la noblesse, et vingt-sept des cours souveraines, avec un trésorier de France et le prévôt des marchands de Paris. Gaston, frère du roi, fut président, et les maréchaux de la Force et de Bassompierre vice-présidents de l'assemblée; mais les nobles qui y siégèrent, conseillers d'État pour la plupart, appartenaient à l'administration plutôt qu'à la cour; il ne s'y trouva ni un duc et pair, ni un gouverneur de province[1].

Devant cette réunion d'élite, dont les hommes du tiers état formaient plus de la moitié, Richelieu développa lui-même tout le plan de sa politique intérieure[2].

[1]. La séance d'ouverture eut lieu le 2 décembre, dans la grande salle des Tuileries.
[2]. Voyez son discours et celui du garde des sceaux Marillac, dans

L'initiative des propositions partit du gouvernement, non de l'assemblée; une même pensée pénétra tout, les demandes comme les réponses, et, dans le travail d'où résulta le cahier des votes, on ne saurait distinguer ce qui fut la part du ministre et ce qui fut celle des notables. Des principes d'administration conformes au génie social et à l'avenir de la France furent posés d'un commun accord : l'assiette de l'impôt doit être telle que les classes qui produisent et qui souffrent n'en soient pas grevées; — c'est dans l'industrie et le commerce qu'est le ressort de la prospérité nationale, on doit faire en sorte que cette carrière soit de plus en plus considérable et tenue à honneur; — il faut que la puissance de l'État ait pour base une armée permanente où les grades soient accessibles à tous, et qui répande l'esprit militaire dans les classes non nobles de la nation. Quant aux mesures promises ou réclamées, les principales eurent pour objet l'abaissement des dépenses de l'État au niveau des recettes, et la réduction des dépenses improductives au profit des dépenses productives; l'augmentation des forces maritimes en vue du trafic lointain; l'établissement de grandes compagnies de commerce et la reprise à l'intérieur des grands projets de canalisation; la sécurité des gens de travail garantie contre l'indiscipline des

le *procès-verbal* de l'assemblée de 1626. *Des états généraux*, etc., t. XVIII, p. 207 et suiv.

gens de guerre par la sévérité de la police et la régularité de la solde; enfin, la démolition, dans toutes les provinces, des forteresses et châteaux inutiles à la défense du royaume [1].

L'assemblée des notables se sépara le 24 février 1627, et aussitôt une commission fut nommée pour rédiger en un même corps de lois les réformes nouvellement promises et celles qui devaient répondre aux cahiers des états de 1614. En même temps la plus matérielle, et non la moins populaire de ces réformes, la démolition des forteresses, cantonnements de la noblesse factieuse et de la soldatesque des guerres civiles, commença de s'exécuter. A chaque époque décisive du progrès vers l'unité nationale, ce genre de destruction avait eu lieu par l'autorité des rois. Charles V, Louis XI et Henri IV s'attaquèrent aux donjons pour mater l'esprit féodal; en cela comme en tout, Richelieu fit faire un pas immense à l'œuvre de ses devanciers. Les mesures à prendre pour ce qu'on pourrait nommer l'aplanissement politique du sol français furent confiées par lui à la diligence des provinces et des municipalités, et, d'un bout à l'autre du royaume, les masses plébéiennes se levèrent pour abattre de leurs mains les murs crénelés,

---

1. Voyez dans les *Recherches* de Forbonnais, t. I, p. 205, les extraits qu'il donne des résolutions de l'assemblée; voyez aussi la déclaration du roi du 1er mars 1627; *Des états généraux*, etc., t. XVIII, p. 292 et suiv.

repaires de tyrannie ou de brigandage, que, de génération en génération, les enfants apprenaient à maudire. Selon la vive expression d'un historien distingué, « les villes coururent aux citadelles, les campagnes aux châteaux, chacun à sa haine [1]. » Mais l'ordre qui souvent marque la profondeur des sentiments populaires présida à cette grande exécution que le pays faisait sur lui-même ; aucune dévastation inutile ne fut commise, on combla les fossés, on rasa les forts, les bastions, tout ce qui était un moyen de résistance militaire; on laissa debout ce qui ne pouvait être qu'un monument du passé.

Pendant ce temps, la commission de réforme législative poursuivait son travail sous la présidence du garde des sceaux, Marillac. Il en résulta l'ordonnance de janvier 1629, égale en mérite et supérieure en étendue aux grandes ordonnances du XVIe siècle. Ce nouveau code n'avait pas moins de quatre cent soixante et un articles. Il touche à toutes les parties de la législation : droit civil, droit criminel, police générale, affaires ecclésiastiques, instruction publique, justice, finances, commerce, armée, marine. Inspiré à la fois par le vœu national et par la pensée de Richelieu, il est empreint de cette pensée, quoique le grand ministre ait dédaigné d'y prétendre aucune part, et que l'opposition du parle-

---

[1] M. Henri Martin, *Histoire de France*, t. XII, p. 527.

ment, soulevée contre cette œuvre de haute sagesse, y ait, dans un sobriquet burlesque, attaché un autre nom que le sien [1].

L'ordonnance, ou plutôt le code de 1629, eut pour but de répondre à la fois aux demandes des derniers états généraux et à celles de deux assemblées de notables [2]. Parmi les dispositions prises d'après les cahiers de 1615, la plupart furent puisées dans celui du tiers état; je n'en ferai point l'analyse, j'observerai seulement qu'en beaucoup de cas la réponse donnée reste en arrière ou s'écarte un peu de la demande. On sent que le législateur s'étudie à concilier les intérêts divergents des ordres, et qu'il veut borner la réforme à de certaines limites. Si la suppression des banalités sans titre et des corvées abusives est accordée au tiers état, il n'est point répondu à son vœu pour l'affranchissement des main-mortables [3]. Le temps des campagnes libres n'était pas encore venu, celui des villes libres

---

[1]. Les gens de robe affectèrent de ridiculiser l'ordonnance de 1629 en l'appelant *Code Michau*, du prénom de son rédacteur, le garde des sceaux Michel de Marillac. — Voyez, sur l'opposition parlementaire à cette ordonnance, les *Mémoires du cardinal de Richelieu*, collect. Michaud et Poujoulat, 2e *série*, t. VII, p. 587 et suiv.

[2]. Celle de 1617 dont je n'ai pas fait mention, et celle de 1626. — Ordonnance sur les plaintes des états assemblés à Paris en 1614, et de l'assemblée des notables réunis à Rouen et à Paris en 1617 et 1626. *Rec. des anc. lois françaises*, t. XVI, p. 223 et suiv.

[3]. Ordonnances de 1629, art. 206 et 207. — Voyez plus haut, chap. VII, l'analyse du cahier de 1615.

était passé. Ce n'est qu'en termes évasifs que l'ordonnance répond à la demande d'émancipation du régime municipal, et elle décrète spontanément l'uniformité de ce régime; elle veut que tous les corps de ville soient réduits, autant que possible, au modèle de celui de Paris [1]. A ces tendances vers l'unité, elle en joint d'autres non moins fécondes pour le développement national. Elle introduit dans l'armée le principe démocratique par la faculté donnée à tous de s'élever à tous les grades; elle relâche pour la noblesse les liens qui, sous peine de déchéance, l'attachaient exclusivement à la profession des armes; elle attire la haute bourgeoisie, de l'ambition des offices, vers le commerce; elle invite la nation tout entière à s'élancer dans les voies de l'activité industrielle. Voici le texte de trois de ses articles :

« Le soldat par ses services pourrra monter aux
« charges et offices des compagnies, de degré en de-

---

[1] ..... Ordonnons que les élections des prévôts des marchands, maires, échevins, capitouls, jurats, consuls, procureurs, syndics..... et autres charges des villes seront faites ès manières accoutumées, sans brigues et monopoles, des personnes plus propres et capables à exercer telles charges pour le bien de notre service, repos et sûreté desdites villes..... Et afin de maintenir nos sujets avec plus d'ordre et de tranquillité, voulons et ordonnons que les corps et maisons de ville et la manière de leurs assemblées et administration, en tout notre royaume, soient, autant que faire se pourra, réduites à la forme et manière de celle de notre bonne ville de Paris..... (Ordonn. de 1629, art. 412.)

« gré, jusques à celui de capitaine, et plus avant s'il
« s'en rend digne¹.

«Pour convier nos sujets de quelque qualité et condi-
« tion qu'ils soient de s'adonner au commerce et trafic
« par mer, et faire connoître que notre intention est de
« relever et faire honorer ceux qui s'y occuperont, nous
« ordonnons que tous gentilshommes, qui, par eux ou
« par personnes interposées, entreront en part et so-
« ciété dans les vaisseaux, denrées et marchandises
« d'iceux, ne dérogeront point à noblesse.... Et que
« ceux qui ne seront nobles, après avoir entretenu cinq
« ans un vaisseau de deux à trois cents tonneaux,
« jouiront des priviléges de noblesse, tant et si longue-
« ment qu'ils continueront l'entretien dudit vaisseau
« dans le commerce, pourvu qu'ils l'ayent fait bastir
« en notre royaume et non autrement : et, en cas qu'ils
« meurent dans le trafic après l'avoir continué quinze
« ans durant, nous voulons que les veuves jouissent
« du même privilége durant leur viduité, comme aussi
« leurs enfants, pourvu que l'un d'entr'eux continue
« la négociation dudit commerce et l'entretien d'un
« vaisseau par l'espace de dix ans. Voulons en outre
« que les marchands grossiers qui tiennent magasins
« sans vendre en détail, ou autres marchands qui au-
« ront esté eschevins, consuls ou gardes de leurs corps,

1. Ordonnance de 1629, art. 229.

« puissent prendre la qualité de nobles, et tenir rang
« et séance en toutes les assemblées publiques et parti-
« culières immédiatement après nos lieutenants géné-
« raux, conseillers des siéges présidiaux, et nos pro-
« cureurs généraux esdits siéges, et autres juges royaux
« qui seront sur les lieux [1].

« Exhortons nos sujets qui en ont le moyen et l'in-
« dustrie de se lier et unir ensemble pour former de
« bonnes et fortes compagnies et sociétez de trafic,
« navigation et marchandise, en la manière qu'ils ver-
« ront bon estre. Promettons les protéger et desfendre,
« les accroître de priviléges et faveurs spéciales, et
« les maintenir en toutes les manières qu'ils désireront
« pour la bonne conduite et succès de leur commerce [2]. »

Tout ce qui était possible en fait d'améliorations sociales au temps de Richelieu fut exécuté par cet homme dont l'intelligence comprenait tout, dont le génie pratique n'omettait rien, qui allait de l'ensemble aux détails, de l'idée à l'action avec une merveilleuse habileté. Maniant une foule d'affaires grandes et petites en même temps et avec la même ardeur, partout présent de sa personne ou de sa pensée, il eut à un degré unique l'universalité et la liberté d'esprit. Prince de l'église romaine, il voulut que le clergé fût national; vainqueur des calvinistes, il ne frappa que la rébellion,

[1]. Ordonn. de 1629, art. 452.
[2]. Ibid., art. 429.

et respecta les droits de la conscience[1] ; enfant de la noblesse et imbu de son orgueil, il agit comme s'il eût reçu mission de préparer le règne du tiers état. La fin dernière de sa politique intérieure fut ce qui faisait grandir et tendait à déclasser la bourgeoisie ; ce fut le progrès du commerce et le progrès des lettres, le travail, soit de l'esprit, soit de la main. Richelieu ne reconnaissait au-dessous du trône qu'une dignité égale à la sienne, celle de l'écrivain et du penseur ; il voulait qu'un homme du nom de Chapelain ou de Gombauld lui parlât couvert. Mais, tandis que par de grandes mesures commerciales et une grande institution littéraire[2], il multipliait pour la roture, en dehors des offices, les places d'honneur dans l'État, il comprimait sous le niveau d'un pouvoir sans bornes les vieilles libertés des villes et des provinces. États particuliers, constitutions municipales, tout ce qu'avaient stipulé comme droits les pays agrégés à la couronne, tout ce qu'avait créé la bourgeoisie dans son âge héroïque, fut refoulé par lui plus bas que jamais. Il y eut là des

---

1. Aux termes du traité d'Alais, 28 juin 1629, l'édit de Nantes fut confirmé et juré solennellement par le roi.

2. Voy. les lettres patentes de janvier 1635 pour l'établissement de l'Académie française ; les lettres de création de la charge de surintendant de la marine et de la navigation, octobre 1626 ; les lettres de juillet et novembre 1634, et l'édit de mars 1642, pour la formation et le soutien d'une compagnie des Indes occidentales. *Rec. des anc. lois franç.*, t. XVI, p. 118, 194, 409, 415 et 540.

souffrances plébéiennes, souffrances malheureusement nécessaires, mais que cette nécessité ne rendait pas moins vives, et qui accompagnèrent de crise en crise l'enfantement de la centralisation moderne.

Quant à la politique extérieure du grand ministre, cette partie de son œuvre, non moins admirable que l'autre, a de plus le singulier mérite de n'avoir rien perdu par le cours du temps et les révolutions de l'Europe, d'être pour nous, après deux siècles, aussi vivante, aussi nationale qu'au premier jour. C'est la politique même qui, depuis la chute de l'empire et la résurrection de la France constitutionnelle, n'a cessé de former, pour ainsi dire, une part de la conscience du pays. Le maintien des nationalités indépendantes, l'affranchissement des nationalités opprimées, le respect des liens naturels que forme la communauté de race et de langue, la paix et l'amitié pour les faibles, la guerre contre les oppresseurs de la liberté et de la civilisation générales, tous ces devoirs que s'impose notre libéralisme démocratique furent implicitement compris dans le plan de conduite au dehors dicté à un roi par un homme d'État dont l'idéal au dedans était le pouvoir absolu[1].

---

[1]. Il est curieux de voir dans quels termes de dévouement à la cause de l'émancipation européenne lui-même parle de son intervention dans les affaires de l'Italie, de l'Allemagne et des Pays-Bas. A chaque événement militaire ou diplomatique, il s'agit d'affranchir un prince

Sur la question des droits de la France à un agrandissement qui lui donne ses frontières définitives, question souvent posée depuis trois siècles et aujourd'hui encore pendante, Henri IV disait : « Je veux bien « que la langue espagnole demeure à l'Espagnol, l'al- « lemande à l'Allemand, mais toute la française doit « être à moi [1]. » Un contemporain de Richelieu, peut- être l'un de ses confidents, lui fait dire : « Le but de « mon ministère a été celui-ci : rétablir les limites « naturelles de la Gaule, identifier la Gaule avec la « France, et partout où fut l'ancienne Gaule constituer « la nouvelle [2]. » De ces deux principes, combinés

---

ou un peuple de *l'oppression des Espagnols*, de la *tyrannie de la maison d'Autriche*, de la terreur causée par *l'avidité insatiable* de cette maison *ennemie du repos de la chrétienté*, d'arrêter *ses usurpations*, de lui faire *rendre ce qu'elle a usurpé* en Suisse ou en Italie, de garantir *toute l'Italie* de son *injuste oppression*, de veiller au *salut de toute l'Italie*, de sauver et d'assurer contre l'Autriche les droits des princes de l'Empire. (Testament politique du cardinal de Richelieu. 1re partie, chap. Ier, p. 9, 10, 14, 15, 18, 24, 25 et 26.)

1. Histoire du règne de Henri le Grand, par Mathieu, t. II, p. 444.
2. Hic ministerii mei scopus, restituere Galliæ limites, quos natura præfixit... confundere Galliam cum Francia, et ubicumque fuit antiqua Gallia, ibi restaurare novam. (*Testamentum politicum*, ap. Petri Labbe Elogia sacra, etc., ed. 1706, p. 253 et suiv.) — La pièce qui renferme ces mots remarquables, et qui parut moins d'un an après la mort du cardinal, est une amplification incrustée, selon toute apparence, de paroles textuellement recueillies de sa bouche. Richelieu aimait à s'épancher avec ses amis ; il dictait beaucoup à ceux qui l'entouraient, et, comme on l'a vu pour Napoléon, des personnes curieuses prenaient note de ses entretiens.

ensemble et se modérant l'un l'autre, sortira, quand les temps seront venus, la fixation dernière du sol français, possédé par nous, à titre légitime et perpétuel, au nom du double droit de la nature et de l'histoire.

La conception d'un nouveau système politique de l'Europe fondé sur l'équilibre des forces rivales, et où la France exerçât, non à son profit mais pour le maintien de l'indépendance commune, l'ascendant ravi à l'Espagne, cette conception de Henri le Grand, évanouie à sa mort comme un rêve, fut exécutée par Richelieu à force de négociations et de victoires. Quand le ministre de Louis XIII mourut épuisé de veilles patriotiques [1], l'ouvrage était presque à sa fin ; une habile persévérance, jointe à d'éclatants faits d'armes [2], amena, en moins de cinq ans, l'acte fondamental de la réorganisation européenne, le glorieux traité de Westphalie [3]. Cette partie de l'œuvre du grand homme d'État, sa politique extérieure, voilà ce qui de son temps fut le mieux compris, ce qui parut aux esprits élevés beau sans mélange [4] ; pour le reste, il y eut

---

1. Le 4 décembre 1642.
2. Les victoires de Rocroi, de Nordlingen et de Lens.
3. Signé à Munster le 24 octobre 1648.
4. Voiture, dans l'une de ses lettres, se place, pour juger Richelieu encore vivant, au point de vue de la postérité : « Lorsque, dans deux « cents ans, ceux qui viendront après nous liront en notre histoire « que le cardinal de Richelieu..... s'ils ont quelque goutte de sang

doute ou répugnance. Comme après le règne de Louis XI, l'opinion publique réagit contre l'action révolutionnaire du pouvoir. Les classes même à qui devaient profiter le nivellement des existences nobiliaires et l'ordre imposé à tous furent moins frappées de l'avenir préparé pour elles, moins sensibles à l'excellence du but, qu'indignées de la violence des moyens et choquées par l'excès de l'arbitraire.

Cette réaction du tiers état contre la dictature ministérielle, c'est-à-dire contre ce qu'il y avait eu de plus hardiment novateur dans l'action du pouvoir royal, fut le principe et l'aliment des guerres civiles de la Fronde. J'aborde ici l'un des événements les plus curieux et en même temps les mieux connus du XVIIe siècle, un épisode vivement touché dans des mémoires lus de tout le monde, et, de nos jours, étudié à fond par des écrivains distingués[1]; je n'en ferai point de récit même sommaire, le plan de cet essai consiste à passer vite sur les points où l'histoire parle, et à m'arrêter sur ceux où elle se tait. Dans les quatre années qu'embrasse le

« françois dans les veines et quelque amour pour la gloire de leur
« pays, pourront-ils lire ces choses sans s'affectionner à lui; et, à
« votre avis, l'aimeront-ils ou l'estimeront-ils moins à cause que
« de son temps, les rentes sur l'hôtel de ville se seront payées un
« peu plus tard, ou que l'on aura mis quelques nouveaux officiers
« dans la chambre des comptes? Toutes les grandes choses coûtent
« beaucoup. » (Lettre LXXIV, édit. de 1701, p. 179.)

1. M. de Saint-Aulaire, *Histoire de la Fronde*; et M. Bazin, *Histoire de France sous le ministère du cardinal Mazarin*.

mouvement de la Fronde, il y a deux époques distinctes : l'une présente, extérieurement du moins, les caractères qui sont propres aux révolutions constitutionnelles des temps modernes ; l'autre ne fait que reproduire la physionomie des troubles du règne de Louis XIII et quelques traits effacés des troubles de la Ligue. La première seule rentre complétement et doit tenir une place importante dans l'histoire du tiers état; c'est à elle que je bornerai mes remarques.

On sait dans quelles circonstances, au mois de juin 1648, les quatre cours souveraines, c'est-à-dire le parlement, la chambre des comptes, la cour des aides et le grand conseil se liguèrent pour résister ensemble au pouvoir royal exercé, sous Louis XIV mineur, par sa mère et par le cardinal Mazarin. On sait que cette coalition des compagnies judiciaires, faite, au nom de leur intérêt privé, pour le maintien gratuit du droit annuel[1], se tourna bientôt vers la défense des intérêts publics et la réforme de l'État. Le signal d'opposition donné par la haute magistrature rallia autour d'elle tout ce qui avait souffert ou souffrait encore du régime dictatorial imposé à la France par Richelieu, et con-

---

1. Ce droit, condition de l'hérédité des charges, n'était établi que pour neuf ans. A son expiration, en 1648, l'édit par lequel il fut renouvelé pour le terme ordinaire imposa aux officiers des compagnies la retenue de quatre années de leurs gages. Voy. plus haut, chap. VII.

servé après lui sans sa force d'âme et son génie [1]. Non-seulement les intérêts blessés, mais les opinions, les consciences, les passions se soulevèrent, une foule d'éléments divers, débris du passé ou germes d'avenir, contribuèrent à cette fermentation des esprits. Les justes griefs du peuple accablé d'impôts et les rancunes de la noblesse amoindrie dans ses priviléges; les traditions de liberté, soit des états généraux, soit des provinces ou des villes, et l'idée d'une liberté supérieure née des études classiques et du progrès de l'intelligence moderne; un besoin plus ou moins vague de garanties légales et de constitution régulière, enfin le travail des imaginations échauffées par l'exemple que donnait alors l'Angleterre, voilà de quels mobiles réunis vint aux événements de la première Fronde [2] leur caractère de puissance et de nouveauté; voilà, en un mot, ce qui fit sortir un commencement de révo-

[1]. Depuis la mort du roi Louis XIII d'heureuse mémoire, quoique les princes, grands seigneurs et officiers, à cause des ressouvenances des énormes injustices et maux intolérables qui leur ont été faits et à tout le royaume, par ceux qui s'étaient emparés de la puissance absolue près du roi sous le nouveau nom de premier ministre d'État, eussent protesté hautement de ne plus souffrir qu'un particulier s'élevât ainsi sur les épaules des rois et à l'oppression du monde, néanmoins, par le trop de bonté qu'ils ont eu, il est avenu qu'un étranger, nommé Jule Mazarin, s'est installé dans ce souverain ministère. (La Requête des trois états présentée à MM. du parlement en 1648, [pamphlet du temps], Mémoires d'Omer Talon, collect. Michaud, 3º série, t. VI, p. 346.)

[2]. Celle de 1648 et 1649.

lution du conflit tant de fois élevé entre la cour et le titulaires d'offices de judicature.

Quant à l'acte célèbre que délibérèrent soixante députés des cours souveraines, et qui fut comme une charte de droits imposée à la royauté sous forme d'arrêt du parlement[1], on ne saurait, de quelque façon qu'on le juge, en méconnaître l'importance. Pour la forme, c'était une usurpation du pouvoir législatif tentée à l'aide du privilége traditionnel de remontrance; pour le fond, cette espèce de loi fondamentale concordait avec nos chartes modernes en donnant des garanties expresses contre l'impôt arbitraire et les détentions arbitraires. Son texte porte : « Ne seront faites aucunes « impositions et taxes qu'en vertu d'édits et déclara- « tions bien et dûment vérifiées ès-cours souveraines, « avec liberté de suffrages.... — Aucun des sujets du « roi, de quelque qualité et condition qu'il soit, ne « pourra être détenu prisonnier passé vingt-quatre « heures sans être interrogé suivant les ordonnances, « et rendu à son juge naturel[2]. » Outre le veto dans les questions de finance, les cours souveraines s'attri-

---

1. Délibérations arrêtées en l'assemblée des cours souveraines, tenue et commencée en la chambre de Saint-Louis, le 30 juin 1648. *Rec. des anciennes lois françaises*, t. XVII, p. 72 et suiv.

2. Délibérations des cours souveraines, etc., art. 3 et 6. — L'article 3 prononçait la peine de mort contre toute personne employée à l'assiette ou au recouvrement d'impôts non vérifiés ; on donnait à l'article 6 le nom d'*article de la sûreté publique*.

buaient le même droit sur les créations de nouveaux offices, et, ainsi armées contre toute loi qui eût modifié leur composition, elles devenaient en fait le premier pouvoir de l'État [1].

Si, chose impossible, la royauté, vaincue alors, se fût résignée à de pareilles conditions, le gouvernement de la France serait devenu une monarchie tempérée par l'action légale des corps judiciaires érigés en pouvoirs politiques. Qu'un tel établissement, plus régulier que la monarchie sans limites, eût valu moins qu'elle pour l'avenir du pays, cela ne peut être aujourd'hui un sujet de doute. Ce qu'il y a de sympathique pour nous dans cette ébauche de révolution, c'est le souffle qui l'inspira un moment, c'est l'instinct de démocratie que révèlent certains pamphlets de l'époque, et qui perce dans les discours des orateurs du parlement. Chez l'un des plus modérés, on trouve les maximes que voici : Les rois sont les égaux des autres hommes selon le principe commun de la nature, l'autorité seule nous distingue. — L'autorité que possèdent les souverains dépend de la soumission de leurs sujets. — Les rois sont redevables de leur fortune et de leur

---

[1]. Qu'il ne pourra à l'avenir être fait aucune création d'offices, tant de judicature que de finance, que par édits vérifiez ès cours souveraines, avec la liberté entière des suffrages, pour quelque cause, occasion, et sous quelque prétexte que ce soit, et que l'établissement ancien desdites compagnies souveraines ne pourra être changé ni altéré. (Ibid, art. 19.)

puissance aux diverses classes d'hommes qui leur obéissent, et dont les grands sont la moindre partie. — Les fonctions des magistrats, l'industrie des artisans, la patience des soldats, tous ceux qui travaillent contribuent à l'établissement et à la conservation de la royauté. — Sans le peuple, les États ne subsisteraient point, et la monarchie ne serait qu'une idée [1].

Suivant la marche constante des révolutions, il y eut dans la Fronde un moment de crise où le pouvoir, se relâchant de sa résistance, fit des concessions incomplètes [2], et où une voix formidable, celle du public, répondit : Il est trop tard. C'est alors qu'à la lutte légale succéda l'action violente, et qu'après un coup d'État de la cour [3] vint dans Paris cette journée d'émeute qui, renouvelant l'une des plus fameuses de la Ligue, fut nommée, comme elle, *Journée des barricades*. Un pareil nom appelle désormais sur la page d'histoire où il figure plus que l'intérêt de curiosité, car des sou-

---

[1]. Mémoires d'Omer Talon, collect. Michaud, 3ᵉ série, t. VI, p 259. — J'ai touché çà et là au texte original, pour le rendre plus clair, en le dégageant de la forme oratoire ou de locutions quelque peu vieillies.

[2]. Voy. les édits rendus dans le courant de juillet 1648, et surtout la déclaration du roi vérifiée au parlement en lit de justice le dernier jour du mois et intitulée : « Règlement sur le fait de la justice, police et finances et le soulagement des sujets du roi. » *Recueil des anciennes lois françaises*, t. XVII, p. 84 et suiv.

[3]. L'arrestation du conseiller Broussel et des présidents Charton et Blancmesnil.

venirs d'angoisse et de deuil viennent de s'y attacher pour nous. En lisant les faits du 27 août 1648 rapportés dans les mémoires du temps, on s'arrête pensif quand on rencontre des détails tels que ceux-ci : « Tout « le monde sans exception prit les armes; l'on voyoit « des enfants de cinq et de six ans avec des poignards « à la main, on voyoit les mères qui les leur appor-« toient elles-mêmes. Il y eut dans Paris plus de douze « cents barricades en moins de deux heures, bordées « de drapeaux et de toutes les armes que la Ligue « avoit laissées entières. Dans la rue Neuve-Nostre-« Dame, je vis entr'autres une lance traînée plus tôt « que portée par un petit garçon de huit ou dix ans, qui « estoit assurément de l'ancienne guerre des Anglois[1]. »

[1]. Mém. du cardinal de Retz, collect. Michaud, 3e série, t. I, p. 67. — La face de la ville de Paris étoit méconnoissable; tous les hommes jeunes et vieux, et petits enfants depuis l'âge de douze ans avoient les armes à la main..... Nous trouvâmes depuis le Palais jusques au Palais-Royal huit barricades faites par les chaînes tendues ès lieux où il y en doit avoir, par des poutres mises en travers, par des tonneaux remplis de pavés, ou de terre, ou de moëllons; outre plus toutes les avenues des rues traversantes étoient aussi barricadées, et à chacune barricade un corps de garde composé de vingt-cinq ou trente hommes armés de toutes sortes d'armes, tous les bourgeois disant hautement qu'ils étoient au service du parlement..... Chose étrange que dans la maison du roi les officiers domestiques nous disoient : « Tenez bon, l'on vous rendra vos conseillers; » et, dans les gardes françoises, les soldats disoient tout haut qu'ils ne combattroient point contre les bourgeois, et qu'ils mettroient les armes bas, tant étoit grand le mépris du gouvernement. (Mém. d'Omer Talon, ibid., t. VI, p. 265-266.)

Si les vieilles armes des Ligueurs se remontrèrent alors dans les mains du peuple de Paris, ce fut à la voix de passions nouvelles et pour des principes nouveaux; l'esprit populaire de 1648 tenait moins du passé que de l'avenir. Une force toute plébéienne et purement politique venait de se dresser tout à coup en face du pouvoir royal, non pour le vaincre cette fois, les temps n'étaient pas mûrs, mais pour se rasseoir presque aussitôt sur elle-même, grandir sans cesse par le travail des idées, et reparaître, avec une puissance irrésistible, aux jours de 1789.

La déclaration royale du 24 octobre 1648[1] marqua pour la Fronde un second moment critique, répondant à ce point où parviennent les révolutions quand le pouvoir accepte, mais sans résignation et sans bonne foi, le pacte que la nécessité lui impose. Un temps d'arrêt plein de défiances et de tiraillements conduisit à la période extrême du mouvement révolutionnaire, à l'usurpation de toute l'autorité dans Paris par le parlement ayant pour auxiliaires les magistrats municipaux. Les mesures qui furent prises alors au nom du salut public, la levée d'impôts et de troupes régu-

---

[1]. Déclaration du roi portant règlement sur le fait de la justice, police, finances et soulagement des sujets de Sa Majesté. Mém. d'Omer Talon, collect. Michaud, 3ᵉ série, t. VI, p. 293. — Cette ordonnance n'est que la confirmation des articles délibérés dans la chambre de Saint-Louis; voy. plus haut, p. 262.

lières, l'organisation de la défense et de la police de la ville, l'appel d'union fédérative adressé à tous les parlements et à toutes les villes du royaume prouvent que la magistrature coalisée ne manquait ni d'audace ni d'énergie [1]. Sa marche en avant se continua, tant que pour la poursuivre elle n'eut besoin que des sympathies exaltées de la bourgeoisie et du peuple; son écueil fut l'alliance que la force des choses l'obligea de faire avec les intérêts et les passions de la haute noblesse. Ce secours plus que dangereux devait l'entraîner hors de ses voies de probité et de patriotisme; dès qu'elle le vit, elle recula. Ce fut l'honneur du parlement d'avoir répondu par l'indignation

---

[1] ..... Ensuite la cour délibéra des moyens de la conservation publique, et pour y parvenir arrêtèrent de former un million de livres. (Mém. d'Omer Talon, ibid., t. VI, p. 324.) — Arrêt du parlement qui déclare le cardinal Mazarin ennemi du roi et de l'État, et ordonne une levée de gens de guerre, 8 janvier 1649. — Idem faisant défense à tous capitaines et soldats d'approcher à vingt lieues de Paris, et enjoignant aux villes, bourgs et communes de leur courir sus, 10 janvier. — Idem qui ordonne l'expropriation nécessaire pour fortifier par des retranchements les faubourgs de Paris, 12 janvier. — Lettre du parlement de Paris aux autres parlements du royaume, 18 janvier. — Lettre aux baillis, sénéchaux, maires, échevins et autres officiers du royaume, même date. — Arrêt du parlement de Paris qui ordonne que tous les deniers publics du ressort seront versés dans les coffres de l'hôtel de ville, 19 janvier. — Arrêts par lesquels il déclare sa jonction avec les parlements de Provence et de Normandie, 28 janvier et 5 février. (*Rec. des anc. lois françaises*, t. XVII, p. 115, 118, 119, 121, 147 et 155; *Registres de l'hôtel de ville de Paris pendant la Fronde*, publiés par MM. Leroux de Lincy et Douet d'Arcq, t. 1er, p. 129 et 155.)

et le dégoût à ceux qui proposaient de donner à la cause populaire l'appui des ennemis de la France. Contraint de choisir entre une opposition inflexible et le devoir de tout bon citoyen, il n'hésita pas; il fit sa paix avec la cour, au lieu de pactiser avec l'Espagne[1].

Un fait singulièrement remarquable de l'histoire de la Fronde, c'est l'accueil dédaigneux que firent l. classes roturières à la convocation des états généraux ordonnée pour le 15 mars 1649[2]. Cet appel du pouvoir royal à l'autorité nationale des trois ordres, qu'il prenait pour arbitres dans sa querelle avec le parlement, fut écouté par la noblesse, mais non par le tiers état; ni la bourgeoisie, ni le peuple des campagnes, ne se portèrent aux élections, leur foi politique n'était plus là; détrompés sur la vertu de ces assemblées où les classes privilégiées comptaient deux voix contre une, ils aimèrent mieux poursuivre une expérience nouvelle sous la conduite des magistrats de leur ordre[3]. Les corps municipaux reconnurent l'auto-

---

1. 11 mars 1649.
2. Voyez la lettre circulaire du roi pour cette convocation, 23 janvier. *Rec. des anc. lois françaises*, t. XVII, p. 144; voy. aussi les lettres du 4 avril 1651, *ibid.*, p. 241 et 242.
3. Un arrêt du parlement de Bretagne, touchant la convocation des états généraux et celle des états particuliers de la province, porte ce qui suit : « La cour,... a arrêté que le roi sera très-humblement « supplié d'avoir pour agréable que l'ordre de tout temps observé « pour la convocation des états généraux soit inviolablement gardé, « et qu'ils ne soient assemblés que par lettres-patentes vérifiées en

rité suprême du parlement[1]; celui de Paris, avec son prévôt des marchands, ses échevins, ses conseillers, ses syndics de corporations industrielles, ses quarteniers, ses colonels et capitaines de milice, fut le pouvoir exécutif des lois faites par la compagnie souveraine[2]. Il n'est pas sans intérêt de suivre, dans les registres officiels, les actes de ce pouvoir qui s'empara de la Bastille, et qui eut quelque chose des errements de la fameuse commune de Paris[3].

Ce fut sans-doute un jour d'orgueil pour la bourgeoisie parisienne que celui où un prince du sang

« parlement, et de surseoir la tenue des états de la province; et ce-
« pendant fait inhibitions et défenses à toutes personnes de quelque
« qualité et condition qu'elles soient, de s'y trouver et de s'assem-
« bler sous prétexte desdits états. » (*Rec. des anc. lois françaises*,
t. XVII, p. 160.) — Il n'y eut que des élections incomplètes, et la
réunion des états fut ajournée indéfiniment; après deux ans, et sur
les instances de la noblesse, elle fut ordonnée de nouveau avec de
nouveaux choix de députés pour le 8 septembre 1651. Mais cette fois
comme l'autre les élections, surtout celles du tiers état, n'eurent
point lieu dans toute la France. Voy. ibid., p. 250 et suiv.

1. Parmi les villes dont l'adhésion fut déclarée, on peut compter celles de la Normandie, de la Provence, du Poitou, de la Guyenne, du Languedoc, Amiens, Péronne, Mézières, le Mans, Rennes, Angers, Tours, et beaucoup d'autres.

2. Les arrêts politiques du parlement se terminent par cette formule : « *Enjoinct au prévost des marchands et eschevins de tenir la main à l'exécution;* » et les ordonnances de la ville portent en général celle-ci : « *Conformément à l'arrêt de nosseigneurs de la cour de parlement.* » Voy. les *Registres de l'hôtel de ville de Paris*, publiés par MM. Leroux de Lincy et Douet d'Arcq.

3. Ibid., t. Ier, p. 102, 130 et *passim*.

parut devant les magistrats municipaux, et leur dit qu'ayant embrassé leur parti et celui du parlement, il venait habiter auprès d'eux pour s'occuper avec eux des affaires communes [1], où de grands seigneurs prêtèrent serment comme généraux des troupes de la Fronde, et où des femmes brillantes de noblesse et de beauté s'installèrent à l'hôtel de ville comme otages de la foi de leurs maris; mais ce jour-là l'entreprise plébéienne contre le pouvoir absolu perdit son caractère de dignité et de nouveauté; elle commença d'être une imitation de ce qui s'était vu sous la régence de Marie de Médicis. Ce que la révolte avait de sincère dans son esprit et de grave dans ses allures disparut quand les courtisans factieux, leurs mœurs et leurs intérêts y entrèrent.

La paix conclue à Saint-Germain, le 30 mars 1649, entre la cour et le parlement [2], termina ce qu'on peut nommer la période logique de la Fronde, c'est-à-dire celle où le mouvement d'opinion et l'action révolutionnaire partirent d'un principe, le besoin de lois fixes, pour marcher vers un but d'intérêt social, l'établissement de garanties contre l'arbitraire. L'acte final de cette paix sanctionna de nouveau la grande

---

1. Le prince de Conti, Registres de l'Hôtel de Ville de Paris, p. 118.
2. Voy. le traité signé à Ruel le 11 mars, et l'édit pour le rétablissement de la tranquillité publique, enregistré le 1er avril. *Rec. des anc. lois françaises*, t. XVII, p. 161 et 164.

concession déjà faite, l'intervention du parlement de Paris dans les affaires générales, surtout dans les questions d'impôt. Ainsi le régime absolu cessa pour faire place à un régime de contrôle judiciaire; mais, loin que ce changement, qui énervait tout le système administratif, fît naître un meilleur ordre et pacifiât la France, il n'en résulta que l'anarchie. Ce fut la destinée du parlement aux deux derniers siècles d'exciter chez la nation des désirs de liberté légale et d'être incapable de les satisfaire par rien d'efficace ou de sérieux. Dans la première année de la Fronde, son rôle eut une certaine grandeur, mais la suite le montra déchu de sa position dominante, ne dirigeant plus, se gouvernant à peine lui-même, tour à tour violent et timide, complice malgré lui de l'ambition des grands alliée aux passions de la multitude. Trois ans de guerre civile pour de pures questions de personnes, un pêle-mêle de complots aristocratiques et d'émeutes populaires, de frénésie et de frivolité, les scandales d'une galanterie sans pudeur joints à ceux de la révolte par égoïsme et d'un appel fait à l'étranger, des noms glorieux tout d'un coup souillés par le crime de trahison envers la France [1], enfin un massacre comploté contre la haute bourgeoisie par des démagogues à la solde des princes [2] : telles sont

---

1. Turenne et le grand Condé.
2. Massacre de l'hôtel de ville, 4 juillet 1652.

les scènes qui, du mois d'avril 1649 au mois de septembre 1652, remplissent et complètent l'histoire de la Fronde. Folles ou rebutantes, elles sont tristes à lire et encore plus à raconter.

Après un ébranlement qui, pour sa durée, avait eu peu de profondeur, la société française se raffermit sur ses nouvelles bases, l'unité et l'indépendance absolue du pouvoir. Le principe de la monarchie sans limites fut proclamé plus rudement que jamais au milieu d'un silence général [1], et l'œuvre de Richelieu, conservée par un ministre moins grand que lui, put, des mains de ce dernier, passer intacte aux mains d'un roi. Le jour où Louis XIV déclara en conseil qu'il voulait gouverner par lui-même [2], on comptait cinquante et un ans depuis la mort de Henri IV, et, dans cet intervalle, grâce à l'ordre puissamment créé ou habilement maintenu par la dictature ministérielle, l'état social et moral de la France avait fait d'im-

---

[1]. Nous avons fait et faisons très-expresses inhibitions et défenses aux gens tenant notre dite cour de parlement de Paris de prendre ci-après connoissance des affaires générales de notre État et de la direction de nos finances, ni de rien ordonner, ni entreprendre, pour raison de ce, contre ceux à qui nous en avons confié l'administration, à peine de désobéissance; déclarant dès à présent nul et de nul effet tout ce qui a été ci-devant ou pourroit être ci-après résolu et arrêté sur ce sujet dans ladite compagnie au préjudice de ces présentes, et voulons qu'en ce cas nos autres sujets n'y aient aucun égard. (Déclaration du 24 octobre 1652, *Rec. des anc. lois franç.*, t. XVII, p. 300.)

[2]. Le 9 mars 1661.

menses progrès. Au sortir des guerres civiles du xvi⁰ siècle, la nation, retirée désormais du double courant de passions religieuses qui l'avait entraînée en sens contraire dans le grand débat européen, ramena sa pensée sur elle-même, et se mit à chercher sa place originale dans l'ordre politique et dans l'ordre intellectuel. De là naquirent, pour le xvii⁰ siècle, deux tendances simultanées qui consistaient : l'une, à rendre libre et personnelle l'action de la France au dehors, l'autre, à développer l'esprit français dans son individualité propre et son caractère natif.

Au siècle précédent, la renaissance des lettres avait été un mouvement d'idées commun à toute l'Europe civilisée ; elle nous plongea, comme les peuples voisins, dans l'étude et l'imitation de l'antiquité, elle ne nous créa point une littérature nationale ; ce travail devait venir plus tard. Il commença dès que le pays eut marqué son rôle comme puissance européenne ; notre langue se fixa en même temps que se fondait notre politique, et la réforme de Malherbe fut contemporaine des projets de Henri IV. Pendant que ces projets s'accomplissaient par Richelieu et par Mazarin, l'intelligence française trouvait ses véritables voies et y marchait à pas de géant ; elle atteignait à la plus haute des méthodes philosophiques, au sublime en poésie et à la perfection de la prose ; elle livrait à l'admiration des hommes trois noms d'une grandeur impérissable, Descartes, Corneille et Pascal.

A la révolution d'idées qui, en France, mit l'empreinte nationale sur la philosophie, la littérature et l'art[1], se joignit une révolution de mœurs. On vit, dans la chaleur de ce nouveau mouvement de vie intellectuelle, la haute société polie s'organiser sur un pied tout nouveau. L'esprit y compta désormais pour une distinction égale à toutes les autres, les hommes de lettres sans naissance y entrèrent, non plus comme domestiques ou protégés des princes et des grands, mais à titre personnel. La conversation entre les deux sexes, étendue par la mode elle-même aux sujets les plus élevés et les plus graves, fonda ce pouvoir des salons, qui devait s'exercer chez nous de concert avec le pouvoir des livres[2]. En un mot, la bourgeoisie lettrée gagna dans le monde du loisir l'influence dont elle jouissait déjà dans le monde des affaires; elle fut mêlée à tout, et eut en quelque sorte des postes avancés partout.

C'est d'elle que vinrent à la fois, au XVIIe siècle, l'agitation politique par la Fronde, et l'agitation religieuse par le jansénisme, tentative de réforme intérieure du dogme et de la discipline catholiques,

---

[1]. Il faut joindre le nom de Poussin aux trois grands noms déjà cités.

[2]. Voyez l'écrit de Rœderer intitulé: *Mémoire pour servir à l'histoire de la société polie en France.*

doctrine plus rigide pour la croyance et plus libre envers l'autorité, qui fut l'un des ressorts moraux de la révolte des corps judiciaires contre le pouvoir absolu. Cette doctrine sans portée sociale, mais illustrée par les grands caractères et les grands esprits qui la soutinrent, tient une place considérable, quoique indécise, dans l'histoire du tiers état [1]. Liée aux efforts successifs de l'opposition parlementaire, elle servit d'aliment à l'esprit de discussion jusqu'au milieu du xviiie siècle, jusqu'au temps où cet esprit fut transporté, avec une audace et une puissance inouïes, dans la sphère philosophique, où, au-dessus de toute tradition, il alla chercher, pour les faire descendre dans la loi, les principes éternels de raison, de justice et d'humanité.

[1]. Voy. l'ouvrage de M. Sainte-Beuve, intitulé : *Port-Royal*.

CHAPITRE IX.

LOUIS XIV ET COLBERT.

Sommaire : Développement de notre histoire sociale du xiie siècle au xviie. — Louis XIV gouverne personnellement, son caractère, deux parts dans son règne. — Ministère de Colbert, sa naissance roturière, son génie. — Universalité de ses plans d'administration. — Grandes ordonnances; besoin d'une longue paix. — Passion du roi pour la guerre, ses conquêtes. — Faveur croissante de Louvois, disgrâce de Colbert. — Il meurt consumé d'ennui et impopulaire. — Révocation de l'édit de Nantes. — Fautes du règne de Louis XIV. — Elles venaient toutes d'une même source. — Impression des malheurs publics. — Changement qu'elle amène dans les esprits. — Nature et portée de cette réaction.

Le règne de Louis XIV marque dans notre histoire le dernier terme du long travail social accompli en commun par la royauté et par les classes non nobles de la nation, travail de fusion et de subordination universelle, d'unité nationale, d'unité de pouvoir et d'uniformité administrative. Si de ce point culminant on porte le regard en arrière jusqu'aux règnes de saint Louis et de Philippe-Auguste, il semble qu'on voie se dérouler un même plan, formé dès l'abord, et à l'exécution duquel chaque siècle, depuis le xiie, a contribué pour sa part. La succession des temps fait apparaître une suite de rois et de ministres s'employant à cette grande œuvre, et mettant au service de la même cause tout ce qu'ils ont d'âme et de génie. On voit le peuple, pour qui ils travaillent et d'où ils tirent les éléments de leur puissance réformatrice, les devancer quelquefois de ses propres efforts, les suivre toujours, et les stimuler sans cesse par sa voix dans les états généraux, par l'opposition des compagnies judiciaires, par tout ce qu'il y avait d'organes du droit commun et de la pensée publique. C'est ainsi qu'à force de mutations progressives s'est élevée la royauté absolue, symbole de l'unité française, représentation de l'état facilement confondue avec lui. Ce régime, ennemi de la liberté aussi bien que du privilége, et dont la seconde moitié du xviie siècle nous montre l'épanouissement splendide, la nation ne l'avait point subi, elle-même l'avait voulu résolument et avec persévérance; quelques reproches qu'on pût lui faire au nom des droits naturels ou du droit historique, il n'était point fondé sur la force ni sur la fraude, mais accepté par la conscience de tous.

Tel était le pouvoir qui, après deux ministères qu'on peut nommer de véritables règnes[1], fut pris en main

1. Le ministère de Richelieu occupe dix-huit ans, de 1624 à 1642; et celui de Mazarin, dix-neuf ans, de 1642 à 1661.

par le fils de Louis XIII, à peine âgé de vingt-trois ans. Le jeune prince, jusque-là étranger aux affaires, adressa, dans le premier conseil tenu par lui, ces paroles au chancelier et à ses collègues : « J'ai résolu d'être à l'avenir mon premier ministre... Vous « m'aiderez de vos conseils quand je vous les demanderai... Je vous prie et vous ordonne, monsieur le « chancelier, de ne rien sceller que par mes ordres;... « et vous, mes secrétaires d'État, et vous, monsieur « le surintendant des finances, je vous ordonne de ne « rien signer sans mon commandement [1]. » Cette déclaration renfermait une promesse de travail personnel, de travail effectif pour chaque jour; Louis XIV s'y montra fidèle durant toute sa vie, et c'est là un des traits caractéristiques et l'une des gloires de son règne [2]. Jamais chef de nation n'eut une idée plus haute et plus sérieuse de ce que lui-même appelait énergiquement le métier de roi [3]. Ainsi l'exercice du pouvoir, qui,

---

1. *Mémoires de Henri-Louis de Brienne*, éd. Barrière, 1828, t. II, p. 155; *Mém. de l'abbé de Choisy*, coll. Michaud, 3ᵉ série, t. VI, p. 577, et *Mém. de madame de Motteville*, ibid., p. 586.

2. Je m'imposai pour loi de travailler régulièrement deux fois par jour, et deux ou trois heures chaque fois avec diverses personnes, sans compter les heures que je passois seul en particulier, ni le temps que je pourrois donner extraordinairement aux affaires extraordinaires, s'il en survenoit, n'y ayant pas un moment où il ne fût permis de m'en parler, pour peu qu'elles fussent pressées. (Mém. de Louis XIV adressés à son fils; *OEuvres de Louis XIV*, t. I, p. 20.) — Ibid., p. 19.

3. Un écrit de Louis XIV, tout entier de sa main, est intitulé : *Réflexions sur le métier de roi;* on y trouve comme têtes d'articles les

depuis la mort de Henri IV, n'avait eu lieu que par délégation, se trouva réuni à son principe, et la royauté, réduite durant un demi-siècle à l'état de pure idée, redevint pour ainsi dire une personne. Cette révolution, qui simplifiait logiquement l'autorité souveraine, fut saluée avec joie par la sympathie et l'espérance populaire; on y voyait le terme de ces maux que les peuples imputent toujours aux intermédiaires placés entre le trône et la nation, personne alors n'en pressentait les vastes et singulières conséquences.

Louis XIV, avec une rare dignité de caractère, possédait un sens droit, l'instinct du pouvoir et de l'ordre, l'esprit des affaires jusque dans le détail, une grande faculté d'application et une remarquable puissance de volonté; mais il lui manquait la haute portée de vue et la liberté d'intelligence qui avaient mis au premier rang des hommes d'État Richelieu et Mazarin. Sa résolution d'agir en tout selon la règle du devoir et de n'avoir pour but que le bien public était profonde et sincère, les mémoires qui nous restent de lui l'ex-

---

maximes suivantes : Tout rapporter au bien de l'État. — L'intérêt de l'État doit marcher le premier. — Penser à tout. — Se garder de soi-même. (*Œuvres de Louis XIV*, t. II, p. 456.) — Ici je ne vous dirai pas seulement que c'est toutefois par là (par le travail) que l'on règne, pour cela qu'on règne, et qu'il y a de l'ingratitude et de l'audace à l'égard de Dieu, de l'injure et de la tyrannie à l'égard des hommes, de vouloir l'un sans l'autre. (Mém. de Louis XIV, ibid., t. I, p. 19.)

priment avec une effusion quelquefois touchante [1], mais il n'eut pas la force de suivre toujours la loi morale qu'il s'imposait. En voulant ne faire qu'une même chose de son propre bonheur et du bien de l'État, il inclina trop à confondre l'État avec lui-même, à l'absorber dans sa personne [2]. Trop souvent il prit la voix de ses passions pour celle de ses devoirs, et

---

[1]. J'ai toujours considéré comme le plus doux plaisir du monde la satisfaction qu'on trouve à faire son devoir. J'ai même souvent admiré comment il se pouvoit faire que l'amour du travail, étant une qualité si nécessaire aux souverains, fût pourtant une de celles qu'on trouve plus rarement en eux. (*Œuvres de Louis XIV*, t. I, p. 105.) — Quand j'ai pris le gouvernement de mon royaume, j'ai bien vu que ma réputation alloit être à la merci de tout le monde, qui peut-être ne me rendroit pas toujours justice. Mais, comme je ne songe qu'à me bien acquitter de tout ce que je dois à mes peuples et à ma dignité, j'ai méprisé, pour faire mon devoir, toutes les autres gloires. J'ai cru que la première qualité d'un roi étoit la fermeté, et qu'il ne devoit jamais laisser ébranler sa vertu par le blâme ou par les louanges; que, pour bien gouverner son État, le bonheur de ses sujets étoit le seul pôle qu'il devoit regarder, sans se soucier des tempêtes et des vents différents qui agiteroient continuellement son vaisseau (Ibid., t. II, p. 422.)

[2]. Enfin, mon fils, nous devons considérer le bien de nos sujets bien plus que le nôtre propre. Il semble qu'ils fassent une partie de nous-mêmes, puisque nous sommes à la tête d'un corps dont ils sont membres. Ce n'est que pour leurs propres avantages que nous devons leur donner des lois, et ce pouvoir que nous avons sur eux ne nous doit servir qu'à travailler plus efficacement à leur bonheur. (Ibid., t. I, p. 116.) — Quand on a l'État en vue, on travaille pour soi. Le bien de l'un fait la gloire de l'autre. Quand le premier est heureux, élevé et puissant, celui qui en est cause en est glorieux, et par conséquent doit plus goûter que ses sujets, par rapport à lui et à eux, tout ce qu'il y a de plus agréable dans la vie. (Ibid., t. II, p. 457.)

ce qu'il se vantait d'aimer le plus, l'intérêt général, fut sacrifié par lui à son intérêt de famille, à une ambition sans bornes, à un amour déréglé pour l'éclat et pour la gloire[1]. Sa longue vie le montre de plus en plus entraîné sur cette pente périlleuse. On le voit d'abord modeste et en même temps ferme d'esprit, aimant les hommes supérieurs et cherchant les meilleurs conseils[2]; puis, préférant qui le flatte à qui l'éclaire, accueillant, non l'avis le plus solide, mais l'avis le plus conforme à ses goûts; puis enfin, n'écoutant que lui-même, et prenant pour ministres des hommes sans talent ou sans expérience qu'il se charge de former. Ce règne, glorieux à juste titre, offre ainsi des phases très-diverses; on peut le diviser en deux parts presque égales pour la durée, l'une de grandeur, l'autre de décadence; et, dans la première, on peut de même distinguer deux périodes, celle des années fécondes où tout prospère par une volonté puissante que la saine raison dirige, et celle où le déclin com-

---

[1]. Voy. l'Introduction du bel ouvrage de M. Mignet : *Négociations relatives à la succession d'Espogne sous Louis XIV*.

[2]. Délibérer à loisir sur toutes les choses importantes et en prendre conseil de diverses gens n'est pas, comme les sots se l'imaginent, un témoignage de foiblesse ou de dépendance, mais plutôt une marque de prudence et de solidité. C'est une maxime surprenante, mais véritable pourtant, que ceux qui, pour se montrer plus maîtres de leur propre conduite, ne veulent prendre conseil en rien de ce qu'ils font, ne font presque jamais rien de ce qu'ils veulent. (*OEuvres de Louis XIV*, t. II, p. 113)

mence, parce que la passion prend de l'empire aux dépens de la raison.

C'est le génie d'un homme du tiers état, du fils d'un commerçant, de Jean-Baptiste Colbert, qui donna l'inspiration créatrice au gouvernement de Louis XIV[1]. Colbert fut ministre vingt-deux ans[2], et, durant ce temps le plus beau du règne, la prospérité publique eut pour mesure le degré d'influence de sa pensée sur la volonté du roi. Cette pensée, dans sa nature intime, se rattachait à celle de Richelieu, pour la mémoire duquel Colbert professait un véritable culte[3].

1. Le père de Colbert, marchand de drap à Reims, y tenait boutique à l'enseigne du *Long vêtu*, et joignait à ce commerce celui des toiles, du vin et du blé. Sa famille avait plusieurs branches également vouées au négoce dont lui-même fit l'apprentissage à Paris d'abord, et ensuite à Lyon. Revenu à Paris, il quitta la vie de comptoir, et fut successivement clerc de notaire, clerc chez un procureur au Châtelet, commis au bureau de recette financière qu'on nommait des parties casuelles, secrétaire particulier du cardinal Mazarin, et enfin intendant de sa maison. Mazarin, à son lit de mort, le recommanda vivement au roi. On trouve cette phrase dans les instructions qu'il écrivit de sa propre main pour son fils aîné : « Mon fils doit bien « penser et faire souvent réflexion sur ce que sa naissance l'auroit « fait être, si Dieu n'avoit pas béni mon travail, et si ce travail n'a- « voit pas été extrême. » Voy. *l'Histoire de la vie et de l'administration de Colbert*, par M. Pierre Clément, Pièces justificatives, n°s VI et XII.

2. De 1661 à 1683.

3. Colbert, fidèle observateur des maximes de Richelieu jusqu'à s'en attirer des plaisanteries de la part du feu roi.... Quand il s'agissait d'une affaire importante, le feu roi disait souvent : « Voilà Colbert « qui va nous dire : Sire, ce grand cardinal de Richelieu, » etc. (Mém. de M. de Valincourt, sur la marine, joint au Mém. du marquis de

Dès son entrée au conseil, il fit reparaître les plans du grand ministre et se proposa pour but l'exécution de tout ce que cet homme extraordinaire n'avait pu qu'ébaucher, indiquer ou entrevoir. L'œuvre de Richelieu s'était accomplie dans la sphère des relations extérieures; mais il n'avait pu que déblayer le terrain et tracer les voies pour la réorganisation intérieure du royaume. Par la diplomatie et par la guerre, lui et son habile successeur avaient assuré à la France une situation prépondérante parmi les États européens; il s'agissait de lui donner un degré de richesse et de bien-être égal à sa grandeur au dehors, de créer et de développer en elle tous les éléments de la puissance financière, industrielle et commerciale. C'est ce qu'entreprit un homme qui n'avait ni le titre ni les droits de premier ministre, serviteur d'un monarque jaloux de son autorité personnelle, et ombrageux en ce point jusqu'à la manie [1]. Richelieu avait fait de grandes

Villette, publié par M. de Monmerqué pour la Société de l'Histoire de France p. LII.)

1. Quant aux personnes qui devoient seconder mon travail, je résolus, sur toutes choses, de ne point prendre de premier ministre; et, si vous m'en croyez, mon fils, et tous vos successeurs après vous, le nom en sera pour jamais aboli en France, rien n'étant plus indigne que de voir d'un côté toute la fonction, et de l'autre le seul titre de roi. Pour ce dessein, il étoit absolument nécessaire de partager ma confiance et l'exécution de mes ordres, sans la donner toute entière à pas un. (*Œuvres de Louis XIV*, t. I, p. 27.) — Nul ne partage votre travail sans avoir un peu de part à votre puissance.

choses dans sa pleine liberté d'action ; Colbert en fit de non moins grandes sous la dépendance la plus étroite, avec la nécessité de plaire dans tout ce qu'il lui fallait résoudre, et avec la condition de ne jamais jouir extérieurement du mérite de ses propres actes, de prendre pour soi dans le pouvoir les soucis, les mécomptes, les injustices populaires, et de porter sur autrui le succès, la gloire et la reconnaissance publique.

Rien de plus étrange que le contraste des figures et des caractères dans cette association au même travail qui liait l'un à l'autre Louis XIV et Colbert. Le roi, jeune et brillant, fastueux, prodigue, emporté vers le plaisir, ayant au plus haut degré l'air et les goûts d'un gentilhomme ; le ministre, joignant aux fortes qualités de la classe moyenne, à l'esprit d'ordre, de prévoyance et d'économie, le ton et les manières d'un bourgeois. Vieilli avant l'âge dans des devoirs subalternes et des travaux assidus, Colbert en avait gardé l'empreinte ; son abord était difficile, sa personne sans grâce, ses

---

N'en laissez à autrui que ce qu'il vous sera impossible de retenir ; car quelque soin que vous puissiez prendre, il vous en échappera toujours beaucoup plus qu'il ne seroit à souhaiter. (Ibid., p. 150.) — L'ambassadeur de Portugal luy dit un jour : « Sire, j'accommoderay cette affaire avec vos ministres. Monsieur l'ambassadeur, répliqua le roy, vous voulez dire nos gens d'affaires. » (*Les portraits de la cour*, Archives curieuses de l'histoire de France, 3e série, t. VIII, p. 371.)

traits austères jusqu'à la dureté. Cette rude enveloppe couvrait en lui une âme ardente pour le bien public, avide d'action et de pouvoir, mais encore plus dévouée qu'ambitieuse[1]. Glacial pour les solliciteurs et peu sympathique aux plaintes de l'intérêt privé, il s'animait de tendresse et d'enthousiasme à l'idée du bonheur du peuple et de la gloire de la France[2]. Aussi tout ce qui constitue le bien-être, tout ce qui fait la splendeur d'un pays, fut-il embrassé par lui dans ses

[1]. Il est homme sans fastidie, sans luxe, d'une médiocre dépense, qui sacrifie volontiers tous ses plaisirs et ses divertissements aux intérêts de l'État et aux soins des affaires. Il est actif et vigilant, ferme et inviolable du costé de son devoir; qui fuit les partis, et ne veut entrer en aucun traitté sans en donner connoissance au roi et sans un exprès commandement de Sa Majesté; qui témoigne n'avoir pas grande avidité pour les richesses, mais une forte passion d'amasser et de conserver les biens du roy. (*Les Portraits de la cour*, Archives curieuses de l'histoire de France, 3e série, t. VIII, p. 371.) — Voyez l'Histoire de la vie et de l'administration de Colbert par M. Pierre Clément, la notice sur Colbert par Lemontey, et le rapport lu par M. Villemain à la séance annuelle de l'Académie française, le 17 août 1848.

[2]. Je voudrois que mes projets eussent une fin heureuse, que l'abondance régnât dans le royaume, que tout le monde y fût content, et que, sans emplois, sans dignités, éloigné de la cour et des affaires, l'herbe crût dans ma cour. (Paroles de Colbert citées par d'Auvigny, *Vies des hommes illustres de la France*, t. V, p. 376.) — Je déclare en mon particulier à Votre Majesté qu'un repas inutile de 3,000 livres me fait une peine incroyable, et lorsqu'il est question de millions d'or pour la Pologne, je vendrois tout mon bien, j'engagerois ma femme et mes enfants, et j'irois à pied toute ma vie pour y fournir, s'il étoit nécessaire. (Lettre de Colbert à Louis XIV, *Particularités sur les ministres des finances*, par M. de Monthyon, p. 44.)

méditations patriotiques. Heureuse la France, de tout le bonheur où alors elle pouvait aspirer, si le roi qui avait cru à Colbert sur la parole de Mazarin mourant [1] eût toujours suivi l'admirable guide que la Providence lui donnait. Du moins, dans les vingt-deux ans de ce ministère mêlés de confiance et de défaveur, il lui permit de mettre la main à presque toutes les parties du gouvernement, et tout ce que toucha Colbert fut transformé par son génie. On est saisi d'étonnement et de respect à la vue de cette administration colossale qui semble avoir concentré dans quelques années le travail et le progrès de tout un siècle.

S'il y a une science de la gestion des intérêts publics, Colbert en est chez nous le fondateur. Ses actes et ses tentatives, les mesures qu'il prit et les conseils qu'il donna prouvent de sa part le dessein de faire entrer dans un même ordre toutes les institutions administratives jusque-là incohérentes, et de les rattacher à une pensée supérieure comme à leur principe commun. Cette pensée, dont Louis XIV eut le mérite de

---

1. On dit que le cardinal mourant lui avoit conseillé de se défaire de Fouquet comme d'un homme sujet à ses passions, dissipateur, hautain, qui voudroit prendre ascendant sur lui; au lieu que Colbert, plus modeste et moins accrédité, seroit prêt à tout et régleroit l'État comme une maison particulière. On dit même qu'il ajouta ces mots (et M. Colbert s'en vantoit avec ses amis) : « Je vous dois « tout, Sire, mais je crois m'acquitter en quelque manière en vous « donnant Colbert. » (*Mémoires de l'abbé de Choisy*, collect. Michaud et Poujoulat, 3e série, t. VI, p. 579.)

sentir et d'aimer la grandeur, peut se formuler ainsi : donner l'essor au génie national dans toutes les voies de la civilisation, développer à la fois toutes les activités, l'énergie intellectuelle et les forces productives de la France. Colbert a posé lui-même, dans des termes qu'on croirait tout modernes, la règle de gouvernement qu'il voulait suivre pour aller à son but : c'était de distinguer en deux classes les *conditions des hommes*, celles qui *tendent à se soustraire au travail*, source de la prospérité de l'État, et celles qui, par la vie laborieuse, *tendent au bien public ;* de *rendre difficiles* les premières et de *faciliter* les autres en les rendant, le plus possible, avantageuses et honorables [1]. Il réduisait

---

1. Il faut aussi prendre garde que tous ceux qui seront nommés pour cette matière aient plus de force et de probité qu'aucuns..... Il sera bien nécessaire qu'ils observent de rendre difficiles toutes les conditions des hommes qui tendent à se soustraire du travail qui va au bien général de tout l'État; ces conditions sont le trop grand nombre d'officiers de justice, le trop grand nombre de prêtres, de moines et religieuses. Et ces deux derniers, non-seulement se soulagent du travail qui iroit au bien commun, mais même privent le public de tous les enfants qu'ils pourroient produire pour servir aux fonctions nécessaires et utiles : pour cet effet, il seroit peut-être bon de rendre les vœux de religion un peu plus difficiles, et de reculer l'âge pour les rendre valables, même retrancher l'usage des dots et des pensions des religieuses, et de faciliter et rendre honorables et avantageuses, autant qu'il se pourra, toutes les conditions des hommes qui tendent au bien public, c'est-à-dire, les soldats, les marchands, les laboureurs et gens de journée. (Projet d'une révision générale des ordonnances, discours prononcé par Colbert dans le conseil du 10 octobre 1665, *Revue rétrospective*, 2ᵉ série, t. IV, p. 257 et suiv.)

le nombre et la valeur des offices, afin que la bourgeoisie, moins empressée à leur poursuite, tournât son ambition et ses capitaux vers le commerce, et il attirait du même côté la noblesse, en combattant le préjugé qui, hors du service militaire et des hauts emplois de l'État, lui faisait un point d'honneur de la vie oisive [1]. L'émulation du travail, tel était l'esprit nouveau qu'il se proposa d'infuser à la société française, et selon lequel fut conçu par lui l'immense projet de remanier la législation tout entière, et de la fondre en un seul corps pareil au code de Justinien [2].

1. Comme le commerce, et particulièrement celui qui se fait sur mer, est la source féconde qui apporte l'abondance dans les États et la répand sur les sujets à proportion de leur industrie et de leur travail, qu'il n'y a point de moyen pour acquérir du bien qui soit plus innocent et plus légitime : aussi a-t-il toujours été en grande considération parmi les nations les mieux policées..... Comme il importe au bien de nos sujets et à notre propre satisfaction d'effacer entièrement les restes d'une opinion qui s'est universellement répandue que le commerce maritime est incompatible avec la noblesse, et qu'il en détruit les priviléges, nous avons estimé à propos de faire entendre notre intention sur ce sujet, et de déclarer le commerce de mer ne pas déroger à noblesse, par une loi qui fût rendue publique et généralement reçue dans toute l'étendue de notre royaume. (Édit d'août 1669, *Rec. des anciennes lois françaises*, t. XVIII, p. 217.) — Voy. Forbonnais, *Recherches et considérations sur les finances de France*, t. II, p. 150 et 362 ; t. III, p. 257.

2. Mais si Votre Majesté s'est proposé quelque plus grand dessein, comme seroit celui de réduire tout son royaume sous une même loi, même mesure et même poids, qui seroit assurément un dessein digne de la grandeur de Votre Majesté, digne de son esprit et de son âge, et qui lui attireroit un abîme de bénédictions et de gloire, dont toutefois Votre Majesté n'auroit que l'honneur de l'exécution, vu que le

C'est à ce dessein qu'il faut rapporter, comme des fragments d'un même ouvrage, les grandes ordonnances du règne de Louis XIV, si admirables pour l'époque, et dont tant de dispositions subsistent encore aujourd'hui, l'ordonnance civile, l'ordonnance criminelle, l'ordonnance du commerce, celle des eaux et forêts et celle de la marine [1]. Colbert, d'abord simple intendant, puis contrôleur général des finances, avait, par l'ascendant du génie, contraint le roi à élever ses fonctions dans le conseil jusqu'à celles de régulateur de tous les intérêts économiques de l'État. De la sphère spéciale où son titre d'emploi semblait devoir le renfermer, il porta du premier coup la vue aux plus hautes régions de la pensée politique, et, enveloppant toutes

---

dessein en auroit été formé par Louis XIe, qui a été, sans contredit, le plus habile de tous nos rois. (Projet d'une révision générale des ordonnances, *Revue rétrospective*, 2e série, t. IV, p. 248.) — Après avoir avancé ce travail, peut-être que Sa Majesté voudra que l'on poursuive pour achever le corps entier de ses ordonnances, et que l'on examine de même celles qui concernent les domaines de la couronne, les finances, les eaux et forêts, l'amirauté, la connétablie, les fonctions de toutes les charges et offices du royaume,..... et généralement, afin de rendre ce corps d'ordonnances, aussi complet que celui de Justinien pour le droit romain. (*Ibid.*, p. 258.)

1. Ordonnance civile touchant la réformation de la justice (avril 1667); ordonnance pour la réformation de la justice, faisant continuation de celle d'avril 1667 (août 1669); édit portant règlement général pour les eaux et forêts (août 1669); ordonnance criminelle (août 1670); ordonnance du commerce (mars 1673); ordonnance de la marine (août 1681). *Recueil des anciennes lois françaises*, t. XVIII, p. 103, 341, 219 et 371 ; t. XIX, p. 92 et 282.

choses dans cette synthèse, il les considéra, non en elles-mêmes, mais dans leur accord avec l'idéal d'ordre fécond et de prospérité croissante qu'il se formait. Il lui parut qu'une grande nation, une société vraiment complète devait être à la fois agricole, manufacturière et navigatrice, et que la France, avec son peuple né pour l'action en tout genre, avec son vaste sol et ses deux mers, était destinée au succès dans ces trois branches du travail humain. Ce succès, général ou partiel, fut à ses yeux le but suprême et le seul fondement légitime des combinaisons financières. Il s'imposa la tâche d'asseoir l'impôt, non sur les privations du peuple, mais sur un accroissement de la richesse commune, et il réussit, malgré d'énormes obstacles, à augmenter le revenu de l'État en réduisant les charges des contribuables [1].

Dans ses plans formés surtout en vue de la prospérité matérielle, Colbert fit entrer pour une large part le soin des choses de l'intelligence. Il sentit qu'au point de vue de l'économie nationale, des liens existent entre tous les travaux, entre toutes les facultés d'un peuple; il comprit le pouvoir de la science dans la production des richesses, l'influence du goût sur l'industrie, des arts de l'esprit sur ceux de la main. Parmi ses créations célèbres on voit l'Académie des sciences,

1. Voy. les *Recherches* de Forbonnais sur les finances de la France et l'ouvrage de M. Pierre Clément sur l'administration de Colbert.

l'Académie des inscriptions et belles-lettres, les académies de peinture, de sculpture et d'architecture, l'école de France à Rome, l'école des langues orientales, l'Observatoire, l'enseignement du droit à Paris. Il institua, comme partie du service public et de la dépense ordinaire, des pensions pour les littérateurs, les savants et les artistes, et ses bienfaits envers eux ne s'arrêtèrent pas aux limites du royaume. Quant aux mesures spéciales de ce grand ministre pour la régénération industrielle de la France, leur détail dépasserait les bornes où je suis tenu de me renfermer. Les changements qu'il opéra dans toutes les branches de l'administration financière, ses travaux pour accroître ou pour créer le capital national sous toutes ses formes[1], ses encouragements de tout genre distribués à toutes les classes d'hommes concourant à l'œuvre de la production, depuis le chef d'entreprise jusqu'au simple ouvrier, ce vaste et harmonieux ensemble de lois, de règlements, de statuts, de préceptes, de fondations, de projets, se trouve habilement exposé dans des publications récentes[2]. Il me suffira d'y renvoyer le lecteur, de dire que c'est à

---

[1]. Les routes, les canaux, les bâtiments civils et militaires, les arsenaux, la marine marchande et la marine de l'État.

[2]. Voy. le tome XIV de l'*Histoire de France* de M. Henri Martin, l'ouvrage de M. Pierre Clément cité plus haut, et l'*Histoire de l'administration en France, depuis le règne de Philippe-Auguste jusqu'à la mort de Louis XIV*, par M. Dareste de la Chavanne.

l'impulsion donnée par Colbert, à ce principe de vie nouvelle répandu en nous il y a près de deux siècles, que nous devons de compter dans le monde comme puissance maritime et commerciale.

Colbert eut cela de commun avec d'autres hommes doués du génie organisateur, qu'il fit des choses nouvelles par des moyens qui ne l'étaient pas, et se servit comme instrument de tout ce qu'il avait sous la main. Loin de lutter contre les habitudes et les pratiques anciennes, il eut l'art d'en tirer des forces, vivifiant par une volonté inspirée et par des méthodes d'application originales, ce qui semblait inerte et usé. C'est ainsi que, pour les finances et le commerce, il transforma une accumulation de procédés empiriques en un système profondément rationnel. De là sa puissance et ses merveilleux succès dans son temps, dont il ne choqua point les doctrines; de là aussi la faiblesse de quelques parties de son ouvrage aux yeux de l'expérience acquise et de la science formée après lui. A-t-il eu tort de ne tenir aucun compte du vœu des états généraux de 1614 pour l'adoucissement du régime des jurandes, et de marcher, dans ses règlements, au rebours de cette première aspiration de la France vers la liberté du travail [1]? La réponse à cette

---

1. Voy. plus haut, chap. vii.—Édit de mars 1673, portant que ceux qui font profession du commerce, denrées ou arts, qui ne sont d'aucune communauté, seront établis en corps, communautés et jurandes,

question et à d'autres du même genre que soulève l'administration de Colbert[1] ne peut se faire isolément. Tout est lié dans les actes du grand ministre de Louis XIV, et, sur cet ensemble systématique, deux faits dominent : le premier, c'est qu'il fit découler tout du principe de l'autorité, qu'il ne vit dans la France industrielle qu'une vaste école à former sous la discipline de l'État[2]; le second, c'est que les résultats immédiats lui donnèrent pleinement raison, et qu'il parvint à pousser la nation en avant d'un demi-siècle[3].

Il avait fallu de longues années de guerre pour que

et qu'il leur sera accordé des statuts. *Rec. des anc. lois françaises*, t. XIX, p. 91.

1. Notamment celle des tarifs des douanes. Voy. l'édit de septembre 1664, portant réduction et diminution des droits de sortie et d'entrée, avec la suppression de plusieurs droits (*Recherches* de Forbonnais sous cette date), et l'analyse faite par M. Pierre Clément de l'ordonnance de septembre 1667, *Histoire de la vie et de l'administration de Colbert*, p. 231 et 315.

2. Les arts étaient nouveaux ou presque totalement oubliés par l'interruption du commerce. Nous ignorions les goûts du consommateur étranger; nos manufacturiers, pauvres, écrasés sous les taxes et la honte de leur état, n'avaient ni les moyens ni le courage d'aller puiser au loin les lumières ; il s'agissait d'imiter et non d'inventer. Le ministre donna aux ouvriers des instructions, et la plupart furent bonnes, parce qu'elles étaient rédigées par des négociants ou des personnes expérimentées soit dans l'art, soit dans le commerce étranger. Chaque règle était appuyée de son motif. (Forbonnais, *Recherches et considérations sur les finances de France*, t. II, p. 366.)

3. Voyez, dans l'ouvrage de M. Dareste de la Chavanne, *Histoire de l'administration en France*, etc., t. II, p. 221, un tableau des manufactures créées par Colbert.

l'œuvre de Richelieu s'accomplît; pour que celle de Colbert, complément de l'autre, se développât librement et donnât tous ses fruits, il fallait de longues années de paix. Après le traité de Westphalie et le traité des Pyrénées [1], un repos durable semblait assuré à l'Europe et à la France, mais ce que promettaient ces deux grands pactes, Louis XIV ne l'accorda pas. Au moment où le jeune roi paraissait livré tout entier aux soins de la prospérité intérieure [2], il rompit la paix du monde pour courir, sous un prétexte bizarre, les chances d'un agrandissement extérieur. Il entreprit, au nom des prétendus droits de sa femme, l'infante Marie-Thérèse, et contre l'avis de ses meilleurs conseillers, la guerre d'invasion que termina le traité d'Aix-la-Chapelle [3], guerre injuste, mais dont

1. 1648 et 1659.
2. L'affection que nous portons à nos sujets nous ayant fait préférer à notre gloire et à l'agrandissement de nos États la satisfaction de leur donner la paix, nous avons en même temps employé nos principaux soins pour leur faire recueillir les fruits d'une parfaite tranquillité; et comme le commerce, les manufactures et l'agriculture sont les moyens les plus prompts, les plus sûrs et les plus légitimes pour mettre l'abondance dans notre royaume, aussi nous n'avons rien oublié de toutes les choses qui pourroient obliger nos sujets de s'y appliquer. (Édit de décembre 1665, portant réduction des rentes du denier dix-huit au denier vingt, *Rec. des anciennes lois françaises*, t. XVIII, p. 69.)
3. Ce traité fut signé le 2 mai 1668. — Voyez sur le droit de *dévolution* invoqué par Louis XIV à la mort de Philippe IV, roi d'Espagne, et sur les événements de la guerre de 1667, l'ouvrage de M. Mignet, *Négociations relatives à la succession d'Espagne*, t. 1er, 2e partie,

l'issue fut heureuse pour le roi et pour la France. Le roi y gagna un renom d'habileté politique et militaire ; la France, en acquérant plusieurs villes de la Belgique[1], fit un pas considérable dans les voies de son agrandissement naturel. Mais dans ce premier coup de fortune, il y eut quelque chose de funeste. Une fois éveillée pour la gloire des armes, la passion chez Louis XIV ne se reposa plus ; elle attiédit en lui le zèle pour les travaux pacifiques ; elle le fit passer, de l'influence de Colbert, sous celle du conseiller le plus désastreux[2]. Et non-seulement elle le rendit moins occupé de progrès au dedans que de conquêtes au dehors, mais encore, dans les affaires extérieures, elle le détourna de la vraie politique française, de cette politique à la fois nationale et libérale dont le plan avait été conçu par Henri IV et l'édifice élevé par Richelieu[3].

sect. 1 et 2 ; t. II, 3e partie, sect. 2. — Les opposants à cette guerre, dans le conseil du roi, furent Colbert et le ministre des affaires étrangères, de Lionne, l'un des plus grands diplomates qu'ait eus la France, négociateur du traité de Westphalie, de la ligue du Rhin et du traité des Pyrénées. « Si, avant la guerre de Flandre, on eût « donné au roi Cambrai, ou même Bergues, il se seroit peut-être « contenté. Lionne, surtout, étoit au désespoir de la guerre. » (Œuvres de Racine, t. VI, p. 338.)

1. Charleroi, Binch, Ath, Douai, Tournai, Oudenarde, Lille, Armentières, Courtrai, Bergues et Furnes.

2. Le marquis de Louvois, fils du ministre Letellier, d'abord associé à son père dans le département de la guerre, puis chargé seul de ce portefeuille en 1666.

3. Voy. plus haut: chapitres vi et viii.

Quelque embarras qu'on éprouve, comme patriote, à juger rigoureusement la politique d'un règne d'où la France sortit avec ses frontières fixées au nord et, en grande partie, à l'est [1], il faut séparer deux choses dans les guerres de Louis XIV : le résultat et l'intention ; les conquêtes raisonnables, qui à ce titre subsistèrent, et les folles entreprises qui, tendant bien au delà du véritable but, purent s'y trouver ramenées plus tard, grâce à d'heureuses nécessités. La guerre de Hollande, par l'esprit de vengeance qui l'inspira et la manière dont elle fut conduite, eut ce caractère ; si elle produisit les avantages territoriaux obtenus à la paix de Nimègue, ce fut parce que la cour de Madrid, en s'alliant aux ennemis du roi, lui fournit l'occasion d'attaquer de nouveau la Franche-Comté et les Pays-Bas espagnols [2]. Un semblable accroissement de territoire ne résulta point de la guerre d'Allemagne ; toutes les conquêtes faites durant cette guerre de neuf ans furent

1. Pour les compléter, il ne manquait plus que la Lorraine qui fut réunie sous Louis XV.

2. Le traité de Nimègue fut signé le 10 août 1678 ; la guerre avait commencé en 1672. Par ce traité, la France rendit plusieurs villes qui lui donnaient dans les Pays-Bas une position offensive, notamment Charleroi, Ath, Binch, Oudenarde et Courtrai, qu'elle possédait depuis 1668 ; elle acquit, avec la Franche-Comté, des territoires et des villes importantes dans l'Artois, la Flandre et le Hainaut, qui régularisèrent ses limites au nord et lui firent, à l'aide du génie de Vauban, une puissante ligne de défense. — Voyez, sur l'invasion des Provinces-Unies et sur les traités qui la suivirent, le tome IV des *Négociations relatives à la succession d'Espagne*.

rendues par le traité de Ryswyk, celle, entre autres, qui donnait à la France sa frontière naturelle des Alpes [1]. Enfin, dans la crise amenée par l'extinction de la maison royale d'Espagne [2], Louis XIV, ayant à choisir, aima mieux les chances d'une couronne pour son petit-fils qu'un agrandissement de ses États consenti par l'Europe. Sa gloire personnelle et sa famille, voilà le double intérêt qu'il poursuivit de plus en plus aux dépens des intérêts nationaux, en brisant tout le système des anciennes alliances, en faisant quitter à la France le rôle de gardienne du droit public et de protectrice de petits États, pour la rendre aux yeux des peuples un objet de crainte et de haine, comme l'Espagne de Philippe II [3].

Cette fatale guerre de Hollande, qui commença le naufrage de la politique de Richelieu, frappa du même coup le système financier de Colbert et faussa toutes ses mesures. Il lui fut impossible de pourvoir

---

[1]. Le traité de Ryswyk fut signé le 20 septembre 1697. La Savoie et Nice avaient été occupées par suite de l'adhésion du duc Victor-Amédée à la ligue d'Augsbourg.

[2]. A la mort de Charles II, en 1700.

[3]. Louis XIV eut l'ambition d'être élu empereur ou de faire nommer son fils roi des Romains. Il négocia dans cette vue avec plusieurs des princes d'Allemagne; des traités secrets furent conclus par lui, en 1670 avec l'électeur de Bavière, en 1679 avec l'électeur de Brandebourg, et dans la même année avec l'électeur de Saxe. Voyez sur ces négociations une notice de Lemontey, dans ses OEuvres, t. V, p. 223 et suiv.

pendant six ans aux dépenses d'une lutte armée contre l'Europe sans se départir de l'ordre admirable qu'il avait créé, sans retourner aux expédients de ses devanciers et sans compromettre les nouveaux éléments de prospérité intérieure. De 1672 à 1678, tout fut arrêté ou recula en fait d'améliorations économiques; et, quand la paix fut venue, quand il s'agit de réparer les pertes et de recommencer le progrès, la pensée et la faveur du roi avaient cessé d'être avec Colbert. Un homme doué d'un génie spécial pour l'administration militaire, mais esprit étroit, âme égoïste, flatteur sans mesure, conseiller dangereux et détestable politique, le marquis de Louvois s'était emparé de Louis XIV en servant et en excitant sa passion de gloire et de conquêtes. Cette confiance sans bornes qui avait fait du contrôleur général des finances presque un premier ministre, se retira de lui, et c'est au secrétaire d'État de la guerre que fut transportée, avec les bonnes grâces du roi, la prépondérance dans le conseil.

Réduit dès lors à la tâche ingrate d'opposer la voix de la raison à un parti pris d'orgueil, de violence et d'envahissement au dehors, de garder le trésor appauvri contre des demandes toujours croissantes pour les fêtes, les bâtiments de plaisance, l'état militaire en pleine paix, Colbert fléchit par degrés sous la fatigue de cette lutte sans fruit et sans espoir. On le vit triste et on l'entendit soupirer à son ancienne heure de joie, à l'heure de s'asseoir pour le travail¹ ; il se sentait à charge dans ce qu'il voulait de bien, dans ce qu'il empêchait de mal, dans sa franchise de langage, dans tout ce que le roi avait jadis aimé de lui². Plusieurs fois, après des signes trop certains de disgrâce, la forte trempe de son âme et le sentiment du devoir patriotique le relevèrent encore et le soutinrent contre ses dégoûts ; mais enfin il y eut un jour où l'amertume de cette situation déborda et où le cœur du grand homme fut brisé.

Telle est l'histoire douloureuse des dernières années

1. Nous remarquions que jusqu'à ce temps, quand M. Colbert entrait dans son cabinet, on le voyait se mettre au travail avec un air content et en se frottant les mains de joie, mais que depuis il ne se mettait guère sur son siége pour travailler qu'avec un air chagrin et en soupirant. M. Colbert, de facile et aisé qu'il était, devint difficile et difficultueux, en sorte qu'on n'expédiait pas alors tant d'affaires, à beaucoup près, que dans les premières années de sa surintendance. (Mémoires de Charles Perrault, liv. IV, p. 84, édit. de M. Paul Lacroix [1842].)

2. M. Mansard prétend qu'il y a trois ans que Colbert étoit à charge au roi pour les bâtiments ; jusque-là, que le roi lui dit une fois : « Mansard, on me donne trop de dégoûts, je ne veux plus songer à bâtir. » (Œuvres de Racine, t. VI, p. 335.) — Voici, Sire, un métier fort difficile que je vais entreprendre ; il y a près de six mois que je balance à dire les choses fortes à Votre Majesté que je lui dis hier et celles que je vais encore lui dire..... Je me confie en la bonté de Votre Majesté, en sa haute vertu, en l'ordre qu'elle nous a souvent donné et réitéré de l'avertir au cas qu'elle allât trop vite, et en la liberté qu'elle m'a souvent donnée de lui dire mes sentiments. (Mémoires de Colbert au roi [1666], cité par Monthyon, *Particularités sur les ministres des finances*, p. 73.)

de Colbert, années remplies, d'un côté, par des accès d'activité fébrile, et de l'autre, par ces alternatives d'éloignement et de retour, de rudesses blessantes et de froides réparations qui marquent la fin d'une grande faveur. La tristesse, qui, sans nul doute, abrégea sa vie, se nourrissait de deux sentiments, du chagrin de l'homme d'État arrêté dans son œuvre, et d'une souffrance plus intime. Colbert aimait Louis XIV d'une affection enthousiaste; il croyait à lui comme à l'idée même du bien public; il l'avait vu autrefois associé de cœur et d'esprit à ses travaux et à ses rêves, et, supérieur pour le rang, son égal en dévouement patriotique; et maintenant il lui fallait se dire que tout cela n'était qu'illusion, que l'objet de son culte, ingrat envers lui, était moins patriote que lui. C'est dans ce désenchantement qu'il mourut[1]; au lit de la mort, l'état de son âme se trahit par une sombre agitation et par des mots amers. Il dit en parlant du roi : « Si j'avois fait pour Dieu ce que j'ai fait pour cet homme-là, je serois « sauvé deux fois, et je ne sais ce que je vais devenir[2]. » Une lettre de Louis XIV, alors malade, lui ayant été apportée avec des paroles d'amitié, il resta silencieux comme s'il dormait. Invité par les siens à faire un mot de réponse, il dit : « Je ne

1. Le 6 septembre 1683.
2. Monthyon, *Particularités sur les ministres des finances*, p. 79, note.

« veux plus entendre parler du roi, qu'au moins à
« présent il me laisse tranquille ; c'est au Roi des rois
« que je songe à répondre [1]. » Et quand le vicaire de
Saint Eustache, sa paroisse, vint lui dire qu'il avertirait les fidèles de prier pour sa santé ; « Non pas cela,
« répondit brusquement Colbert, qu'ils prient Dieu de
« me faire miséricorde [2]. »

Ce qu'il y eut de fatalement triste dans cette noble
destinée ne s'arrêta point à la mort. Chose étrange ! le
ministre qui anticipait dans ses plans toute une révolution à venir, le règne de l'industrie et du commerce,
celui qui voulait l'abolition des priviléges en matière
d'impôt, une juste proportion dans les charges publiques, la diffusion des capitaux par l'abaissement de
l'intérêt, plus de richesse et d'honneur pour le travail
et une large assistance pour la pauvreté [3], celui-là fut

---

[1]. *Ibid.* — OEuvres de Racine, t. VI, p. 334. — Lettres de madame de Maintenon, 10 sept. 1683, t. II, p. 103.

[2]. OEuvres de Racine, t. VI, p. 334. — L'hôtel Colbert était situé dans la rue Neuve-des-Petits-Champs.

[3]. Voyez, dans les histoires de l'administration de Colbert, ses efforts constants pour réduire l'impôt de la taille, et ses tentatives pour substituer la taille réelle à la taille personnelle, établir le cadastre et fonder le régime hypothécaire. Voyez aussi le règlement général sur les tailles, donné le 12 février 1663, l'ordonnance d'avril 1667 sur les biens communaux, l'édit de décembre 1665, portant réduction de l'intérêt légal au denier vingt, l'édit de mars 1673, pour la publicité des hypothèques, et l'édit de juin 1662, portant qu'il sera établi dans chaque ville et bourg du royaume un hôpital pour les pauvres, les malades et les orphelins. *Rec. des anciennes lois françaises*, t. XVIII, p. 18, 22, 69 et 187, et t. XIX, p. 73.

impopulaire jusqu'à la haine. Son convoi devant passer près des halles ne sortit qu'à la nuit et sous escorte, de peur de quelque insulte du peuple. Le peuple, et surtout celui de Paris, haïssait Colbert à cause des taxes onéreuses établies depuis la guerre de Hollande; on lui imputait la nécessité contre laquelle il s'était débattu en vain, et l'on oubliait d'immenses services pour le rendre responsable de mesures qu'il déplorait lui-même et qu'il avait prises malgré lui. Le roi fut ingrat, le peuple fut ingrat; la postérité seule a été juste.

La mort de Colbert et la révocation de l'édit de Nantes, une perte irréparable et un coup d'État funeste, marquent, dans le règne de Louis XIV, le point de partage des années de grandeur et des années de décadence. De ces deux événements séparés par un court intervalle, on peut dire que le second ne fut pas sans liaison avec le premier. Il faut ajouter aux mérites du grand ministre celui d'avoir été le défenseur des protestants, d'avoir combattu sans relâche les atteintes portées par l'esprit d'unité religieuse à la charte de liberté de Henri IV[1]. C'était encore la politique de Richelieu qu'il suivait en maintenant les droits inoffensifs garantis deux fois aux réformés[2]. Moins par philo-

---

1. Voy. plus haut, chap. vi, p. 183.
2. D'abord par l'édit de Nantes, 13 avril 1598, et ensuite par l'édit donné à Nîmes, en juillet 1629.

sophie que par instinct patriotique, il protégeait en eux toute une population d'hommes tels qu'il les voulait pour ses plans, d'hommes actifs, probes, instruits, versés dans l'industrie et le commerce, et attachés à ces professions par la malveillance même qui les écartait graduellement des fonctions publiques. Tant que dura l'influence de Colbert dans les conseils de Louis XIV, la raison du roi fut tenue en garde contre les suggestions du clergé catholique et contre ses propres désirs [1]; mais, sur ce point comme sur bien d'autres, le vertige du pouvoir absolu commença dès que la faveur se fut détournée de l'homme de génie. C'est ainsi qu'à la captation exercée pour ramener les dissidents succéda l'emploi de la contrainte, et qu'après les peines portées contre le repentir des nouveaux convertis vint l'entière abolition de la liberté

[1]. Quant à ce grand nombre de mes sujets de la religion prétendue réformée, qui étoit un mal que je regarde avec douleur... il me sembla, mon fils, que ceux qui vouloient employer des remèdes violens ne connoissoient pas la nature de ce mal, causé en partie par la chaleur des esprits qu'il faut laisser passer et s'éteindre insensiblement, au lieu de l'exciter de nouveau par des contradictions aussi fortes... Je crus que le meilleur moyen pour réduire peu à peu les huguenots de mon royaume étoit en premier lieu de ne les point presser du tout par aucune rigueur nouvelle contre eux, de faire observer ce qu'ils avoient obtenu de mes prédécesseurs, mais de ne leur rien accorder au delà, et d'en renfermer même l'exécution dans les plus étroites bornes que la justice et la bienséance le pouvoient permettre. Quant aux grâces qui dépendoient de moi seul... (Mémoires de Louis XIV, écrits vers l'année 1670, OEuvres, t. Ier, p. 84 et suiv.)

de culte et de conscience. L'immortel édit de Henri IV, confirmé et juré par Louis XIII en 1629, fut révoqué par Louis XIV le 17 octobre 1685[1], date qui reste au nombre des plus tristes souvenirs de notre histoire. On sait quel effroyable coup cet acte violent et ses suites portèrent à la civilisation et à la fortune de la France, par quelle émigration d'ouvriers, d'inventeurs, de négociants, de marins, de capitalistes, l'avantage que nous avaient donné sur nos rivaux d'industrie les établissements de Colbert fut presque entièrement perdu[2].

En 1685, il y avait déjà près d'un siècle que la France, devançant à cet égard les autres peuples chrétiens, était entrée dans les voies de la société nouvelle qui sépare l'Église de l'État, le devoir social des choses de la conscience, et le croyant du citoyen. Sous le régime de l'édit de Nantes, le principe légal en matière

[1]. Savoir faisons que nous,... avons, par ce présent édit perpétuel et irrévocable, supprimé et révoqué, supprimons et révoquons l'édit du roi notre dit aïeul, donné à Nantes au mois d'avril 1598, en toute son étendue, ensemble les articles particuliers arrêtés le 2 mai en suivant, et les lettres patentes expédiées en iceux, et l'édit donné à Nîmes au mois de juillet 1629, les déclarons nuls et comme non avenus, ensemble toutes les concessions faites, tant par iceux que par d'autres édits, déclarations et arrêts, aux gens de ladite religion prétendue réformée, de quelque nature qu'elles puissent être. (Édit portant révocation de l'édit de Nantes, *Rec. des anciennes lois françaises*, t. XIX, p. 530.)

[2]. Voy. l'ouvrage de Rulhières, intitulé : *Éclaircissements historiques sur les causes de la révocation de l'édit de Nantes;* le tome II de l'*Histoire de madame de Maintenon*, par M. le duc de Noailles, et les tomes XV et XVI de l'*Histoire de France* de M. Henri Martin.

de religion, ce n'était pas la simple tolérance, mais l'égalité de droits civils entre catholiques et réformés; mais la reconnaissance, et, sauf quelques réserves, la pleine liberté des deux cultes. Nous étions en cela supérieurs à l'Europe soit catholique soit protestante, supériorité acquise au prix de quarante ans de malheurs, et peut-être à l'aide d'un sens plus prompt de la justice et du droit [1]. C'est de la hauteur de ce principe déposé dans la loi et qui subsistait en dépit d'infractions plus ou moins directes, plus ou moins graves, que l'édit de révocation fit tomber le pays sous un régime de violences et de contradictions qui, pour devenir simple, aboutit à la mort civile des protestants [2]. Tel est le point de vue d'où l'historien doit juger l'acte d'autorité qui fut pour Louis XIV, sinon un crime, du moins la plus grande des fautes. A ce point de vue, ni les idées ni les pratiques des autres États de l'Europe en fait de tolérance civile ne peuvent servir d'excuse à la conduite du roi de France; la France, depuis un siècle, avait élevé son droit public au-dessus des idées du temps.

---

1. La jurisprudence française fut la première à condamner le principe de l'esclavage, en déclarant libre tout esclave qui mettait le pied dans le royaume. Voy. le *Glossaire du droit français*, par Laurière, au mot *Esclave*.

2. Voyez ce que dit Rulhières de la déclaration du 14 mai 1724 et de l'affreuse jurisprudence qui en résulta. *Eclaircissements sur la révocation de l'édit de Nantes*, éd. Auguis, p. 269, 282, 463 et 481.

Quant à la réaction du catholicisme à l'intérieur, on ne peut pas en faire davantage un moyen d'apologie, car elle n'était pas nouvelle, et deux grands ministres avaient su y résister durant trente ans; quoique hommes d'Église tous les deux, ils s'étaient tenus dans les limites tracées par la bonne foi publique et par la raison d'État[1]. Louis XIV fut pleinement libre de sentir et d'agir comme eux; sous lui, les protestants n'inspirèrent pas plus de crainte, et la pression de l'intolérance catholique ne devint pas plus embarrassante. Il n'a tenu qu'à lui de laisser les choses dans l'éta où il les avait prises[2], de n'être pas dupe des fausses con-

---

[1]. Richelieu maintint scrupuleusement la liberté pour les catholiques de changer de religion, et pour les protestants convertis de retourner à leur ancien culte. Mazarin, sollicité par le clergé de prendre des mesures contre ceux que l'Église qualifiait d'apostats et de relaps, ne céda point à ces instances. Il disait en parlant des calvinistes, « Je n'ai point à m'inquiéter du petit troupeau; s'il broute « de mauvaises herbes, du moins il ne s'écarte pas. » Voy. Rulhières, *Eclaircissements historiques sur la révocation de l'édit de Nantes*, p. 19 et suiv., et l'*Histoire de France* de M. H. Martin, t. XV, p. 589 et suiv.

[2]. Le préambule de l'édit de juillet 1679, qui supprime les tribunaux mi-partie de catholiques et de protestants, offre ce passage curieux : « Considérant qu'il y a cinquante années qu'il n'est point « survenu de nouveau trouble causé par ladite religion, et que par ce « long temps les animosités qui pouvoient être entre nos sujets de « l'une et de l'autre religion sont éteintes, nous avons cru pouvoir « ne rien faire de mieux que de supprimer lesdites chambres, et « les réunir auxdits parlements, tant pour effacer entièrement la « mémoire des guerres passées, que pour faciliter l'administration « de la justice, en ôtant le prétexte à nos sujets catholiques de se ser-

versions qu'on provoquait pour lui plaire, de ne pas devenir, sans l'avoir voulu, persécuteur atroce; enfin, de ne pas léguer en mourant à la France du xviiie siècle tout un code de proscriptions plus odieuses que celles du seizième[1].

Le grand fait, le fait imprévu alors, qui domine tout le règne de Louis XIV, c'est que dans ce règne, dernier terme du mouvement de la France vers l'unité

« vir du nom et des priviléges desdits de la religion prétendue réfor-
« mée pour perpétuer les procès dans les familles ; ar des évocations
« ou par des règlements de juges. » (*Rec. des anciennes lois françaises*, t. XIX, p. 205.)

1. Conférez les *Éclaircissements* de Rulhières sur la révocation de l'édit de Nantes avec le tome II de l'*Histoire de madame de Maintenon* par M. le duc de Noailles. — L'une des premières pensées du régent fut de retirer tous les édits de Louis XIV contre les protestants; mais la violence même des faits accomplis parut opposer à cette mesure un obstacle insurmontable. « Le régent me parla à ce propos de
« toutes les contradictions et de toutes les difficultés dont les édits et
« déclarations du feu roi sur les huguenots étoient remplis, sur les-
« quels on ne pouvoit statuer par impossibilité de les concilier;
« et, d'autre part, de les exécuter à l'égard de leurs mariages, testa-
« ments, etc.... De là plainte de ces embarras, le régent vint à celle
« de la cruauté avec laquelle le feu roi avoit traité les huguenots, à
« la faute même de la révocation de l'édit de Nantes, au préjudice
« immense que l'État en avoit souffert et en souffroit encore dans sa
« dépopulation, dans son commerce, dans la haine que ce traitement
« avoit allumée chez tous les protestants de l'Europe..... Le régent se
« mit sur les réflexions de l'état ruiné où le roi avoit réduit et laissé
« la France, et de là sur celles du gain de peuple, d'arts, d'argent et
« de commerce qu'elle feroit en un moment par le rappel si désiré
« des huguenots dans leur patrie, et finalement me le proposa. » (*Mémoires de Saint-Simon*, t. XIV, p. 153 et suiv.)

monarchique, on vit le pouvoir absolu, exercé personnellement par le roi, tomber, pour la satisfaction des vrais intérêts nationaux, au-dessous de ce qu'avait été précédemment le même pouvoir délégué à un premier ministre. Richelieu, et après lui Mazarin, gouvernant comme s'ils eussent été dictateurs d'une république, avaient, pour ainsi dire, éteint leur personnalité dans l'idée et le service de l'État. Ne possédant que l'autorité de fait, ils s'étaient conduits tous les deux en mandataires responsables envers le souverain et devant la conscience du pays, tandis que Louis XIV, réunissant le fait et le droit, se crut exempt de toute règle extérieure à lui-même, et n'admit pour ses actes de responsabilité que devant sa propre conscience. Ce fut cette conviction de sa toute-puissance, conviction naïve et sincère, excluant les scrupules et les remords, qui lui fit renverser coup sur coup le double système fondé par Henri IV, au dedans pour la liberté de religion [1], au dehors pour la prépondérance nationale

---

1. Spécieuse raison d'État : en vain vous opposâtes à Louis les vues timides de la sagesse humaine; les temples profanes sont détruits; les chaires de séduction sont abattues; le mur de séparation est ôté; le temps, la grâce, l'instruction, achèvent peu à peu un changement dont la force n'obtient que les apparences. (Oraison funèbre de Louis XIV, Massillon, OEuvres, t. VIII, p. 229.) — Il n'entendoit que des éloges, tandis que les bons et vrais catholiques et les saints évêques gémissoient de tout leur cœur de voir des orthodoxes imiter, contre les erreurs et les hérétiques, ce que les tyrans hérétiques et païens avoient fait contre la vérité, contre les confesseurs et contre

assise sur une tutelle généreuse de l'indépendance des États et de la civilisation européenne.

A l'avénement personnel de Louis XIV, il y avait plus de cinquante ans que la politique française suivait son œuvre en Europe, impartiale devant les diverses communions chrétiennes, les différentes formes de gouvernement et les révolutions intérieures des États. Quoique la France fût catholique et monarchique, ses alliances étaient, en premier lieu, les États protestants d'Allemagne et la Hollande républicaine; elle avait même fait amitié avec l'Angleterre régicide [1]. Aucun intérêt autre que celui du développement bien compris de la puissance nationale ne pesait dans les conseils et ne dirigeait l'action extérieure du gouvernement. Mais avec Louis XIV tout changea, et des intérêts spéciaux, nés de la personnalité royale, du principe de

---

les martyrs. Ils ne se pouvoient surtout consoler de cette immensité de parjures et de sacriléges. Ils pleuroient amèrement l'odieux durable et irrémédiable que de détestables moyens répandoient sur la véritable religion, tandis que nos voisins exultoient de nous voir ainsi nous affoiblir et nous détruire nous-mêmes, profitoient de notre folie, et bâtissoient des desseins sur la haine que nous nous attirions de toutes les puissances protestantes. (Mémoires de Saint-Simon, t. XIII, p. 117.)

1. Voyez, dans le *Corps diplomatique* de Dumont, t. VI, 2e partie, p. 121, le traité de paix et de commerce entre l'Angleterre et la France, signé le 3 novembre 1655. Un article secret de ce traité stipulait, d'une part, l'interdiction aux Stuarts et à leurs principaux adhérents de séjourner en France; de l'autre, le renvoi des agents de Condé, alors ennemi de son pays, hors du territoire britannique.

la monarchie héréditaire ou de celui de la religion de l'État, entrèrent en balance pour prendre bientôt le dessus.

De là vint le bouleversement du système d'équilibre européen, qu'on eût pu nommer le système français, et son abandon pour des rêves de monarchie universelle renouvelés de Charles-Quint et de Philippe II. De là une suite d'entreprises formées au rebours de la politique du pays, telles que la guerre de Hollande, les brigues faites en vue de la couronne impériale, l'appui donné à Jacques II et à la contre-révolution anglaise, l'acceptation du trône d'Espagne pour un fils de France gardant ses droits à la couronne [1]. Ces causes des malheurs sous lesquels faillit succomber le royaume sortirent toutes de l'événement, applaudi par la nation, conforme à l'esprit de ses tendances, qui, après que la royauté eut atteint, sous deux ministres, son plus haut degré de puissance, la remit absolue aux mains d'un prince doué de qualités à la fois brillantes et solides, objet d'affection enthousiaste et de légitime admiration.

Lorsque le règne qui venait sous de tels auspices

---

1. Par des lettres-patentes données en décembre 1700, Louis XIV conserva au duc d'Anjou, devenu roi d'Espagne sous le nom de Philippe V, son rang d'héritage entre les ducs de Bourgogne et de Berry. Voyez, sur cet acte et sur l'acceptation du testament de Charles II, l'ouvrage de M. Mignet : *Négociations relatives à la succession d'Espagne*, Introduct., p. LXXVI et suiv.

couronner la marche ascendante de la monarchie française eut démenti l'immense espoir que ses commencements avaient fait naître, lorsqu'on eut vu, au milieu de victoires stériles et de revers toujours croissants, le progrès dans toutes les branches de l'économie publique changé en détresse, la ruine des finances, de l'industrie et de l'agriculture, l'épuisement de toutes les forces du pays, l'appauvrissement de toutes les classes de la nation, la misère effroyable du peuple, un amer dégoût s'empara des âmes, et y remplaça l'enthousiasme de la confiance et de l'amour[1]. Qu'y

---

1. Cependant vos peuples que vous deviez aimer comme vos enfants, et qui ont été jusqu'ici si passionnés pour vous, meurent de faim. La culture des terres est presque abandonnée; les villes et la campagne se dépeuplent; tous les métiers languissent et ne nourrissent plus les ouvriers. Tout commerce est anéanti. Par conséquent, vous avez détruit la moitié des forces réelles du dedans de votre État, pour faire et pour défendre de vaines conquêtes au dehors. (Lettres de Fénelon à Louis XIV, 1692 ou 93, *Œuvres choisies*, t. II, p. 417.) — Par toutes les recherches que j'ai pu faire, depuis plusieurs années que je m'y applique, j'ai fort bien remarqué que, dans ces derniers temps, près de la dixième partie du peuple est réduite à la mendicité, et mendie effectivement; que des neuf autres parties, il y en a cinq qui ne sont pas en état de faire l'aumône à celle-là, parce qu'eux-mêmes sont réduits, à très-peu de chose près, à cette malheureuse condition; que, des quatre autres parties qui restent, les trois sont fort malaisées et embarrassées de dettes et de procès; et que, dans la dixième, où je mets tous les gens d'épée, de robe, ecclésiastiques et laïques, toute la noblesse haute, la noblesse distinguée et les gens en charge militaire et civile, les bons marchands, les bourgeois rentés et les plus accommodés, on ne peut pas compter sur cent mille familles. (Vauban, *Dîme royale*, Collect.

avait-il sous ce grand et douloureux mécompte dont l'empreinte se montre si vive dans les documents contemporains ? Ce n'était pas simplement l'espérance humaine trompée par un homme, c'était l'épreuve décisive d'une forme d'État préparée de loin par le travail des siècles, au profit de laquelle toute garantie de liberté politique avait été détruite ou abandonnée, et dont la masse nationale avait favorisé le progrès comme étant le sien propre.

Que la société française eût conscience de la nature et des profondeurs de la crise dont son affaissement actuel n'était qu'un prélude, qu'elle sentît des choses que les générations postérieures n'ont comprises que par la suite des faits et par l'enseignement de l'histoire, c'est ce que je ne veux point dire ici. Quelque signification qu'il eût alors pour ceux qui en souffraient, l'étrange contraste entre les premières et les dernières années de Louis XIV répondait à l'un de ces moments solennels dans la vie des nations où un grand mouvement social, épuisé dans ses résultats, s'arrête, et

---

des principaux Économistes, t. I, p. 34.) — Le peuple même (il faut tout dire) qui vous a tant aimé, qui a eu tant de confiance en vous, commence à perdre l'amitié, la confiance, et même le respect. Vos victoires et vos conquêtes ne le réjouissent plus : il est plein d'aigreur et de désespoir. La sédition s'allume peu à peu de toutes parts. Ils croient que vous n'avez aucune pitié de leurs maux, que vous n'aimez que votre autorité et votre gloire. (Lettre de Fénelon à Louis XIV, p. 418.)

où commence un autre mouvement qui, plus ou moins secret, plus ou moins rapide, saisira l'esprit public, pour le transformer, et entraîner tout vers un avenir inconnu.

FIN DU TOME PREMIER.

TABLE DU TOME I.

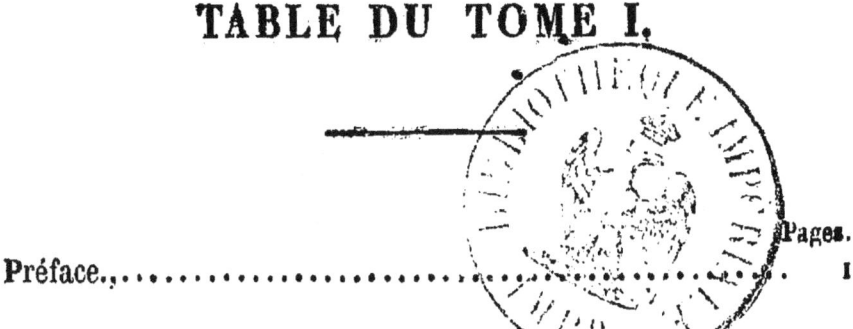

Préface... I

ESSAI SUR L'HISTOIRE DE LA FORMATION ET DES PROGRÈS DU TIERS ÉTAT.

CHAPITRE PREMIER.

EXTINCTION DE L'ESCLAVAGE ANTIQUE; FUSION DES RACES; NAISSANCE DE LA BOURGEOISIE DU MOYEN AGE.

SOMMAIRE : Rôle historique du Tiers État. — Origine de notre civilisation moderne. — La société gallo-romaine et la société barbare. — Les villes et les campagnes; déclin des unes, progrès dans les autres. — Réduction de l'esclavage antique au servage de la glèbe. — Fin de la distinction des races. — Réaction des classes urbaines contre le régime seigneurial. — Formes de municipalité libre. — Naissance de la bourgeoisie. — Influence des villes sur les campagnes..................................... 1

CHAPITRE II.

LE PARLEMENT AU XIIIᵉ SIÈCLE; LES ÉTATS GÉNÉRAUX DE 1302, 1355 ET 1356.

SOMMAIRE : Rénovation de l'autorité royale. — Nouvelles institutions judiciaires. — Droit civil de la bourgeoisie. —

Renaissance du droit romain. — La cour du roi ou le parlement. — Doctrines politiques des légistes.—Leur action révolutionnaire. — États généraux du royaume. — Avénement du Tiers État. — Ses principes, son ambition. — États généraux de 1355 et 1356. — Étienne Marcel, prévôt des marchands de Paris. — Son caractère, ses projets. — La Jacquerie. — Chute et mort d'Étienne Marcel. — La royauté sous Charles V. — Point où notre histoire sociale prend un cours régulier............................... 34

CHAPITRE III.

LE TIERS ÉTAT SOUS CHARLES V, CHARLES VI, CHARLES VII ET LOUIS XI.

SOMMAIRE : La France du nord et la France méridionale. — Double esprit et double tendance du Tiers État. — Rôle de la bourgeoisie parisienne.—Résultats du règne de Charles V. — Question de l'impôt régulier. — Révolte des Maillotins.— Abolition de la municipalité libre de Paris.— Son rétablissement. — Démagogie des Cabochiens. — Alliance de l'échevinage et de l'université. — Demande d'une grande réforme administrative. — Ordonnance du 25 mai 1413. — État des paysans, Communes rurales. — Patriotisme populaire; Jeanne d'Arc. — Règne de Charles VII, ses conseillers bourgeois. — Règne de Louis XI, son caractère.... 69

CHAPITRE IV.

LES ÉTATS GÉNÉRAUX DE 1484 ; LE TIERS ÉTAT SOUS LOUIS XII, FRANÇOIS Ier ET HENRI II.

SOMMAIRE : États généraux de 1484. — Demande de garanties éludée; progrès sous le régime arbitraire. — Commencement des guerres d'Italie. — Renaissance des lettres et des arts. — Rôle politique du parlement de Paris. — Règne de Louis XII, prospérité publique. — Ordonnance de 1499.

— Rédaction et réformation des coutumes. — Règnes de François Ier et de Henri II, continuation du progrès en tout genre. — Luxe des bâtiments, goût du beau chez la noblesse. — Offices tenus par le Tiers État, classe des gens de robe. — Ambition des familles bourgeoises, grand nombre d'étudiants. — La classe des capitalistes appelés financiers.. 98

CHAPITRE V.

LES ÉTATS GÉNÉRAUX DE 1560 ET CEUX DE 1576.

SOMMAIRE : La réformation en France. — Avénement de Charles IX. — Le chancelier de l'Hôpital. — États généraux de 1560, ordonnance d'Orléans. — Assemblée de Pontoise. — Commencement de la guerre civile. — Travaux législatifs de l'Hôpital, ordonnance de Moulins. — Suites des massacres de la Saint-Barthélemy. — Nouveau parti formé de protestants et de catholiques. — Avénement de Henri III, cinquième édit de pacification. — La Ligue, son but, sa puissance. — États généraux de 1576; ordonnance de Blois. — Henri de Bourbon roi de Navarre, conseils qu'il adresse aux États. — Projets et popularité du duc de Guise.................................... 129

CHAPITRE VI.

LES ÉTATS GÉNÉRAUX DE 1588; LE TIERS ÉTAT SOUS LE RÈGNE DE HENRI IV.

SOMMAIRE : Proscription des Calvinistes, remontrances courageuses du parlement. — États généraux de 1588, meurtre des Guises. — Insurrection de Paris, fédération municipale contre la royauté. — Alliance du parti royal et du parti calviniste. — Assassinat de Henri III; Henri de Bourbon reconnu pour roi. — États généraux de la Ligue. — Henri IV dans Paris, son caractère. — Sa politique intérieure et extérieure. — État des classes roturières à la fin du xvie siècle.. 162

CHAPITRE VII.

LES ÉTATS GÉNÉRAUX DE 1614.

SOMMAIRE : Hérédité des offices. — Elle est un moyen de force pour le Tiers État. — États généraux de 1614. — Ombrages mutuels et dissension des ordres. — La noblesse et le clergé unis contre le Tiers État. — Discours de Savaron et de de Mesmes orateurs du Tiers. — Discours du baron de Senecey orateur de la noblesse. — Proposition du Tiers État sur l'indépendance de la couronne. — Demandes qu'il exprime dans son cahier. — Cahier de la noblesse. — Rivalité haineuse des deux ordres. — Clôture des États.. 194

CHAPITRE VIII.

LE PARLEMENT SOUS LOUIS XIII; LE MINISTÈRE DE RICHELIEU; LA FRONDE.

SOMMAIRE : Importance nouvelle du parlement. — Sa popularité, son intervention dans les affaires d'État. — Remontrances du 22 mai 1615, soulèvement de la haute noblesse. — Ministère du cardinal de Richelieu, sa politique intérieure. — Assemblée des notables de 1626. — Démolition des châteaux-forts. — Ordonnance de janvier 1629. — Politique extérieure de Richelieu. — Impopularité du grand ministre. — Réaction du Tiers État contre la dictature ministérielle. — Coalition de la haute magistrature, la Fronde. — Acte politique délibéré par les quatre cours souveraines. — Journée des barricades. — Pouvoir dictatorial du parlement. — Il fait sa paix avec la cour. — La Fronde des princes, son caractère. — Triomphe du principe de la monarchie sans limites. — Développements de l'esprit français.— Progrès des lumières et de la politesse. — Influence de la bourgeoisie lettrée...................... 231

CHAPITRE IX.

LOUIS XIV ET COLBERT.

Sommaire : Développement de notre histoire sociale du xiie siècle au xviie. — Louis XIV gouverne personnellement, son caractère, deux parts dans son règne. — Ministère de Colbert, sa naissance roturière, son génie.—Universalité de ses plans d'administration. — Grandes ordonnances ; besoin d'une longue paix. — Passion du roi pour la guerre, ses conquêtes. — Faveur croissante de Louvois, disgrâce de Colbert. — Il meurt consumé d'ennuis et impopulaire. — Révocation de l'édit de Nantes. — Fautes du règne de Louis XIV. — Elles venaient toutes d'une même source. — Impression des malheurs publics. — Changement qu'elle amène dans les esprits. — Nature et portée de cette réaction........................... 276

FIN DE LA TABLE DU TOME PREMIER.

ERRATA.

Page 1, Titre, lisez : *Extinction de l'esclavage antique; fusion des races; naissance de la bourgeoisie du moyen âge.*

Page 69, Sommaire, ligne 3, au lieu de : *résultat du règne*, lisez : *résultats du règne.*

Page 98, Titre, lisez : *Les États généraux de 1484 ; le tiers état sous Louis XII, François Ier et Henri II.*

Ibid., Sommaire, ligne 1, au lieu de : *demande de garantie éludée*, lisez : *demande de garanties éludée.*

Page 194, Sommaire, ligne 3, au lieu de : *dissensions des ordres*, lisez : *dissension des ordres.*

Page 276, Sommaire, ligne 8, au lieu de : *il meurt consumé d'ennui*, lisez : *il meurt consumé d'ennuis.*

PARIS. — IMPRIMÉ PAR J. CLAYE ET C{e}, RUE SAINT-BENOÎT, 7.

www.ingramcontent.com/pod-product-compliance
Lightning Source LLC
Chambersburg PA
CBHW060631170426
43199CB00012B/1514